COMPLETE PASS

SMAT

초단기 합격

모듈 A

비즈니스 커뮤니케이션

머리말

4차 산업혁명으로 산업 간의 경계가 허물어지고 융합되며 모든 분야가 변하고 있다. 서비스 산업에서도 이미 고객 개인의 취향에 맞춘 제품과 서비스는 초세밀화되고 있으며 급속도로 발전된 AI는 인간의 조력자를 넘어서 휴먼 서비스를 대체해 가고 있다. 이러한 급변하는 환경 속에서 AI로 대체되지 못하는 고유의 휴먼 서비스 영역의 개발과 고도로 숙련된 서비스 전문가들의 양성은 더욱더 중요해지리라 생각한다.

SMAT(서비스경영자격)는 서비스 직무의 현업 역량을 평가하는 실무형 국가공인 자격으로 학점은행제의 자격학점인정이 되며 그 기준은 1급은 10학점, 2급은 6학점이 인정된다.
자격검정구조는 모듈 A – 비즈니스 커뮤니케이션, 모듈 B – 서비스마케팅 / 세일즈, 모듈 C – 서비스 운영전략으로 구성되어 실시된다. 개별 모듈별로 응시할 수 있는 장점이 있으며 합격한 모듈에 따라 자격등급이 부여된다. 자격은 1급(컨설턴트), 2급(관리자), 3급(실무자)으로 구분되어 있는데 1급은 세 개의 모듈(A + B + C)을 모두 취득해야 하며, 2급은 2개 모듈(A + B 또는 A + C)을 모두 취득해야 하며, 3급은 모듈 A만 취득하면 된다.
시험출제유형은 5개 유형으로 일반형, O/X형, 연결형, 사례형, 통합형이며 시험 문항은 각 모듈별로 총 50문항이 출제되며 시험 시간은 70분이며 각 모듈별로 100점 만점에 70점 이상을 득점해야 한다.

저자는 SMAT 국가공인 승격 시부터 대학교에서 SMAT 강의를 해오고 있으며 다수의 합격생들을 배출해오고 있다. 본서는 다년간의 기출문제분석을 통해 출제된 필수적인 내용만을 집필하였으며 독학하는 수험생들에게 확실하고 빠른 합격의 지름길을 제공하고자 한다. 본 교재에서 제공한 문제들과 주요 내용들을 꼼꼼히 학습하고 더불어 한국생산성본부에서 제공된 공개 문제들을 학습해 나가면 효율적일 것이다. 끝으로 저자는 서비스 현장에서 업무 수행이 가능한 기본 능력을 갖춘 많은 인재들이 배출되기를 바라며 SMAT 시험을 준비하는 모든 수험생들의 합격을 진심으로 기대한다.

저자 백지연

학점 인정

등급	학점
1급(컨설턴트)	10학점
2급(관리자)	6학점

SMAT 1급 : 전문학사(경영, 관광경영), 학사(경영학, 관광경영학, 호텔경영학)일 경우, 전공필수 학점으로 인정

SMAT 2급 : 전문학사(경영, 관경경영)일 경우, 전공필수 학점으로 인정

위에 제시된 전공이 아닐 경우, 일반선택 학점으로 인정

SMAT 국가공인 승격일(2015. 1. 1.) 이후 자격 취득자에 한해 학점인정 적용

[참고] SMAT(서비스경영자격)의 국가공인 유효기간은 [2015. 1. 1.~2024. 12. 31.]이며, 이후 자격기본법상 규정된 재공인 심사를 거쳐 국가공인 유효기간이 수년 주기로 연장됨.

※ 학점은행제 인정에 대한 상세내용은 학점은행(www.cb.or.kr)의 '알림마당'의 '공지사항'란을 참고

응시 자격

제한 없음.

응시료

구분	1개 Module	2개 Module	3개 Module
응시료	20,000원	36,000원	50,000원

• 부가가치세 포함 및 결제대행수수료 1,000원 별도

• 회차당 2개 이상 모듈 동시에 응시 가능하며, 부분 과목 취소 불가

합격자 발표 및 자격증 발급

가. 합격자 발표

- https://license.kpc.or.kr에서 로그인 후 개별 또는 단체로 확인 가능
- 응시 익일부터 3주 후 목요일 홈페이지 공고
- 발표 시 과목별 취득 점수 및 문항별 정오표 제공

나. 자격증 발급

- 발급기관 : 한국생산성본부
- 신청방법 : https://license.kpc.or.kr에서 신청 가능(자격증 발급비용 별도)
- 자격증 배송 : 신청 후 수령까지 약 2주 소요
  (신청 후 'My 자격 〉 성적/자격증관리'에서 확인 가능)

자격검정기준

Module B 서비스 마케팅·세일즈	Module C 서비스 운영 전략

Module A 비즈니스 커뮤니케이션

1급(컨설턴트):
A+B+C 3개 Module 모두 취득(프로페셔널, 전문가)

2급(관리자):
A+B or A+C 2개 Module 모두 취득(직무별 특성화 인재)

3급(실무자):
A(기본) 1개 Module 취득(서비스산업 신입사원)

※ SMAT(서비스경영자격)는 개별 모듈별로 응시할 수 있으며, 합격한 모듈에 따라 자격등급을 부여함.

※ A모듈의 우선 취득 권장(B 또는 C모듈을 먼저 취득 시, A모듈을 취득해야 자격이 부여됨)

모듈별 과목 및 출제범위

[모듈 A]

과목	출제범위
비즈니스 매너/에티켓	매너와 에티켓의 이해, 비즈니스 응대, 전화 응대 매너, 글로벌 매너 등
이미지 메이킹	이미지의 개념, 이미지 메이킹 주요 이론, 상황별 이미지 메이킹, 인상/표정 및 상황별 제스처, Voice 이미지 등
고객 심리의 이해	고객에 대한 이해, 고객 분류 및 계층론, 고객 심리의 이해, 고객의 성격 유형에 대한 이해, 고객의 구매의사 결정 과정 등
고객 커뮤니케이션	커뮤니케이션의 이해, 효과적인 커뮤니케이션 기법/스킬, 감성 커뮤니케이션, 설득과 협상 등
회의 기획/의전 실무	회의 운영 기획/실무, 의전 운영 기획/실무, 프레젠테이션, MICE의 이해 등

[모듈 B]

과목	출제범위
서비스 세일즈 및 고객상담	서비스 세일즈의 이해, 서비스 세일즈 전략 분석, 고객상담 전략, 고객 유형별 상담기법, MOT 분석 및 관리 등
고객관계관리(CRM)	고객관계 이해, 고객 획득 – 유지 – 충성 – 이탈 – 회복 프로세스, CRM 시스템, 고객접점 및 고객경험 관리, 고객 포트폴리오 관리 등
VOC 분석/관리 및 컴플레인 처리	VOC 관리시스템 이해, VOC 분석/관리법 습득, 컴플레인 개념 이해, 컴플레인 대응원칙 숙지, 컴플레인 해결방법 익히기 등
서비스 유통 관리	서비스 구매과정의 물리적 환경, 서비스 유통채널 유형, 서비스 유통시간/장소 관리, 전자적 유통경로 관리, 서비스 채널 관리전략 등
코칭/교육 훈련 및 멘토링/동기부여	성인학습의 이해, 교육훈련의 종류 및 방법, 서비스 코칭의 이해/실행, 정서적 노동의 이해 및 동기부여, 서비스 멘토링 실행 등

[모듈 C]

과목	출제범위
서비스 산업 개론	유형별 서비스의 이해, 서비스업의 특성 이해, 서비스 경제 시대 이해, 서비스 패러독스, 서비스 비즈니스 모델 이해 등
서비스 프로세스 설계 및 품질관리	서비스 품질 측정모형 이해, 서비스 GAP 진단, 서비스 R&D 분석, 서비스 프로세스 모델링, 서비스 프로세스 개선 방안 수립 등
서비스 공급 및 수요 관리	서비스 수요예측 기법 이해, 대기행렬 모형, 서비스 가격/수율 관리, 서비스 고객 기대 관리, 서비스 공급능력 계획 수립 등
서비스 인적자원관리(HRM)	인적자원관리의 이해, 서비스 인력 선발, 직무분석/평가 및 보상, 노사관계관리, 서비스인력 노동생산성 제고 등
고객만족경영(CSM) 전략	경영 전략 주요 이론, 서비스 지향 조직 이해, 고객만족의 평가지표 분석, 고객만족도 향상 전략 수립 등

PATTERN

시험유형

- PBT방식으로 진행
- 70분 간 총 50문항(각 문항당 2점)
    - 모듈 A − 09:00~10:10
    - 모듈 B − 10:30~11:40
    - 모듈 C − 12:00~13:10
- 100점 만점 총 70점 이상 합격
- 5개 유형으로 복합출제(일반형, O/X형, 연결형, 사례형, 통합형)

PART 1 일반형
24문항

01 서비스 기업이 더욱 중요하게 관리해야 하는 내부고객에 대해 가장 적절하게 설명한 것은?

① 외부고객에 이어 2번째로 고려해야 할 고객이다.

② 기업의 상품과 서비스를 직접 구매하거나 이용한다.

③ 상품과 서비스를 제공받는 대가로 가격을 지불한다.

④ 외부고객을 만족시켜야 내부고객을 만족시킬 수 있다.

⑤ 외부고객이 원하는 것을 제공하는 중요한 일을 담당한다.

✦**해설** ① 외부고객에게 직접 서비스를 제공하는 주체인 내부고객(직원)이 가장 먼저 고려해야 할 고객이다.

② 외부고객이 상품과 서비스를 직접 구매하고 이용한다.

③ 내부고객(회사직원)은 서비스를 제공하는 대가로 임금을 지급받는다.

④ 내부고객을 우선 만족시켜야 외부고객을 만족시킬 수 있다.

PART 2 O/X형
5문항

29 서비스 종사자는 고객이 가진 우월심리를 잘 이해해야 한다. 고객은 늘 자신이 서비스 직원보다 우월하다는 심리를 가지고 있으므로 직업의식을 가지고 고객의 자존심을 인정하고 자신을 낮추는 겸손한 자세가 필요하다.

(　　　　　　① ○　　　② ×　　　　　　)

PART 3 연결형
5문항

※ [30~34] 다음 설명에 적절한 보기를 찾아 각각 선택하시오.

① 팁 문화　　② 상호주의 원칙(Reciprocity)　　③ 체리피커
④ 공수　　⑤ 악수

30 제공받은 서비스에 대한 감사의 표시로 담당자에게 전체 금액의 10% 정도를 전달하는 문화

(　　　　　　　　)

PART 4 사례형

10문항

17 다음은 백화점 매장에서 판매사원이 고객들과 대화할 때 많이 사용하는 내용이다. 다음의 예시에 '매슬로우의 욕구 5단계 중 나타나 있지 않은 욕구 단계는 무엇인가?

> "고객님, 정말 좋은 상품 구매하셨습니다."
> "인상이 너무 좋으셔서 어디서나 환영 받으시겠어요."
> "상품을 고르는 안목이 정말 뛰어나십니다."
> "고객님 같은 과감한 결단력, 정말 존경스럽습니다."
> "입어 보시고 마음에 들지 않으면 언제든지 교환, 환불이 가능합니다."
> "젊은 나이에 이렇게 성공하셔서 참 좋으시겠어요."
> "최신 트렌드를 잘 이해하고 계신데, 무슨 비결이라도 있으신가요?"
> "고객님만큼 이 상품과 어울리는 분도 아마 없을걸요."
> "이 상품은 고객님의 사회적 지위나 성공을 표현하고 있습니다."

① 안전의 욕구
② 존경의 욕구
③ 생리적 욕구
④ 사회적 욕구
⑤ 자아실현의 욕구

✦ 해 설 매슬로우의 욕구 5단계 중에서 1단계에 해당하는 생리적 욕구에 해당하는 말은 백화점 매장 같은 곳에서는 자칫 고객의 기분을 상하게 할 수 있으므로 잘 사용하지 않는다.

PART 5 통합형

6문항

※ [16~17] 다음은 가전제품 매장을 방문한 고객과의 상담 내용이다.

주부 김영희 씨는 여름이 다가오자 작년에 망설이다 사지 않은 제습기를 알아보려 매장을 방문했다. 망설이다 들어간 첫 번째 매장에서의 상담 내용이다.

판매원 1 : 제습기를 알아보게 된 계기가 있으세요?

고객 : 친구가 작년에 제습기를 샀는데 정말 좋다고 하더라구요. 진작 살걸 그랬다고 굉장히 만족하던데요…

판매원 1 : 그럼요. 성능이 얼마나 좋은데요. 좀 지나면 없어서 못사실 거에요. 이번 기회에 하나 장만하세요…

가격을 알아보고 그래도 망설여진 영희 씨는 좀더 알아보겠다고 다음 매장을 들어갔다.

판매원 2 : 주변에 제습기 사용하시는 분 이야기 들어 보셨나요?

고객 : 네.. 친구가 작년에 사서 썼는데 정말 좋다고 하더라구요. 그래서 저도 관심이 생겼구요.

판매원 2 : 그러시군요. 대체로 사용하고 계신 분들의 추천을 듣고 알아보러 오시는 분들이 많으십니다. 그 친구분은 구체적으로 어떤 점이 좋다고 하시던가요?

고객 : 제습기 성능에 깜짝 놀랐다고 하더라구요. 곰팡이도 없어지고 건강도 좋아질 것 같다구요. 빨래도 금방 마르고 더위도 덜 느낀다고 자랑 하던데요…

16 위의 사례에서 두 판매원의 차이점에 대한 설명으로 옳지 않은 것은?

① 두 판매원 모두 적절한 질문으로 상담을 시작하였다.
② 판매원 1은 고객의 이야기를 듣고 판매 권유로 바로 이어져서 고객의 이야기를 더 이상 들을 수 없게 되었다.
③ 판매원 2는 계속하여 질문을 이어감으로써 경청의 기회를 놓치고 있다.
④ 판매원 2는 적절한 질문으로 고객이 스스로 더 많은 이야기를 하게끔 유도하였다.
⑤ 판매원 2는 제습기를 알아보러 온 고객들의 일반적인 상황을 사전에 이해하고 있어 이를 적절한 질문의 형태로 상담의 효과를 높였다.

✦ 해 설 경청은 효과적인 질문을 통해 더욱 강화된다. 판매원 2의 질문은 고객의 이야기를 더 듣고자 하는 적극적 경청을 하였다.

CONTENTS

차례

PART 04

고객
커뮤니케이션

PLANNER

학습계획표

초단기 합격을 위한 7회독 학습플랜 <1>

(회독 완료시 해당 난에 체크 'V')

구분		회독수						
		1	2	3	4	5	6	7
PART 01 비즈니스 매너와 에티켓	제1장 매너와 에티켓							
	제2장 비즈니스 응대							
	제3장 전화 응대							
	제4장 글로벌 매너							
PART 02 이미지 메이킹	제1장 이미지(Image)							
	제2장 이미지 메이킹의 이해							
	제3장 첫인상 관리							
	제4장 기본 자세와 동작 이미지							
	제5장 Voice 이미지							
PART 03 고객 심리의 이해	제1장 고객에 대한 이해							
	제2장 고객의 구매행동의 이해							
	제3장 고객의 의사결정과정							
	제4장 고객의 성격유형에 대한 이해							
PART 04 고객 커뮤니케이션	제1장 커뮤니케이션의 이해							
	제2장 효과적인 커뮤니케이션 기법과 스킬							
	제3장 감성 커뮤니케이션							
	제4장 설득과 협상							
PART 05 회의 기획 및 의전 실무	제1장 회의 운영 기획 및 실무							
	제2장 의전 운영 기획 및 실무							
	제3장 프레젠테이션							
	제4장 MICE의 이해							

초단기 합격을 위한 7회독 학습플랜 <2>

(1회독, 3회독, 7회독 완료일 적기)

구분		회독수			
		1	3	5	7
PART 01 비즈니스 매너와 에티켓	제1장 매너와 에티켓				
	제2장 비즈니스 응대				
	제3장 전화 응대				
	제4장 글로벌 매너				
PART 02 이미지 메이킹	제1장 이미지(Image)				
	제2장 이미지 메이킹의 이해				
	제3장 첫인상 관리				
	제4장 기본 자세와 동작 이미지				
	제5장 Voice 이미지				
PART 03 고객 심리의 이해	제1장 고객에 대한 이해				
	제2장 고객의 구매행동의 이해				
	제3장 고객의 의사결정과정				
	제4장 고객의 성격유형에 대한 이해				
PART 04 고객 커뮤니케이션	제1장 커뮤니케이션의 이해				
	제2장 효과적인 커뮤니케이션 기법과 스킬				
	제3장 감성 커뮤니케이션				
	제4장 설득과 협상				
PART 05 회의 기획 및 의전 실무	제1장 회의 운영 기획 및 실무				
	제2장 의전 운영 기획 및 실무				
	제3장 프레젠테이션				
	제4장 MICE의 이해				

모듈 A · 비즈니스 커뮤니케이션

SMAT

서비스경영자격

전 범위 기출 핵심 키워드

전 범위
기출 핵심 키워드

PART 1 | 비즈니스 매너/에티켓

- **에티켓**
  - 문화유지를 위해 지켜야 할 사회적 약속이며 규범
  - 법적 구속력이나 강제성이 없는 사회적 불문율

- **매너**
  - 에티켓을 외적으로 표현한 것
  - 사람이 수행해야 하는 구체적인 행동 방식(way)이나 습관

- **예의범절**
  - 동양적 개념으로 상대방의 인격을 존중하며 타인을 배려하기 위해 갖추어야 할 예의와 절차
  - 타인에 대한 마음가짐이나 태도를 말하며 자발적이어야 한다.

- **인사**
  - 인간관계의 첫걸음이자 가장 기본이 되는 예절
  - 인사는 내가 먼저하며 상대방이 보지 못하거나 인사를 받지 않더라도 하는 것이 좋다.
  - 갑자기 마주쳤을 때도 즉시 상황에 맞는 인사를 하며 마주칠 때마다 한다.
  - 상사가 계단 아래에 있는 경우 상대와 같은 위치로 빠르게 이동하여 인사한다.

- **목례** : 가볍게 머리만 숙여 눈으로 예의를 표하는 인사

- **약례** : 협소한 장소나 윗사람을 여러 차례 만나는 경우 허리를 15도 정도 숙여 하는 인사

- **정중례** : 감사의 뜻을 전하거나 사과를 하는 경우 45도 정도 숙여 하는 인사

- **공수** : 두 손을 앞으로 마주 잡은 자세로 평상시 남성은 왼손, 여성은 오른손이 위로 가게 한다. 흉사시는 평상시와 반대로 한다. 제사에는 평상시 공수를 한다.

- **소개순서**
  - 연소자를 연장자에게 먼저 소개
  - 집안사람을 손님에게 먼저 소개
  - 내부고객을 외부고객에게 먼저 소개
  - 한 사람을 여러 사람에게 먼저 소개

- **악수**
  - 윗사람이 아랫사람에게 먼저 건넨다.
  - 여성이 남성에게 먼저 건넨다.

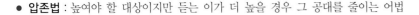

- **압존법** : 높여야 할 대상이지만 듣는 이가 더 높을 경우 그 공대를 줄이는 어법
- **서양의 호칭 및 경칭**

Majesty	왕족
The Honorable	귀족이나 주요 공직자
Sir	상대방에게 경의를 나타내는 칭호로, 나이나 지위가 비슷한 사람끼리 또는 여성에게는 사용하지 않음.
Esquire(ESQ)	영국에서 사용하며, 편지의 수취인
Dr.	수련 과정을 거친 전문직업인이나 인문과학 분야에서 박사학위를 취득한 사람에게 사용하는 경칭
Excellency	외교관에 대한 경칭
Mistress(Mrs.)	결혼한 부인의 이름 앞에 붙이는 경칭

- **장소별 안내**

복도	손님의 측면에서 2~3보 가량 비스듬히 앞서서 걷고 잘 따라오는지 확인하며 안내한다.
엘레베이터	승무원이 있는 경우는 상사보다 나중에 타고 먼저 내린다. 승무원이 없는 경우 상사보다 먼저 타서 버튼을 누르고 내릴 때는 상사보다 나중에 내린다.
계단 및 에스컬레이터	오를 때는 상급자 뒤에서 오르고, 내려올 때는 상급자보다 한두 계단 앞서 내려간다. 남녀의 경우 남자가 먼저 올라가고 여자가 먼저 내려온다.

- **전화 응대 3 · 3 · 3 기법** : 전화벨은 3번 이내, 통화는 3분 안에, 고객이 전화를 끊은 뒤 3초 후에 수화기를 내려놓음.
- **자동차 탑승 매너** : 운전기사가 있는 경우 운전석의 대각선 뒷자석이 1상석, 운전기사가 없는 경우나 차주나 상급자가 운전하는 경우 운전석의 옆 좌석이 1상석임.

PART 2 이미지 메이킹

- **이미지의 속성** : 객관적이기보다 주관적인 경우가 많다.
  이미지는 시각적인 요소 이외에도 조직행동, 언어, 사고방식, 태도 등 수많은 감각에 의한 이미지를 포함한다.
  이미지는 학습, 경험, 정보, 커뮤니케이션 행위에 의해 형성되고 수정·변형된다.
- **이미지 형성과 관련한 효과**
  - 초두 효과 : 인상 형성에서 먼저 제시된 정보가 나중에 제시된 정보보다 더 큰 영향력을 행사하는 것
  - 빈발 효과 : 첫인상이 좋지 않게 형성되었다고 할지라도 **반복해서 제시되는** 행동이나 태도가 첫인상과는 달리 진지하고 솔직하게 되면 **점차 좋은 인상**으로 바뀌는 현상
  - 후광 효과 : 특정 대상에 대한 일반화된 견해가 그의 구체적인 특성을 평가하는 데 영향을 미치는 현상

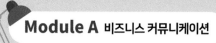

- 맥락 효과 : 처음에 인지된 이미지가 이후 형성되는 이미지의 **판단 기준이** 되고, 전반적인 맥락을 제공하여 인상 형성에 영향을 주게 되는 것

● **콘크리트의 법칙** : 각인된 첫인상을 바꾸는 데 적어도 40시간 이상의 재 만남이 이루어져야 가능하다. 좋지 않은 첫인상을 바꾸기 위해서는 많은 노력과 시간이 필요하다.

● **이미지의 형성 과정** : 지각, 사고, 감정

● **첫인상의 특징** : 신속성, 일회성, 일방성, 연관성, 영향력

● **삼점법** : 방향안내 동작 시 시선은 먼저 상대방의 눈을 보고 가리키는 방향을 손과 함께 본 후 다시 상대방의 눈을 보는 방법

PART **3** 고객 심리의 이해

● **고객의 기본심리**

환영기대 심리	고객은 언제나 항상 밝은 미소로 환영받기를 원함.
독점심리	고객은 모든 서비스에 대하여 독점하고 싶은 심리가 있음.
우월심리	고객은 서비스 직원보다 우월하다는 심리를 갖고 있음.
모방심리	고객은 다른 고객을 닮고 싶은 심리를 갖고 있음.
보상심리	고객은 비용을 들인 만큼 서비스를 기대함.
자기 본위적 심리	고객은 각자 자신의 가치 기준을 가지고 항상 자기 위주로 모든 상황을 판단하는 심리를 가지고 있음.
존중기대 심리	고객은 본인을 중요한 사람으로 인식하고 기억해주기를 바람.

● **고객 요구의 변화** : 의식의 고급화, 의식의 복잡화, 의식의 존중화, 의식의 대등화, 의식의 개인화

● **매슬로우의 욕구 5단계**

단계	욕구
1단계	생리적 욕구
2단계	안전 욕구
3단계	소속과 애정 욕구
4단계	존경 욕구
5단계	자아실현 욕구

● **고객의 분류**

잠재고객 (potential customer)	자사의 제품이나 서비스를 구매하지 않은 사람들 중에서 향후 자사의 고객이 될 수 있는 잠재력을 가지고 있는 집단
가망고객	기업에 관심을 보이며 신규고객이 될 가능성이 있는 고객
충성고객 (loyal customer)	제품이나 서비스를 반복적으로 구매하고 나아가 기업과 강한 유대관계를 형성하며 구전, 구매 추천 등의 적극성을 띤 고객

● **현대마케팅 측면의 고객 분류** : 소비자, 구매자, 구매 승인자, 구매 영향자

① 소비자 : 물건, 서비스를 최종적으로 사용하는 사람
② 구매자 : 물건을 사는 사람
③ 구매승인자 : 구매를 허락하고 승인하는 사람
④ 구매영향자 : 구매 의사결정에 직·간접으로 영향을 미치는 사람

● **참여적 측면의 고객 분류** : 직접고객, 간접고객, 내부고객, 의사결정고객, 의견선도고객, 경쟁자, 단골고객, 옹호고객, 한계고객, 체리피커

직접고객	제품이나 서비스를 직접 구입하는 사람
간접고객	최종소비자 또는 2차 소비자
내부고객	회사 내부의 직원 및 주주
의사결정고객	직접고객의 선택에 커다란 영향을 미치는 개인 또는 집단
의사선도고객	제품의 평판, 심사, 모니터링 등에 참여하여 의사결정에 영향을 미치는 사람
경쟁자	전략이나 고객관리 등에 중요한 인식을 심어주는 고객
단골고객	기업의 제품이나 서비스는 반복적, 지속적으로 애용하지만 추천할 정도의 충성도가 있지는 않은 고객
옹호고객	단골고객이면서 고객을 추천할 정도의 충성도가 있는 고객
한계고객	기업의 이익실현에 방해가 되는 고객으로 고객명단에서 제외하거나 해약 유도
체리피커	기업의 상품이나 서비스를 구매하지 않으면서 자신의 실속을 차리기에만 관심을 두고 있는 고객

● **그레고리 스톤(Gregory Stone)의 고객 분류**

① 경제적 고객 : 최대의 효용을 얻으려는 고객, 경쟁기업 간 정보를 비교하며 구입. 가성비를 최우선으로 여김.
② 윤리적 고객 : 구매 의사결정에 기업의 윤리성이 큰 비중 차지, 사회적 기부, 환경을 위해 노력하는 신뢰할 수 있는 기업의 고객이 되길 선호
③ 개인적 고객 : 개인 대 개인 간의 교류 선호, 일괄된 서비스 보다 나만을 위한 맞춤형 서비스 원함.
④ 편의적 고객 : 서비스를 받을 때 편의성을 중시하는 고객의 편의를 위해서라면 추가 비용을 지불할 의사가 있음.

● **전통적 구매결정 프로세스 모델(AIDMA)** : 문제 인식, 정보 탐색, 대안 평가, 구매 결정, 구매 후 행동

● **인터넷 활성화로 진화한 프로세스 모델(AISAS)** : 주의(Attention) - 관심(Interest) - 검색(Search) - 행동(Action) - 공유(Share)

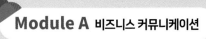

● 지각의 특징

주관성 (Subjectivity)	자신의 이미지, 감정, 신념 등을 보호하기 위해 사고체계, 감정, 신념에 부합되는 정보에 더욱 주의를 기울인다.
선택성 (Selectivity)	자신이 관심 있는 자극에 대해서만 지각하려고 한다. 지각의 과부하, 선별적 감지(선별하여 중요한 것만 더 빠르게 지각하려는 것), 지각적 방어(내 감정이나 신념에 부합하는 내용만 지각하려는 것) 때문이다.
일시성 (Temporality)	일반적으로 오랫동안 남아있지 않다.
총체성 (Summation)	지각한 자극을 하나로 통합하여 하나의 이미지로 받아들이거나 기억하게 된다.

● 대안 평가 및 상품 선택에 관여하는 요인들

후광 효과	일부 속성에 의해 형성된 전반적 평가가 그 속성과는 직접적인 관련이 없는 다른 속성의 평가에 영향
유사성 효과	새로운 상품대안이 나타난 경우 그와 유사한 성격의 기존 상품을 잠식할 확률이 높음.
유인 효과	고객이 기존 대안을 우월하게 평가하도록 열등한 대안을 내놓음으로써 기존 대안을 상대적으로 돋보이게 하는 방법
프레밍 효과	대안의 준거점에 따라 의사결정이 달라지게 되는 효과
손실회피	동일한 수준의 혜택과 손실이 발생하는 경우 손실에 더 민감하게 반응하여 이를 회피하는 선택을 하는 경우
대비 효과	고가의 제품을 먼저 보여주고 저렴한 제품을 권하면 상대적으로 저렴한 제품을 구매하려는 경향

● **구매 후 부조화** : 구매 후 만족 또는 불만족을 느끼기에 앞서 자신이 구매결정한 것에 대하여 불안감을 느끼는 것

● **구매 후 부조화 발생 상황**
• 구매 결정을 취소할 수 없을 때
• 관여도가 높을 때
• 마음에 드는 대안이 여러 개 있을 때
• 전적으로 고객 자신의 의사 결정일 때
• 선택한 대안에 없는 장점을 선택하지 않은 대안이 갖고 있을 때

● **기업의 구매 후 부조화 감소 전략**
• 구매 후 만족감 강화 광고
• 구매에 대한 감사 서신, 전화 등을 통해 고객의 선택을 지지하는 후속 서비스
• 제품 보증, 친절한 A/S, 불만 관리 등 고객 서비스를 강화
• 실질적인 상품, 서비스의 품질 향상의 노력

● **DISC** : 인간의 행동유형(성격)을 구성하는 핵심 4개 요소인 Dominance(주도형), Influence(사교형), Steadiness(안정형), Conscientiousness(신중형)의 약자

- **MBTI** : 융의 심리이론을 바탕으로 하여 개발한 성격유형 검사도구이다. 4가지 선호경향(에너지 방향, 인식기능, 판단기능, 생활양식)을 바탕으로 16가지 조합유형이 있다.

- **교류분석** : 미국 정신과 의사인 에릭 번에 의해 창안된 인간의 교류나 행동에 관한 이론체계로 효율적인 인간변화를 추구하는 분석이론

PART 4 고객 커뮤니케이션

- **커뮤니케이션** : 두 사람 이상 상호 간에 어떤 특정한 사항에 대해 유사한 의미와 이해를 만들어 나가는 과정. 공통적으로 이해할 수 있는 의미와 이해를 만들어내기 위해 언어 또는 비언어적인 수단을 통해 상호 노력하는 과정

- **채널(Channel)** : 메시지 전달의 통로나 매체(TV, 라디오, 인터넷, 목소리)

- **피드백(Feedback)** : 수용자의 반응. 피드백은 커뮤니케이션의 과정을 계속 반복, 순환하게 하는 요소

- **비언어적 커뮤니케이션** : 언어를 제외한 자극으로 몸짓이나 시각 또는 공간을 상징으로 하여 의사를 표현하는 커뮤니케이션 방법

- **의사언어** : 공식적 언어가 아닌 인간이 발생시키는 갖가지 소리를 의미. 말투, 음조의 변화, 음고, 음량의 정도, 말의 속도, 발음

- **신체언어** : 얼굴표정, 눈의 접촉, 고개 끄덕이기, 몸의 움직임, 자세

- **이중메시지** : 혼합메시지라고 하며 언어적, 비언어적으로 불일치하여 커뮤니케이션의 오류를 야기하는 메시지

- **그레이프바인** : 포도덩굴이라는 뜻으로 부정적인 의미를 함축하고 있으며 복잡한 인간관계 속에서 의사소통의 왜곡, 소문, 풍문, 구전 등의 뜻으로 사용

- **피그말리온 효과(Pygmalion effect)** : 누군가에 대한 믿음이나 기대 또는 예측이 타인에게 그대로 실현되는 경향으로 로젠탈 효과(Rosental effect)라고도 한다.

- **로젠탈 효과(Rosental effect)** : 심리학에서는 피그말리온 효과라 불린다. 피그말리온 효과의 교육적 영향을 확인하기 위해 하버드대학교 로젠탈 교수는 교사가 학생에게 거는 기대가 실제로 학생의 성적향상에 효과를 미친다는 것을 입증하였다.

- **낙인 효과(Stigma effect)** : 타인으로부터 부정적인 낙인이나 인식을 받으면 의식적으로나 무의식적으로 실제 그렇게 행동하게 되는 효과이다.

- **플라시보 효과(Placebo effect)** : 심리적으로 긍정적인 믿음이 신체를 자연으로 치유하는 데 역할을 한다는 것을 의미한다. 효과가 없는 약임에도 의사가 환자에게 병을 낫게 해줄 거라는 긍정적인 믿음을 주어 환자의 병이 호전된 실험을 바탕으로 한다.

- **노시보 효과(Nocebo effect)** : 플라시보 효과와 반대의 의미로 좋은 효능이 있는 약일지라도 환자가 부정적으로 생각하고 약의 효능을 믿지 못하면 실제로 상태가 개선되지 않는 현상이다.
- **호손 효과(Hawthorne effect)** : 호손 웍스라는 공장의 근로자들의 행동을 관찰할 때 생산성이 일시적으로 향상된 현상을 발견하였다. 다른 사람들이 지켜보고 있다는 사실을 의식하면서 스스로의 본성과 다르게 행동하는 것을 의미한다.
- **바넘 효과(Barnum effect)** : 누구에게나 해당되는 일반적인 특성을 자신에게만 해당되는 특성으로 받아들이는 심리적 경향이다.
- **링겔만 효과(Ringelmann effect)** : 집단 속에 참여하는 사람의 수가 늘어날수록 성과에 대한 1인당 공헌도가 떨어지는 집단적 심리 현상을 말한다. **예** 줄다리기 실험
- **잔물결 효과(Ripple effect)** : 호수에 돌을 던졌을 때 돌이 떨어진 지점부터 동심원의 물결이 일기 시작하여 가장자리까지 파동이 이어지는 데서 붙여진 이름이다. 하나의 사건이 연쇄적으로 영향을 미치는 것을 나타낸다.
- **넛지 효과(Nudge effect)** : 사람들의 선택을 유도하는 부드러운 개입을 뜻하는 말이다.
- **경청 1, 2, 3 기법** : 자신은 1번 말하고 상대의 말을 2번 들어주며, 대화 중에 3번 맞장구를 친다.
- **감성지능의 구성요소** : 자기 인식, 자기 조절, 자기 동기화, 감정 이입, 대인 관계 기술
- **설득의 6가지 심리학적 원칙** : 상호성의 원칙, 일관성의 원칙, 사회적 증거 원칙, 호감의 원칙, 권위의 원칙, 희귀성의 원칙
- **BATNA(바트나)** : 최선의 대안(Best Alternative To a Negotiated Agreement)의 약자로 협상자가 합의에 도달하지 못했을 경우 택할 수 있는 다른 좋은 대안, 차선책을 의미
- **정보의 원칙**
  - 정보의 양(가능한 많은 정보)
  - 정보의 질(신뢰할만한 정보)
  - 정보의 교환(양방향의 정보 흐름)
- **분배형 협상** : 하나를 놓고 당사자들이 나누는 유형이다. 단순 분배이므로 한쪽이 많이 가지면 다른 한쪽은 그만큼 손해를 보는 협상이다(=제로섬 게임).
- **이익교환형 협상** : 당사자들이 원하는 것의 차이를 찾아 양쪽 모두 최대한 만족할 수 있도록 하는 방법이다.
- **가치창조형 협상** : 당사자들이 서로 협력하여 새로운 해결책을 찾아내는 유형이다.
- **협상의 4단계 프로세스** : 시작단계 – 탐색단계 – 진전단계 – 합의단계
- **AREA 법칙**

주장(Assertion)	주장의 핵심을 먼저 말함.
이유(Reasoning)	주장의 근거를 설명
증거(Evidence)	주장의 근거에 관한 증거나 사례를 제시
주장(Assertion)	다시 한번 주장함.

- **효과적인 반론의 5단계** : 기회 탐색, 긍정적 시작 및 일치점 찾기, 모순점 질문, 반대 이유 설명, 요약

PART 5 회의 기획 및 의전 실무

● **회의의 기능** : 문제 해결, 자문, 의사소통, 교육 훈련

● **회의 진행의 원칙**

정족수의 원칙	회의 시 의제를 심의하고 의결하기 위해 일정 수의 참석자 수가 필요하다.
1의제의 원칙	회의에서는 한 번에 한 의제만을 다루어 나가야 한다는 원칙
일사부재의 원칙	회의에서 일단 가결 또는 부가결된 의안은 같은 회기에 다시 상정하지 않는다는 원칙
회기 불계속의 원칙	어떠한 회의에 상정되었던 의안이 그 회의가 끝날 때까지 처리되지 않으면 폐기된다는 원칙

● **회의 형태에 의한 분류**

컨벤션 (Convention)	회의 분야에서 가장 일반적으로 사용되는 용어로 보통은 대회의장에서 개최되는 일반 단체 회의
콩그레스 (Congress)	컨퍼런스와 유사하나 유럽에서 국제회의를 지칭하는 의미로 일반적으로 사용
컨퍼런스 (Conference)	컨벤션과 유사하나 토론회가 많고 참가자들에게 토론의 기회가 주어진다. 과학, 기술, 학술 분야의 새로운 지식 습득 및 특정 분야의 연구를 위한 회의에 사용되는 용어
워크숍 (Workshop)	30명 내의 인원이 참가하는 소규모 회의이다. 회사나 기관 등에서 특정 문제나 프로젝트에 관한 연구 및 아이디어나 지식, 기술 등을 서로 교환하여 새로운 기술을 창출하고 개발하는 것이 목적
클리닉 (Clinic)	참가자에게 특정 분야의 지식과 기술을 습득시키고 문제를 해결하고 분석하는 방법을 교육 하는 소그룹 모임
세미나 (Seminar)	• 주로 교육 및 연구 목적으로 개최되는 소규모 회의이다(30명 이하). • 발표자 한 사람의 주도로 회의가 진행되며 주제에 대한 지식과 경험을 발표하고 토론하는 회의
포럼 (Forum)	• 제시된 한 주제에 대해 상반된 견해를 가진 동일 분야의 전문가들이 사회자의 주도하에 청중 앞에서 벌이는 공개 토론회 • 청중이 자유롭게 질의에 참여할 수 있으며 사회자가 의견을 종합함.
심포지엄 (Symposium)	포럼과 유사하나 제시된 안건에 대해 전문가들이 청중 앞에서 벌이는 공개 토론회. 포럼에 비해 다소 형식을 갖추며 청중의 질의 기회도 적음.
패널 토의 (Panel Discussion)	여러 연사들이 특정 주제를 두고 전문가적 견해를 발표하는 공개 토론회. 청중도 의견 발표 가능
렉처 (Lecture)	1~2명의 연사가 강단에서 청중에게 연설 및 강연

● **회의 주체에 따른 분류** : 기업회의, 협회회의, 비영리기관 회의, 정부주관 회의, 시민회의

- **회의 개최지 선정 과정**
  - 회의 목적 설정 및 확인
  - 회의의 형태 및 형식 개발
  - 회의에 필요한 물리적 요구사항 결정
  - 참가자의 관심과 기대 정의
  - 일반적 장소와 시설의 종류 선택
  - 평가 및 선정

- **회의 개최지 선정 시 고려사항**
  - 숙박 가능한 호텔과의 접근성과 적합성
  - 개최지 주변의 편의성 및 교통의 편리성
  - 개최 도시의 이미지
  - 개최 도시의 행사지원 의지와 능력
  - 개최 시기의 기후 및 온도
  - 개최 도시의 관광 또는 행사의 성수기, 비성수기 여부
  - 회의에 필요한 소요면적 및 가격
  - 엔터테인먼트 수요

- **회의실 선정 시 고려사항**
  - 회의실 규모와 수용능력
  - 회의실의 유형별 배치와 기능
  - 전시장 활용도
  - 회의실 대관료
  - 위치 및 접근성과 브랜드
  - 서비스 종사원의 능력 및 제반 규정 등

- **의전** : 국가 간의 관계 또는 국가가 관여하는 공식행사나 외교행사, 국가원수 및 고위급 인사의 방문과 영접 시에 행해지는 국제적 예의를 의미

- **의전의 5R 요소**
  ① 상대에 대한 존중(Respect) : 상대 문화와 상대방에 대한 존중과 배려이다.
  ② 상호주의 원칙(Reciprocity) : 국력과 관계없이 모든 국가가 1대 1의 동등한 대우를 받아야 한다.
  ③ 문화의 반영(Reflecting Culture) : 의전의 격식과 관행은 특정 시대, 특정 지역의 문화를 반영하므로 시대적, 공간적 제약을 갖는다.
  ④ 서열(Rank) : 서열을 무시하는 경우, 해당 인사뿐만 아니라 그 인사가 대표하는 국가나 조직에 대한 모욕이 될 수 있다.
  ⑤ 오른쪽 상석(Right) : 'Lady on the right' 원칙이라고도 한다. 단상 배치 기준, 차석(NO.2)은 VIP(NO.1)의 오른쪽에 위치

- **관례상 서열을 따르는 사람들**
  ① 공식 서열을 정할 수 없는 지위의 사람 : 정당의 당수나 임원 등
  ② 공식 서열을 무시하고 전통적인 서열을 인정해야 하는 사람 : 옛 왕족
  ③ 사회적 지위라든가 문화적 지위를 고려해야 하는 사람 : 문인, 실업가 등
  ④ 집회의 성격에 따라 높은 지위를 누려야 하는 사람 : 국제협의장, 국제단체 의장 등

- **프레젠테이션의 3P 분석** : People(청중분석), Purpose(목적 분석), Place(장소분석)

- **MICE** : 기업회의(Meeting), 포상관광(Incentive), 컨벤션(Convention), 전시・이벤트(Exhibition & Events)를 융합한 산업

- **기업회의(Meeting)** : 최소 참가자를 10인 이상으로 4시간 이상 진행하는 회의

- **포상관광(Incentive)** : 조직이 구성원의 성과에 대한 보상 및 동기부여를 위해 비용의 전체 혹은 일부를 조직이 부담하는 포상관광으로 상업용 숙박 시설에서 1박 이상의 체류를 하는 것

- **컨벤션(Convention)** : 3개국 이상에서 공인 단체 대표가 참가하는 정기적 혹은 비정기적 회의를 의미하며, 직・간접적인 정보교환과 인적 교류를 하는 행사의 총체로서 부대행사로서의 이벤트, 전시회를 포함하는 회의

- **전시・이벤트(Exhibition & Events)** : 제품이 홍보 또는 판매를 위해 정해진 장소에서 관람객과 잠재적 바이어에게 제품의 전시, 홍보, 거래 등의 활동을 하는 것

- **MICE 산업의 특징** : 공공성, 지역성, 경제성, 관광 연계성

- **컨벤션 뷰로** : 국제회의 유치에 필요한 모든 업무를 지원하는 전담팀. 비영리 조직으로 컨벤션을 유치, 개최함으로써 그 도시를 육성하는 것이 주요 임무이다.

- **PCO(Professional Convention Organizer)** : 국제회의 기획업. 행사 주최 측으로부터 국제회의 개최와 관련한 다양한 업무를 위임받아 전체적 또는 부분적으로 대행해주는 영리 업체

모듈A 비즈니스 커뮤니케이션

SMAT

PART **01**

비즈니스 매너와 에티켓

Service **M**anagement **A**bility **T**est

제 1 장 매너와 에티켓

① 매너

1. 매너(Manners)의 어원
① 매너의 어원은 라틴어 '마누아리우스(Manuarius)'에서 유래되었다.
② Manuarius는 manus와 arius의 복합어로 manus는 영어의 hand의 의미로 사람의 손이라는 뜻 외에 사람의 고유 행동이나 습관을 내포한다.
③ arius는 more at manual, more by manual로 방법이나 방식을 의미한다.

2. 매너의 의미
① 사람마다 가지고 있는 독특한 습관, 행동 방식이다.
② 타인을 향한 배려의 언행을 형식화한 것으로 사람의 행동 방식(way)이나 습관이 외적으로 표현된 것을 말한다.
③ 친절한 마음으로 상대방을 배려하고 행동하려는 정신적 자세이다.
④ 사람이 수행하고자 하는 바를 위해 움직이는 행동이나 습관이다.
⑤ 매너의 기본은 상대방을 존중하는 태도에 있다.
⑥ 상대방에게 불편이나 폐를 끼치지 않고 편하게 하는 것이다.
⑦ 에티켓을 외적으로 표현하는 것이다.

② 에티켓

1. 에티켓의 유래
① 영어에서의 에티켓(etiquette)은 예절, 예법, 동업자 간의 불문율이란 뜻이다.
② 베르사이유 궁전에 들어가는 사람에게 주어지는 티켓(ticket)에 기원을 두는 설이 있다.
③ 베르사이유 궁전을 보호하기 위해 궁전 주위의 화원에 말뚝을 박아 행동이 나쁜 사람이 화원에 들어가지 못하게 표시를 붙여 놓은 것(Estipuier : 나무 말뚝에 붙인 출입 금지라는 의미)을 말한다.
④ 그 후 단순히 '화원 출입금지'라는 뜻뿐만 아니라 상대방의 '마음의 화원'을 해치지 않는다는 의미로 넓게 해석하여 '예절'이란 의미로 통용되었다.

⑤ 15세기 프랑스에 정착하여 안 도트리시(루이 13세의 비)에 의해 궁중예법, 에티켓으로 발달하여 루이 14세 때 정비되어 보급되었다.

⑥ 프랑스 19세기 말 부르주아 사교계의 '관례(Usage)', '예의범절(Civilite)'이 오늘날 프랑스 에티켓의 기초가 되었다.

> ✦ 국가 간의 외교의례를 프로토콜(protocol)이라고 한다.

2. 에티켓의 의미

① 원활한 사회생활을 위해 생활에서 지켜야 하는 규범이다.

② 사회생활의 모든 경우와 장소에서 취해야 할 바람직한 행동 양식을 말한다.

③ 상대방에 대한 존중을 바탕으로 여럿이 함께하는 문화를 바람직하게 유지하기 위한 사회적 약속이며 질서이다.

④ 법적 구속력을 갖고 있지는 않지만 사회생활을 부드럽게 하고 쾌적한 기분을 갖기 위해 지켜야 할 규범적 성격을 가진 것이다.

◉ 매너와 에티켓의 비교

매너	에티켓
에티켓을 나타내는 행동 방식	지켜야 할 규범
방식(ways)	형식(form)
국가, 관습, 문화를 초월	국가나 문화와 관습에 따라 다름.
'좋다, 나쁘다'로 구분	'있다, 없다'의 유무로 구분

③ 예의범절

1. 예의범절의 개념과 목적

① 타인을 배려하기 위해 상대방의 인격을 존중하며, 일상생활에서 갖추어야 할 모든 예의와 절차를 말한다.

② 예의가 정신세계를 강조하는 것이라면 범절은 그것을 겉으로 표현하는 동작에 비중을 둔 것이다.

③ 유교 도덕 사상의 기본인 삼강오륜에 근간을 두고 발전한 동양적인 개념으로 개인과 집안에서 지켜야 할 기본적인 규범이다.

④ 타인에 대한 마음가짐이나 태도를 의미한다.

⑤ 에티켓과 매너가 합해진 동양적 개념이다.

⑥ 상호 간의 편의를 도모하여 합리적인 생활을 영위하는 데 그 목적이 있으며 자신을 다스리는 수단으로 자발적이어야 한다.

4 서비스 매너

1. 서비스 매너의 의의

① 고객과의 접점에서 고객에 대한 이해와 고객의 요구에 신속히 대응하는 기본 능력이다.

② 서비스 제공에 있어 고객만족을 위해 신뢰감을 주는 이미지로 고객을 맞이하는 태도에서부터 시작된다.

③ 고객 접점에서 바람직한 서비스를 제공하며 고객만족을 위해 노력하는 고객을 응대하는 행동 방식이다.

④ 고객 맞이에서부터 배웅에 이르기까지 고객만족을 위해 제공되는 서비스 일체와 매너 있는 서비스 제공자의 태도를 포함한다.

2. 서비스 매너의 구성요인

① 고객에게 신뢰감을 줄 수 있는 이미지메이킹

② 고객을 존중하는 바른 자세와 동작

③ 단정한 용모와 복장

④ 고객과의 원활한 의사소통능력

⑤ 고객을 이해하는 공감능력

⑥ 고객과의 상호신뢰

5 네티켓

1. 개념

① 네트워크(Network)와 에티켓(Etiquette)의 합성어이다.

② 네트워크상에서 메일을 주고받거나, 채팅을 하는 등 모든 활동에서 지켜야 할 예절을 말한다.

③ 가상공간에서 올바른 공동체를 형성하기 위해 필요한 개념이다.

2. 네티켓 기본예절

① 다른 사람에게 피해가 되지 않도록 한다.

② 건전한 정보를 취급하고 불법 행동은 금지한다.

③ 타인의 사생활과 개인정보를 존중한다.

④ 다른 사람의 글이나 사진 등을 표절하지 않는다.

⑤ 다른 사람의 실수를 용서하라.

⑥ 자신이 속한 곳의 문화와 규율에 맞게 행동한다.

3. 이메일 네티켓

① 수신한 메일은 24시간 이내에 빠르게 답변하도록 한다.

② 제목은 메일 내용을 함축하여 일치하도록 하고 내용은 용건만 간단히 보낸다.

③ 첨부파일은 용량이 큰 경우 압축하여 첨부한다.

④ 유머 및 정보성 메일은 발송 전에 상대방의 의사를 먼저 물어본다.

4. 게시판 네티켓

① 올바른 통신언어를 사용한다.

② 주제와 적합한 내용의 글을 게시한다.

③ 내용은 간결하게 요점만 작성한다.

④ 진실과 사실만을 전달한다.

⑤ 같은 글을 여러 곳에 중복하여 올리지 않는다.

6 직장 매너

1. 호칭 예절

① 계층에 따른 호칭

상급자	• 상급자의 성과 직위 다음에 '님'의 존칭을 사용한다. 예 최 부장님 • 상급자의 성명은 모르는 경우 직위에만 '님'의 존칭을 사용한다. 예 부장님
동급자	• 동급자인 경우는 성과 직위 또는 직명으로 호칭한다. • 동급자인 경우는 이름 뒤에 '씨'를 붙여 호칭한다. 예 홍길동 씨
하급자	• 직위가 있는 경우 직명으로 호칭한다. 예 김 주임, 홍길동 대리 • 직위가 없는 경우 이름 뒤에 '씨'를 붙여 호칭한다. • 직위가 낮지만 본인보다 나이가 많은 사람에게는 이름 뒤에 '님'자를 붙여 호칭한다.

※ https://www.korean.go.kr/국립국어원

② 경어

존경의 표현	• 대상이 동료이거나 아래 직원인 경우라도 '-시-'를 넣어 존대하는 것이 바람직하다. 예 김 대리 거래처에 가셨습니까? • 듣는 사람이 지칭 대상보다 윗사람인 경우라도 압존법을 사용하는 것은 직장에서 어색하며 우리 전통 언어예절과는 거리가 멀다. 예 총무과장님이 이 일을 하셨습니다.
공손의 표현	공식적인 상황이거나 덜 친밀한 관계에서는 직장 사람들에게 직급에 관계없이 공손의 표현을 하는 것이 바람직하다. 예 '거래처에 전화하셨습니까?', '거래처에 전화했습니까?'
겸양의 표현	• 윗사람이나 남에게 말할 때 자기와 관계된 부분을 낮추어 표현하는 것이 바람직하다. 예 '저희 회사', '제가' → 나라에 대해서는 '저희 나라'가 아닌 항상 '우리나라'라고 써야 한다. 예 '과장님, 점심 식사하셨습니까?

✦ 압존법
  • 높여야 할 대상이지만 듣는 이가 더 높을 때 그 공대를 줄이는 어법이다.
   예 '할아버지, 아버지가 아직 안 왔습니다.'
  • 윗사람 앞에서 그 사람보다 낮은 윗사람을 낮추는 것이 가족 간이나 사제 간처럼 사적인 관계에서는 적용될 수 있지만 직장에서와 같이 사회적 관계에서 쓰는 것은 어색하다.

---

2. 틀리기 쉬운 표현

① 상사에 대한 존칭은 호칭에만 사용한다.

  예 사장님실 → 사장실

② 문서상에는 높임을 적용하지 않는다.

  예 홍길동 부장님 지시사항 → 홍길동 부장 지시사항

③ 상사의 지시 전달 시 '님'을 붙여 사용한다.

  예 사장님 지시사항입니다.

    주문하신 커피 나오셨습니다. → 커피 나왔습니다.

    문의하신 상품은 품절이십니다. → 상품은 품절입니다.

    말씀하신 사이즈가 없으십니다. → 사이즈가 없습니다.

    포장이세요? → 포장해드릴까요?

    사장님 말씀이 계시겠습니다. → 사장님께서 말씀하시겠습니다.

3. 간접 존대

높여야 할 대상의 신체부분, 성품, 심리, 소유물과 같이 주어와 밀접한 관계를 맺고 있는 대상을 통해 주어를 간접적으로 높인다.

📵 눈이 크시다, 걱정이 많으시다. 선생님, 넥타이가 멋있으시네요.

4. 서양의 호칭 및 경칭

① Majesty : 왕족에게 붙이는 경칭

② The Honorable : 귀족이나 주요 공직자

③ Sir : 자신보다 나이나 지위가 높은 상대방에게 경의를 나타내는 남성의 경칭

④ Esquire(ESQ) : 영국에서 사용하며, 편지의 수취인

⑤ Dr. : 수련과정을 거친 전문직업인이나 인문과학분야에서 박사학위를 취득한 사람

⑥ Excellency : 외교관에 대한 경칭

제 2 장 비즈니스 응대

① 인사 매너

1. 인사의 중요성

인사란 상대에게 마음을 열어주는 구체적인 행동의 표현이며, 환영, 감사, 반가움, 기원, 배려, 염려의 의미가 내포되어 있다.

① 마음에서 우러나오는 만남의 첫걸음이며 마음가짐의 외적 표현이다.

② 인사하는 그 사람의 모습은 자신의 인격 표현이며 인간관계가 시작되는 첫 신호이다.

③ 상대방에 대한 존경심과 친절을 나타내는 형식이다.

④ 상대방이 느낄 수 있는 첫 번째 감동이다.

⑤ 인사는 상대방을 위하기보다는 나 자신을 위한 것이다.

2. 인사의 기본 자세

표정	밝고 부드러운 미소를 지닌다.
시선	인사 전, 후에 상대방을 바라보며 진심어린 마음을 담는다.
턱	턱은 내밀지 말고 자연스럽게 당긴다.
어깨	자연스럽게 힘을 빼고, 균형을 유지한다.
등허리	곧게 펴고 머리에서 허리까지 일직선이 되도록 한다.
손	남자는 바지 봉제선에 자연스럽게 대며, 여자는 아랫배에 공수한다.
발	발꿈치를 붙이고 여성은 15도, 남성은 30도 정도로 한다.

3. 올바른 인사순서

① 바른 자세로 상대의 눈을 보며 인사말을 한다.

② 밝은 목소리로 분명한 인사말과 함께 인사한다.

③ 허리부터 상체를 숙이며 목과 등이 일직선이 되도록 한다.

④ 15도, 30도, 45도 등 각도에 따라 굽힌다.

⑤ 숙인 상태에서 잠시 멈춘다.

⑥ 허리 숙인 뒤 시선은 상대방의 발끝이나 자신의 발끝에서 1.5m 정도에 둔다.

⑦ 상체를 올리는데 굽힐 때보다 천천히 허리를 편다.

⑧ 상대를 바라보며 미소를 짓는다.

4. 인사의 시기

① 인사는 항상 내가 먼저 한다.

② 일반적으로 상대방의 거리가 30보 이내에 인사 준비를 하며 가장 바람직한 시기는 6보 이내이다.

③ 옆에서 접근하거나 갑자기 만났을 때는 즉시 하는 것이 좋다.

④ 이동 중 인사해야 하는 경우 빠르게 상대방의 앞으로 가서 정중히 인사한다.

⑤ 계단에서 마주친 경우 상대와 같은 위치로 빠르게 이동하여 정중하게 인사한다.

5. 인사의 종류

구분	목례	약례	보통례	정중례
모습				
방법	상체를 숙이지 않고 가볍게 머리만 숙여서 하는 인사	상체를 15도 정도 앞으로 기울여 가볍게 인사	상체를 30도 숙여 인사	가장 공손한 인사로 상체를 45도 정도 숙여 인사
상황	•복도에서 2번 이상 만난 경우 •낯선 사람과 만난 경우 •양손에 짐을 든 경우 •통화 중인 경우	•화장실과 같은 개인적인 공간에서의 인사 •실내나 통로, 엘리베이터 안과 같이 협소한 공간에서의 인사 •상사나 손님을 여러 차례 만난 경우 •동료, 손아랫사람에게 하는 인사	•상대에 대한 정식인사로 고객을 맞이하거나 배웅하는 경우 •상사에게 보고하거나 지시를 받을 경우	•감사, 사죄의 표현을 하는 경우 •국빈, 국가의 원수, 집안 어른 등에게 인사 •면접, 공식적인 자리인 경우

6. 공수

① 의식행사 또는 어른 앞에서 두 손을 앞으로 맞잡는 것이다.

② 공수자세는 남자와 여자가 다르고 평상시와 흉사시가 다르다.

③ 엄지손가락은 엇갈려 깍지를 끼고 네 손가락을 포갠다.

④ 엄지는 배꼽에 닿도록 하고 소매가 긴 예복을 입었을 때에는 팔뚝을 수평이 되도록 한다.

⑤ 평상시(제사, 차례 포함)에는 남자는 왼손이 위로 올라오게 포개며, 여자는 오른손이 위로 올라오게 포갠다.

⑥ 왼쪽은 동쪽이고 동쪽은 양(陽)을 뜻하므로 남자는 왼손이 위이다.

⑦ 오른쪽은 서쪽이고 서쪽은 음(陰)을 뜻하므로 여자는 오른손이 위이다.

⑧ 흉사시(사람이 죽었을 때)에는 평상시와 반대로 한다.

✦ 남좌여우(男左女右), 남동여서(南東女西)
- 생명이 있는 것은 태양광선을 가장 잘 받는 남쪽을 향하는 것이 정칙
- 예절의 방위에서 남쪽을 향하면 왼편이 동쪽이고 오른편이 서쪽
- 동쪽 + (陽). 서쪽 - (陰)

---

② 소개 매너

1. 소개하는 순서

소개하는 순서를 숙지하여 비즈니스 상황에서 결례를 하지 않도록 한다.

① 이성 간에는 남성을 여성에게 소개한다.

② 지인을 잘 모르는 사람에게 먼저 소개한다.

③ 두 사람을 소개할 때는 아랫사람을 윗사람에게 소개한다. 지위가 낮은 사람을 높은 사람에게, 후배를 선배에게, 연소자를 연장자에게, 미혼자를 기혼자에게 먼저 소개하는 것이 자연스럽다.

④ 회사 내부 직원을 외부 고객에게 먼저 소개한다.

⑤ 한 사람과 여러 사람을 소개할 때는 한 사람을 여러 사람에게 먼저 소개한다.

먼저		나중
남성을	→	여성에게
지인을	→	잘 모르는 사람에게
손아랫사람	→	손윗사람에게
연소자를	→	연장자에게
미혼자를	→	기혼자에게
회사 내부 직원을	→	외부 고객에게
한 사람을	→	여러 사람에게

2. 소개 시 유의사항

① 소개 시에는 소개를 받는 사람이나 소개되는 사람 모두 일어서는 것이 원칙이다. 단 환자나 노령인 경우는 일어나지 않아도 된다.

② 동성끼리 소개를 받을 때는 서로 일어난다.

③ 남성이 여성을 소개받을 때는 반드시 일어선다.

④ 여성이 남성을 소개받을 때는 반드시 일어날 필요는 없다. 나이가 많은 부인이나 앉아 있던 여성은 그대로 앉아 있어도 된다. 다만 파티를 주최한 호스티스인 경우는 일어나는 것이 원칙이다.

⑤ 자신보다 지위가 매우 높은 사람을 소개받을 때는 남녀에 관계없이 일어서는 것이 원칙이나 환자나 노령인 사람은 예외이다.

⑥ 부부를 소개받았을 경우 동성 간에는 악수를, 이성 간에는 간단한 목례를 한다.

③ 악수 매너

1. 악수의 유래와 의미

① 손에 무기가 없다는 것을 증명하기 위해 오른손을 내밀어 잡았는데, 이것이 악수의 유래가 되었다.

② 서양에서 악수를 사양하는 것은 결례가 된다.

2. 악수 방법

① 악수는 원칙적으로 오른손으로 한다.

② 고개를 숙이지 않고 허리를 펴고 바른 자세로 상대를 보면서 한다.
　 (예외 : 국가 원수나 왕족, 성직자)

③ 서양의 기준에 맞춰 한 손으로만 하고 목례도 하지 않아야 한다.

④ 적당한 거리를 유지하면서 상대방의 눈을 보며, 가벼운 미소와 함께 손을 잡는다.

⑤ 손에 적당히 힘을 주어 잡고 두세 번 흔드는 정도가 예절의 기본이다.

3. 악수의 순서

① 연장자가 연하자에게 청한다.

② 여성이 남성에게 청한다.

③ 기혼자가 미혼자에게 청한다.

④ 손윗사람이 아랫사람에게 청한다.

4. 비즈니스 상황에서 악수 매너

① 소개를 받았다고 곧바로 손을 내밀지 않는다.

② 악수는 연장자가 연하자에게, 여자가 남자에게 청한다.

③ 연장자가 악수를 하는 대신 간단히 인사를 하면 연소자도 이에 따른다.

④ 남자는 여자가 먼저 손을 내밀어 청하지 않는 한 여자와 악수를 하지 않는다.

⑤ 상대방이 악수를 청할 때 남성은 일어나야 하지만 여성은 앉아서 해도 무방하다.

⑥ 악수를 할 때는 너무 세거나 약하지 않게 쥐는 것이 좋다.

⑦ 오랫동안 손을 쥐고 있지 않는다. 계속 손을 잡은 채로 이야기를 하지 않는다.

⑧ 손이 더러울 경우 양해를 구한 후 닦고 하거나 인사로 대신한다.

⑨ 악수할 때 장갑을 착용하고 있다면 남자는 벗어야 하며, 여성의 예식용 장갑은 벗지 않는다.

④ 명함 매너

1. 명함의 유래와 의미

① 올바른 명함 교환예절

㉠ 명함은 상대방에게 소속과 성명을 알리고 증명하는 역할을 하는 자신의 소개이다.

㉡ 명함은 자기 자신을 나타내는 자기소개서이므로 소중하게 다루어야 한다.

㉢ 받은 명함은 언제라도 금방 찾아볼 수 있도록 명함꽂이, 수첩 등에다 잘 정리해 둔다.

㉣ 앉아서 대화를 나누다가 명함을 교환할 때는 일어서는 것이 원칙이다.

㉤ 명함은 가슴과 허리 사이의 위치에서 주고 받는다.

㉥ 남성은 가슴 포켓 또는 양복 상의 명함 주머니에, 여성은 핸드백에 넣어 둔다.

㉦ 명함을 받았으면 날짜라든지 만난 장소, 간단한 용건 등을 뒷면에 메모해 두어 상대방을 기억하도록 한다. 단 상대방이 보는 앞에서 명함에 메모를 하는 것은 결례이다.

㉧ 명함은 여유 있게 준비하여 명함집에 잘 보관한다.

② 명함 교환 순서

㉠ 손아랫사람이 윗사람에게 먼저 건넨다.

㉡ 소개받은 사람부터 건넨다.

㉢ 방문자가 상대방에게 먼저 건넨다.

2. 올바른 명함 교환 방법

① 명함을 건네는 법

㉠ 명함을 교환할 때는 손아랫사람이 손윗사람에게 먼저 건네는 것이 예의이다. 소개의 경우는 소개받은 사람부터 먼저 건넨다. 방문한 곳에서는 상대방보다 먼저 명함을 건네도록 한다.

㉡ 명함을 선 자세로 교환하는 것이 예의이다.

㉢ 명함은 왼손을 받쳐서 오른손으로 건네며 자신의 성명이 상대방 쪽에서 바르게 보일 수 있게 건넨다.

② 명함을 내밀 때는 정중하게 인사를 하고 나서 "○○회사의 ○○○이라고 합니다."라고 소속 과 성함을 정확히 말하면서 두 손으로 건네도록 한다.

⑩ 상사와 함께 명함을 건넬 때는 상사가 건넨 다음에 건네도록 한다. 여러 명이 방문한 경우에 도 상사가 명함을 건넨다.

② 명함 받는 법

㉠ 명함을 건넬 때와 마찬가지로 받을 때도 일어선 채로 두 손으로 받는다. 이때 인사말을 함께 건넨다.

㉡ 명함을 받으면 그 자리에서 상대방의 회사명, 직위, 성명을 확인하여 대화 도중에 상대방의 소속과 성함을 잊어버려 명함을 꺼내 보는 일이 없도록 한다.

㉢ 상대방의 이름이 읽기 어려운 한자일 경우는 상대방에게 물어서 확인한다.

㉣ 명함을 받으면 반드시 자신의 명함을 주어야 한다.

㉤ 명함을 받자마자 바로 집어넣는 것은 실례이다. 또한 받은 명함을 바지 주머니나 뒷주머니 에 집어넣는 것은 절대 금물이다.

㉥ 여러 명의 상대와 명함을 교환하는 경우에도 상대가 한 사람인 경우와 마찬가지로 한 사람 한 사람씩 명함을 건네고 받는다. 이때는 상대를 혼동하지 않기 위해 받은 명함을 상대가 앉은 위치에 따라 나란히 늘어놓아도 실례가 되지 않는다.

㉦ 명함을 동시에 주고받을 때에는 오른손으로 주고 왼손으로 받는다.

5 장소 및 상황별 안내 매너

1. 계단 및 에스컬레이터에서의 안내

① 계단을 오를 때는 고객보다 한두 계단 뒤에서 안내하며 올라가고 내려올 때는 고객보다 한두 계단 앞서 안내하며 내려온다.

② 여성 고객일 경우 계단을 올라갈 때는 남성이 먼저 올라가고 내려올 때는 여성이 앞서 내려간다.

2. 복도에서의 안내

① 복도 통행은 조용히 빨리 한다.

② 안내할 때는 손님보다 2~3보 가량 비스듬히 앞서서 사선걸음으로 걷는다.

③ 복도에서는 손님과의 거리가 벌어지지 않도록 약간 앞에서 안내한다.

④ 남의 앞을 지날 때에는 한쪽으로 비켜서 다소곳이 지나가며 "실례합니다."하고 목례를 잊지 않 는다.

⑤ 손가락은 펴서 가지런하게 붙여 방향을 안내한다.

3. 엘리베이터 안내

① 엘리베이터를 탈 경우 미리 행선 층을 알려주는 것이 매너이다.

② 승강기 내에서의 상위 자리는 들어가서 좌측으로 되어 있다.

③ 승무원이 없을 경우에는 하급자가 먼저 탄다.

④ 버튼 조작을 위해 손님보다 먼저 타고, 내릴 때는 안전하게 버튼을 누른 상태에서 손님을 먼저 내리게 한다.

⑤ 승무원이 있을 경우에는 손님보다 나중에 타고, 내릴 때는 손님보다 먼저 내린다.

4. 문에서 안내

당겨서 여는 문(pull)   밀어서 여는 문(push)   회전문

여닫이문	① 열고 닫는 사람의 위치는 손잡이의 안쪽, 문에서 약간 떨어진 곳에 옆으로 선다. ② <u>당겨서 여는 문</u>일 경우는 안내자가 문을 당겨서 열고 서며 <u>고객이 먼저 통과하도록</u> 안내한다. ③ <u>밀어서 여는 문</u>일 경우는 <u>안내자가 먼저 통과</u>한 후 문을 활짝 열어 문 옆에 서서 문을 잡고 고객을 통과시키도록 한다.
미닫이문	① 문을 열고 닫는 사람의 위치는 문이 열릴 때 열리는 문짝이 옮겨가는 쪽에 선다. ② 안내자가 먼저 통과한 후 문 옆에 서서 문을 잡고 고객을 통과시키도록 한다.
회전문	회전문일 경우는 손님을 먼저 들어가게 하고 손님의 걸음속도에 맞추어 뒤에서 문을 밀어 안내한다.

5. 보행 시 매너

① 길을 걸을 때는 우측 보행을 한다.

② 보행 시 인원에 따라 서열별로 이동한다.

③ 아랫사람은 윗사람 왼쪽에서 걷고, 3명 이상 보행 시 윗사람은 가운데에 서서 걷는다.

④ 앞뒤로 보행 시 윗사람이 앞에서 걷는다.

⑤ 인원이 홀수일 경우 윗사람이 중앙에 위치하여 걷고 짝수일 경우 중앙의 오른쪽에 서서 걷는다.

⑥ 상급자, 여성, 연장자는 길 안쪽으로 걷고 안내자는 차도 쪽으로 걸어가며 안내한다.

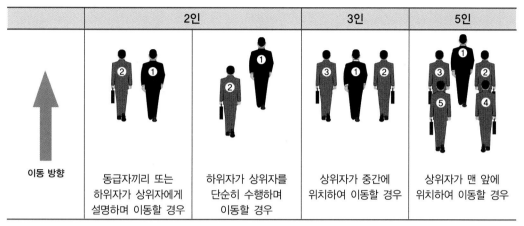

	2인		3인	5인
이동 방향	동급자끼리 또는 하위자가 상위자에게 설명하며 이동할 경우	하위자가 상위자를 단순히 수행하며 이동할 경우	상위자가 중간에 위치하여 이동할 경우	상위자가 맨 앞에 위치하여 이동할 경우

6. 자동차 탑승 매너

① 우리나라에서는 일반적으로 우측통행이므로 상위자가 마지막에 타고 먼저 내리는 경우와 상위자가 먼저 타고 나중에 내리는 두 경우가 있는데, 후자의 경우에는 하위자가 자동차 뒤로 돌아 반대편 문으로 승·하차한다. 일반도로에서는 교통사고 발생에 유의해야 한다.

② 운전원이 있는 경우 상석은 운전원의 대각선 뒷자리, 즉 조수석 뒷좌석이다.

③ 운전원 없이 상급자가 직접 운전하는 경우 운전석 옆 좌석에 나란히 앉는 것이 매너이다.

④ 여성이 스커트를 입고 탑승하는 경우 뒷좌석 가운데 자리에 앉지 않도록 해 주는 것이 매너이다.

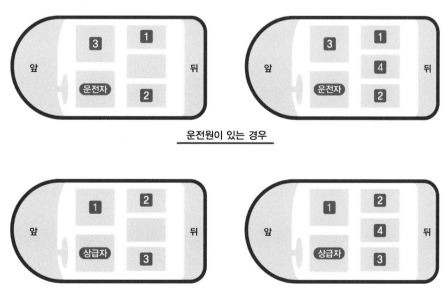

운전원이 있는 경우

운전원이 없는 경우(상급자가 손수 운전하는 경우)

7. 열차 탑승 매너

열차 탑승의 경우 상석은 <u>열차의 진행방향이며 창가</u>, 맞은편 창가, 진행방향으로 통로좌석, 맞은편 통로좌석 순이다.

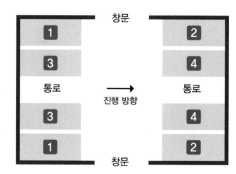

8. 비행기 탑승 매너

① 비행기의 경우, 상석은 비행기 종류에 따라 다르지만 일반적으로 앞쪽의 오른쪽으로 하는 경우가 많다.

② 창가좌석, 통로 쪽 좌석, 가운데 좌석 순이다.

③ 타고 내리는 순서는 상급자가 제일 나중에 타고, 제일 먼저 내리는 것이 국제적으로 일반화되어 있다. 다만, 위험시에는 하위자가 먼저 타거나 내리는 것이 대원칙이다.

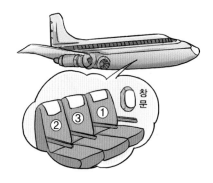

6 방문객 응대 매너

1. 방문객 맞이

① 방문객 맞이 시 하던 일을 잠시 멈추고 즉시 일어나 인사하며 신속하게 응대한다.

② 바른 자세로 인사한 후 방문객의 소속과 용건을 확인한다.

③ 선약이 된 방문객은 바로 안내하며 그렇지 않은 경우는 방문객의 용건 확인 후 보고하여 신속히 안내한다.

2. 응접실 응대

① 방문객의 직위와 중요도에 따라 상석과 하석을 고려하여 안내한다.

② 입구에서 멀고 전망이 좋은 곳이 상석이다.

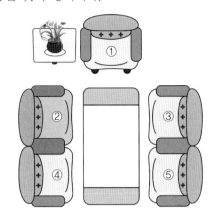

③ 상석의 손님의 직위와 중요도를 고려하여 자리를 안내한다.

④ 방향은 동서남북을 기준으로 북쪽이다.

⑤ 단상 배치 기준 차석은 vip의 오른쪽에 위치한다.

⑥ 실내에서의 상석은 출입문 쪽을 아랫자리로 하고 그 정반대 쪽을 상석으로 한다. 서양의 경우는 벽난로가 있는 쪽 중앙이 상석이고, 출입문 쪽을 아랫자리로 한다. 출입문의 반대쪽을 상석으로 하는 것이 부적당한 경우에는 정원을 바라볼 수 있는 벽쪽을 상석으로 하고 아랫자리는 정원을 등지게 한다.

⑦ 응접세트의 상석은 긴 소파의 오른쪽이 된다.

3. 차 응대

① 방문객이 착석 후 가급적 신속히 응대한다.

② 차의 온도는 70℃~80℃가 적당하며 찻잔의 70~80% 정도를 채운다.

③ 방문객이 여러 사람일 경우 연장자 순, 상석 순, 오른쪽 방향 순으로 차를 낸다.

④ 찻잔은 테이블 끝에서 5~10cm 안쪽에 놓고, 찻잔 손잡이는 고객의 오른쪽에 오도록 한다.

⑤ 퇴실 시 가볍게 목례를 하고 등이 보이지 않도록 서너 걸음 뒤로 물러선 후 돌아서 나온다.

4. 방문객 배웅

① 방문객의 맡긴 짐이나 소지품 등을 확인 후 전달한다.

② 엘리베이터 앞에서 배웅하거나 현관 입구까지 배웅한다.

5. 고객 응대 시 물건 수수 자세

① 받는 사람이 보기 편하도록 건넨다.

② 밝게 웃으며 상대방의 시선을 바라본다.

③ 가슴과 허리 사이 위치에서 주고 받도록 한다.

④ 원칙상 물건은 양손으로 건네는 것이 예의이다.

⑤ 물건이 작아 두 손으로 건네기 힘든 경우에는 한 손을 다른 한손으로 받쳐 건네도록 한다.

7 조문 매너

1. 조문 순서

① 입장 : 상가에 도착하면 외투나 모자는 미리 벗어둔다.

② 호상소 : 조객록에 자신의 이름을 적는다.

③ 상주와 인사 : 상주와 가볍게 목례하고 영정 앞에 무릎을 꿇고 앉거나 선다.

④ 분향 또는 헌화

　㉠ 분향 : 홀수개의 향에 불을 붙이고 왼손으로 가볍게 흔들어 끈다. 이때 입으로 불을 끄지 않도록 한다. 두 손으로 향로에 향을 꽂는다.

　㉡ 헌화 : 꽃을 가슴 앞쪽에 들고 영정 앞으로 가서 놓은 후 묵념 또는 기도한다.

⑤ 재배 : 영정 앞에 서서 잠시 묵념 후 두 번 절을 한다. 종교에 따라 절 대신 묵념 또는 기도를 한다.

⑥ 상주에게 조문 : 영정에서 물러나 상주에게 한 번 절을 하고 위로의 말을 건넨다.

⑦ 조의금 전달 : 준비한 조의금을 부의함에 넣는다.

2. 조문 복장

① 근래에는 복장이 단정하면 격식에 크게 구애받지 않는다.

② 일반적으로 남성은 검은색 양복이나 짙은 감색, 회색이 무난하며 흰색 셔츠나 검은색 셔츠에 넥타이, 양말, 구두는 검은색으로 착용한다.

③ 여성은 검정색을 기본으로 입거나 어두운 색상의 옷을 단정하게 착용한다.

3. 유의사항

① 조의금은 형편에 맞게 성의를 표한다.

② 조의금은 문상을 마친 후 호상소에 접수하거나 부의함에 직접 넣는다.

③ 조의금을 상주에게 직접 건네는 것은 결례이다.

④ 정신적으로 힘든 유가족에게 말을 많이 시키는 것은 실례이다.

⑤ 궂은 일은 돕고 장례 절차 등에 대해서는 간섭하지 않는다.

⑥ 고인의 사망원인이나 경위 등을 상세히 묻는 것은 실례이다.

Module A 비즈니스 커뮤니케이션

제3장 전화 응대

① 전화 응대의 특성

- 전화는 기업에 대한 첫 이미지이며 기업의 신뢰성과 연결될 수 있다.
- 전화는 보이지 않는 커뮤니케이션으로 더욱더 전달에 신경을 써야 한다.
- 전화는 예고 없이 찾아오는 고객과 같다.
- 전화는 비용이 발생하므로 신속하고 정확하게 응대해야 한다.
- 전화는 비대면 특성상 일방적인 오해가 발생할 수 있다.

1. 전화 응대의 3원칙

① 신속 : 전화벨이 3번 울리기 전에 받는다.
② 정확 : 용건을 메모하여 요약, 복창한다.
③ 친절 : 항상 친절하게 응대한다.

2. 전화 응대의 3 · 3 · 3 법칙

전화벨이 세 번 울리기 전에 받고, 통화는 간결하게 3분 이내로 하고, 상대방이 전화를 끊은 뒤 3초 후에 수화기를 내려 놓는다.

3. 전화 응대의 기본 자세

① 자세를 바르게 하고 마주 대화하는 것처럼 응대한다.
② 용건은 간단히 통화한다.
③ 책상 위에 항상 메모할 준비를 해 놓는다.
④ 말씨는 분명하고 정중하게 하고, 음성의 높낮이와 속도에 유념한다.
⑤ 상대방을 확인하고 첫인사를 밝고 정중하게 한다.
⑥ 항상 상대방에게 통화 가능 여부를 확인한다.
⑦ 밝고 명랑한 목소리로 끝인사를 하고, 상대방이 먼저 전화를 끊은 것을 확인한 후 수화기를 내려 놓는다.
⑧ 통화 연결할 때나 관련 내용을 확인할 때 상대방을 너무 오래 기다리게 하지 않는다.
⑨ 전화를 건 쪽이 먼저 끊는 것이 맞으나 상사나 고객일 경우 상대방이 먼저 끊은 것을 확인하고 수화기를 내려놓는 것이 예의이다.

② 전화 응대법

1. 전화 걸기

① 상대방이 전화 통화가 가능한 T.P.O.(시간, 장소, 상황)를 고려한다.

② 용건을 미리 파악하고 자료 및 필기도구를 준비한다.

③ 인사와 함께 반드시 자신의 소속과 이름을 말한다.

　　예 안녕하십니까? A회사의 김영수입니다.

④ 상대방을 확인 후 용건을 정확하게 전달한다.

⑤ 통화 도중에 끊어졌을 경우 먼저 전화를 건 쪽에서 다시 건다.

⑥ 끝인사를 하고 상대방이 끊는 것을 확인 후 수화기를 내려놓는다.

2. 전화 받기

① 전화기 옆에는 항상 메모지와 필기도구, 스케줄 달력 등을 비치해둔다.

② 왼손으로 받고 오른손으로 메모 준비를 한다.

③ 전화벨이 세 번 울리기 전에 신속히 받는다.

④ 부득이하게 늦게 받은 경우 사과의 표현을 한다.

⑤ 인사말과 함께 자신의 소속과 성명(인사 + 부서명 + 이름)을 말한다.

⑥ 상대방의 소속과 성함을 확인하면서 인사한다.

　　예 네, 홍길동 대리님 안녕하십니까?

⑦ 용건을 정확히 파악하여 메모한다.

　　(5W1H : Who, What, Where, When, Why, How)

⑧ 내용을 요약, 복창, 확인한다.

⑨ 관련 담당자 연락처를 메모한다.

⑩ 끝인사와 함께 상대방이 전화를 끊은 후 조용히 수화기를 내려놓는다.

3. 전언 메모

① 전화를 받은 일시

② 지명인의 이름

③ 전화 건 사람의 소속과 이름, 연락처

④ 전달할 내용(5W1H로 정확히 메모)

⑤ 차후 연락 방법(상대방이 다시 걸지, 담당자가 걸어야 할 것인지 여부)

⑥ 전화를 받은 사람의 소속과 이름

3 상황별 전화 응대

1. 전화 연결을 요청하는 경우

① 지명인을 확인하고 연결한다.

② 연결 시 상대방에게 들리지 않도록 홀드버튼을 누르거나 송화구를 손으로 막은 후 연결한다.

③ 연결 중 끊어질 경우를 대비하여 지명인의 직통번호를 알려준다. 지명인의 개인번호는 알려주지 않는다.

2. 지명인을 바로 연결해 줄 수 없는 경우

① 지명 통화자가 다른 통화 중이거나 바쁜 경우 다시 걸도록 한다.

② 전화를 걸어야 하는 상황이라면 메모를 정확히 하여 지명인에게 바로 전달한다.

3. 지명인이 부재중인 경우

① 부재중인 사유와 언제 통화가 가능할지에 대한 일정을 알리고 용건을 확인한다.

② 지명인의 개인적인 사유에 대해서는 말하지 않는 것이 좋다.

③ 전언 메모 시 내용을 정확하게 메모하고 요약, 복창, 확인한다.

4. 전화가 잘 들리지 않는 경우

① 전화상태가 좋지 않음을 알리고 다시 통화할 수 있도록 한다.

② 목소리가 작아 들리지 않는 경우 외부요인으로 돌리며 완곡한 표현으로 정중히 요청한다.

   예 "전화상태가 좋지 않아 목소리가 잘 들리지 않습니다. 조금 더 크게 말씀해주시겠습니까?" (○)

   "고객님의 목소리가 작아서 들리지 않는데…" (×)

   "뭐라고요? 네? 안들려요!" (×)

5. 전화가 잘못 걸려왔을 경우

   예 "실례합니다만 몇 번으로 전화하셨습니까? 이곳은 구매부가 아니라 자재부입니다. 제가 구매부로 연결해 드리겠습니다."

6. 항의 전화인 경우

   예 "고객님. 정말 죄송합니다. 착오가 있었던 것 같습니다."

   "불편을 드려 죄송합니다. 즉시 조사하여 신속히 답변을 드리겠습니다. 감사합니다."

7. 잠시 통화를 중단할 때

예 "네. 확인해드리겠습니다."

"죄송합니다만 잠시만 기다려 주시겠습니까?"

"오랫동안 기다리셨습니다."

6. 회사의 위치를 묻는 경우

① 상대방이 이용할 교통편을 물어본 후 상황에 맞게 안내한다.

② 필요시 약도를 휴대전화, 팩스, 이메일 등으로 전송하여 안내한다.

제**4**장 글로벌 매너

① 국가별 매너의 이해

> ✦ 글로벌 매너의 원칙
> • 상호존중의 원칙 : 상대방의 문화와 매너를 존중한다.
> • 종교적 신념의 원칙 : 상호 합의하에 종교적 신념을 지켜준다.
> • 지역(local) 룰의 원칙 : 방문한 지역(local)의 매너를 따른다.

1. 일본

① 비즈니스 매너

ㄱ '남에게 폐를 끼치지 않는다'가 최고의 덕목이다.

ㄴ 일반적으로 누구에게나 경어를 사용한다.

ㄷ 인내, 예절, 겸손을 커다란 미덕으로 여기며 중요하게 생각한다.

ㄹ 시간을 잘 지키는 것을 최대의 미덕으로 여겨 약속 시각을 엄수한다.

ㅁ 인사는 우리나라보다 더 많이 굽히고, 허리를 숙이는 정도는 상대방과 비슷하게 하되 허리를 굽힐 때 상대방의 얼굴을 보아서는 안 된다.

ㅂ 일본인이 집으로 초대하는 경우는 상당한 호의의 표현이므로 선물을 준비하는 것은 기본이다.

ㅅ 계단이나 에스컬레이터, 복도 등에서는 왼쪽으로 서거나 걷는다.

ㅇ 선물은 짝으로 주는 것이 좋으나 4개는 불행을 가져온다고 생각하므로 선물하지 않는다.

ㅈ 개인의 신상에 대한 질문은 하지 않는다.

② 테이블 매너

ㄱ 일본 요리를 먹을 때는 가능한 한 숟가락을 사용하지 않고 <u>젓가락만 사용</u>한다.

ㄴ 젓가락은 항상 <u>젓가락 받침</u>에 올려놓는 것이 기본이다.

ㄷ 접시 끝에 <u>젓가락을 걸쳐 놓지 않도록</u> 주의하고 젓가락 받침을 사용한다.

ㄹ 국에 밥을 말아먹지 않는다.

ㅁ 젓가락으로 건더기를 건져 먹은 뒤 그릇째 들고 국물을 마신다.

ㅂ 생선은 머리 쪽부터 꼬리 쪽으로 먹고, <u>뒤집어서 반대쪽을 먹지 않는다</u>.

ㅅ 식사를 마친 후에는 그릇 뚜껑을 덮어 놓는 것이 예의이다.

2. 중국

① 비즈니스 매너

ㄱ 자국에 대한 자부심이 강하고 개인보다는 집단의 조화를 중시하고 상호 협동적인 삶의 철학을 가지고 있다.

ㄴ 선물은 빨간색이 좋고, 선뜻 받지 않으므로 여러 번 권해야 한다.

ㄷ 음주와 흡연을 사교의 한 수단으로 여기는 경향이 있다.

ㄹ 청색과 백색은 장례식과 연관된 색이므로 피하는 것이 좋다.

ㅁ 벽시계나 탁상시계, 거북이는 선물하지 않는다.

ㅂ 협정은 상호 이해에 기초해야 하며 서면에 의한 표현은 그렇게 중요한 것이 아니고 융통성이 있어야 한다고 생각한다.

② 테이블 매너

ㄱ 음식을 약간 남기는 것이 예의이다.

ㄴ 차 문화가 발달한 나라로 상대방의 잔이 빌 경우 계속 따라주는 것이 예의이다.

ㄷ 식사 회전 테이블은 <u>시계 방향</u>으로 돌리는 것이 기본이다.

ㄹ 상석에 앉은 사람이 요리를 먼저 덜고, 회전 테이블 위에 놓인 요리가 내 앞에 오면 공동젓가락으로 개인 접시에 적당량을 담는다.

ㅁ <u>전원이 다 덜고 나면 함께 먹는다.</u>

ㅂ 개인 접시랑 수프 그릇을 <u>손으로 들고 먹는 것은 예의에 어긋난다.</u>

ㅅ 개인 접시는 새로운 요리가 나올 때마다 교체해서 사용한다.

ㅇ 중국식 스푼인 렝게는 왼손에 쥐고, <u>젓가락은 오른손에 쥔다.</u>

ㅈ <u>사용이 끝난 스푼과 포크는 접시 오른쪽에 세로로 놓아둔다.</u>

3. 미국

① 실용주의, 평등의식이 강하고, 약속과 프라이버시를 중요시 여긴다.

② 유럽의 가치를 기반으로 하고 있지만 조금 더 개방적, 자유주의적이다.

③ 아이콘택트(Eye Contact)를 커뮤니케이션의 중요한 요소라 여긴다.

④ 총기 소유가 자유롭기 때문에 주머니에 손 넣는 행동에 주의해야 한다.

⑤ 식사시간을 유연한 커뮤니케이션의 시간으로 생각한다.

⑥ 팁 문화가 발달하였다.

4. 영국

① 신사의 나라라고 불릴 정도로 전통이나 질서, 복장 등의 규정을 중시한다.

② 공식 만찬에서는 여왕을 위한 건배를 하는데, 그 전에 담배를 피워서는 안 된다.

③ 여성을 존중하는 문화(lady first)이다.

④ 복장 매너를 중시한다.

⑤ 실내에서 우산을 펴는 것과 사다리 밑을 지나가는 것은 불길한 징조로 생각하므로 조심해야 한다.

5. 프랑스

① 프랑스인은 낙천적이고 다혈질이어서 쉽게 흥분하는 편이다.

② 남녀평등 사상이 강하여 여성의 사회참여가 활발하다.

③ 외국인이 영어보다 프랑스어를 사용하는 것을 좋아한다.

④ 약속을 하지 않고 갑자기 방문하는 것을 대단한 결례로 생각한다.

⑤ 남의 물건을 허락 없이 만지는 것은 실례가 된다.

⑥ 테이블 매너가 중요하다.

6. 이탈리아

① 90% 이상이 로마 가톨릭으로 국민들 대부분이 강한 보수성을 띠고 있다.

② 지역적 특색이 강하기 때문에 고향과 가족 간의 결속이 강하다.

③ 외면을 중시하는 경향이 상당히 강하여 옷차림을 중요하게 생각한다.

④ 다혈질적이고 낙천적인 기질을 가지고 있다.

⑤ 화려한 제스처를 쓰며 대화하는 것이 상대방을 편하게 하는 방법이다.

⑥ 사업적 만남에서는 우선 직함을 성과 함께 사용하는 관습이 있다.

⑦ 낮잠을 자는 습관이 있으므로 4시 이후의 방문을 삼간다.

⑧ 프랑스와 관련된 화제는 좋아하지 않는다.

7. 인도

① 반드시 오른손으로 식사를 한다.

② 보통 손가락으로 음식을 먹지만 뜨거운 음식일 경우 나무 숟가락을 사용하기도 한다.

③ 식사 중 이야기하는 것을 무례하다고 여기므로 식사 후 손을 씻고 양치한 후 이야기를 시작한다.

8. 태국

① 불교국가로 불상이나 사당을 손으로 만지지 않도록 주의한다.

② 사람의 머리를 만지거나 쓰다듬는 행위를 좋아하지 않는다.

③ 미팅 시간은 철저하게 지키는 것이 예의이다.

④ 물건을 건네줄 때나 상대방을 터치할 경우 왼손은 사용하지 않는다.

⑤ 인사는 합장자세로 손가락 끝을 턱 끝에 닿도록 하고 목례하는 것이 일반적이다.

9. 러시아

① 비즈니스 관계에서 시간 엄수보다는 인내력을 더 중시 여긴다.

② 상대방이 건배 제의를 했을 때 거절해서는 안된다.

③ 협상 자리에서는 재킷을 벗지 않는다.

④ 월요일, 금요일 미팅은 피하는 것이 좋다.

⑤ 초면일 때 악수로 인사하나 편한 사이에서는 껴안고 인사한다.

⑥ 경로사상이 강하고 가부장적이다.

② 국가별 쓰임이 다른 제스처

제스처	의미	제스처	의미
손바닥을 바깥으로 한 V자 사인	• 미국, 유럽 : 승리 • 그리스 : 욕설(외설, 경멸)	손등을 바깥으로 한 V자 사인	• 영국, 프랑스 : 꺼져버려 • 그리스 : 승리
손가락으로 링 모양	• 한국, 일본 : 돈 • 프랑스 남부 : 무가치함, 형편 없다, 아무것도 없다 • 미국, 서유럽 : OK • 브라질, 중동, 러시아, 터키, 아프리카 : 음란하고 외설적인 의미	엄지 세우기	• 대부분 나라에서 최고라는 의미 • 미국 : 매우 좋음 • 호주 : 무례한 행위, 거절 • 그리스 : '닥쳐'라는 의미 • 태국 : 심한 욕 • 러시아 : 동성연애자라는 의미 • 독일, 일본 : 숫자를 의미. 독일(1), 일본(5)

③ 레스토랑 이용 매너

1. 예약 매너

① 예약 시 이름, 연락처, 일시, 인원, 식사의 목적 등에 대해 알려준다.

② 예약 시간은 지키고 늦어지거나 취소 시 반드시 연락한다.

2. 도착과 착석 매너

① 도착 시 예약자명을 확인하고 자리를 안내받는다.

② 직원이 처음 빼 주는 자리가 상석이므로 주빈이 그 자리에 앉도록 한다.

③ 착석 후 화장실을 가는 것은 실례이므로 입장 전 미리 다녀오도록 한다.

3. 주문 매너

① 주문은 여성과 초대 손님이 먼저 하고, 남성이 직원에게 주문한다.

② 초대받은 경우 중간 정도 가격의 음식을 주문하는 것이 무난하다.

③ 메뉴를 잘 모른다면 직원에게 물어보고 주문해도 좋다.

4. 식사 매너(기본 예절)

① 팔꿈치를 올리거나 다리를 꼬지 않도록 한다.

② 식사 중 불쾌한 소리를 내지 않도록 한다.

③ 식사 중 큰소리를 내거나 크게 웃는 것은 삼간다.

④ 식사 중 여유를 갖고 대화를 하고, 주위 사람들과 먹는 속도를 맞춘다.

⑤ 직원을 호출할 때는 오른손을 가볍게 든다.

⑥ 테이블에서 화장을 고치는 것은 매너에 어긋나며 화장실 등을 이용한다.

5. 기물사용 매너

① 냅킨

㉠ 주빈이 먼저 들면 함께 들어 무릎 위에 둔다.

㉡ 두 겹으로 접어 무릎 위에 놓고 가장자리를 사용한다.

㉢ 식사 중 입을 닦거나 손을 닦을 때 사용한다.

㉣ 식사 중 자리를 뜨게 되면 의자 위에 올려놓고 간다.

㉤ 식사를 마친 후에는 접어서 테이블 위에 올려놓는다.

② 나이프/포크

㉠ 나이프는 오른손, 포크는 왼손으로 사용한다.

㉡ 바깥쪽부터 안쪽으로 차례대로 사용한다.

㉢ 나이프 날은 자기 쪽을 향하도록 하고 포크는 등이 위쪽으로 향하게 놓는다.

㉣ 포크와 나이프를 잠시 내려놓을 경우 식사 중일 때는 '八' 모양으로 두고 식사가 끝났을 경우에는 오른쪽 아랫 방향(4시 20분)으로 나란히 놓는다.

✦ 비즈니스 식사 매너
- 예약은 가급적 빨리 하고 좋은 위치를 확보하는 것이 좋다.
- 약속시간 20분 전에 도착해서 상석을 확인하고 맞이한다.
- 고객과 식사 중 가급적 전화를 받지 않는 것이 좋다. 식사 전 무음으로 변경하여 식사에 집중하는 것이 좋다.
- 식사 시 모든 행동은 고객을 중심으로 이루어지도록 한다.
- 주문은 고객에게 먼저 배려하고 주문의사가 없으면 직원에게 추천받는 것이 좋다.

④ 테이블 매너

1. 식사의 종류

① 조식(Breakfast)

    ㉠ 미국식 조식 : 계란요리와 주스, 토스트와 커피

    ㉡ 유럽식 조식 : 빵과 커피, 우유 또는 주스

    ㉢ 비엔나식 조식 : 계란요리와 롤빵, 커피 정도 먹는 식사

    ㉣ 영국식 조식 : 미국식 조식과 같으나 생선요리가 포함되는 아침 식사

② 브런치(Brunch) : 아침과 점심 사이에 하는 식사

③ 점심(Lunch) : 아침과 저녁 사이에 하는 식사

④ 애프터눈 티(Afternoon Tea) : 밀크 티, 시나몬 토스트 등을 점심과 저녁 사이 간식으로 먹는 것

⑤ 저녁(Dinner) : 충분한 시간적 여유를 가지고 음식을 즐길 수 있는 식사

2. 정찬 메뉴 순서

전채요리(애피타이저) – 수프 – 생선 – 육류요리(고기) – 샐러드 – 디저트(sweet) – 음료

3. 정찬 메뉴 코스 매너

① 전채요리 : 식욕 촉진을 위해 식사 전에 가볍게 먹는 요리로 애피타이저라고 한다.

② 수프

    ㉠ 한두 번 정도 떠먹어 본 뒤에 소금과 후추를 뿌린다.

    ㉡ 빵을 수프에 넣어 먹는 것은 정식 매너가 아니다.

    ㉢ 손잡이가 달린 컵에 담겨 나오는 경우는 들고 마셔도 괜찮다.

    ㉣ 자기 앞쪽에서 바깥쪽으로 떠먹는 것이 미국식이며, 반대로 바깥쪽에서 앞쪽으로 떠먹는 것은 유럽식이다.

③ 빵

    ㉠ 자신의 왼쪽 접시에 있는 빵을 먹는다(좌빵 우물).

ⓛ 손으로 잘라 먹으며 버터나 잼이 발라져 있는 빵은 나이프를 사용한다.

ⓒ 조식용 – 토스트, 크루아상, 브리오슈롤

ⓡ 만찬용 – 롤(roll), 하드롤, 라이(rye) 브레드

④ 생선요리

ⓐ 새우나 흰 살 생선 같은 해산물이 나오기도 하나 생략되는 경우가 많으며 주요리로 제공되기도 한다.

ⓛ 생선은 먹는 동안 뒤집지 않는다.

⑤ 육류요리(고기)

ⓐ 주요리로 소고기, 돼지고기, 양고기, 가금류 등이 있다.

ⓛ 스테이크는 먹을만큼 잘라가며 먹는다.

⑥ 샐러드 : 맛과 풍미를 더하고 소화를 돕도록 드레싱을 곁들인다.

⑦ 디저트 : 식사를 마무리하는 단계에서 입안을 개운하게 해주는 것으로 달콤한 쿠키, 케이크류, 과일류 등이 있다.

⑧ 음료 : 마지막 코스로 커피나 차(tea)를 주문하여 마실 수 있다.

5 음료의 이해

1. 음료의 개념

알코올성 음료(Hard Drink – 일반적인 술)와 비알코올성 음료(Soft Drink – 청량음료, 기호음료 등)로 구분된다.

2. 음료의 분류

① 양조주 : 곡류와 과실 등 당분이 함유된 원료를 효모균에 의하여 발효시켜 얻는 술

② 증류주 : 곡물이나 과실 또는 당분을 포함한 원료를 발효시켜서 약한 주정분을 만들고 그것을 다시 증류기에 의해 증류한 것

③ 혼성주 : 과일이나 곡류를 발효시킨 주정을 기초로 하여 증류한 주정에 독특한 향기와 색깔, 단맛을 가미하여 제조한 술

3. 식사 용도에 따른 알코올성 음료의 분류

① 식전주 : 식욕을 돋워주는 술로 달지 않은 샴페인이나 칵테일 등이 있다.

② 식중주 : 식사 중 마시는 술로 와인이 대표적이며 요리와의 조화를 고려하여 선택한다.

③ 식후주 : 식후 소화촉진을 위한 술로 대개 알코올 도수가 높고 달콤한 술을 선택한다(ⓔ 브랜디, 리큐어).

⑥ 팁 문화

1. 팁의 어원은 'To Insure Promptness'로 신속함을 보장받기 위한 뜻으로 첫 글자를 따서 'TIP'으로 쓰이고 있다.

2. 서양에서는 베푼 서비스에 대한 당연한 보수라고 여긴다.

3. 팁은 일반적으로 지불한 금액의 10~15% 정도를 지불하며 받은 서비스의 품질에 따라 가감할 수 있다.

4. 봉사료가 따로 책정된 곳의 전문 서비스 산업 혹은 명백히 불쾌한 서비스에 대해서는 팁을 주지 않아도 된다.

5. 부족한 서비스를 받았을 경우 팁을 관례보다 적게 주되 담당자에게 그 이유를 엄격하고 조용하게 설명한다.

비즈니스 매너와 에티켓

PART **1** 기출유형문제

01 다음 중 서양의 호칭 및 경칭의 대상으로 옳지 않은 것은?

① Majesty : 왕족

② The Honorable : 귀족이나 주요 공직자

③ Sir : 나이나 지위가 비슷하거나 높은 사람

④ Esquire(ESQ) : 영국에서 사용하며, 편지의 수취인

⑤ Dr. : 전문직업인이나 인문과학분야에서 박사학위를 취득한 사람

✦ **해 설** • Sir : 나이나 지위가 비슷한 사람끼리 또는 여성에게는 사용하지 않는다.
　　• **서양의 경칭**
　　① Majesty : 왕족에게 붙이는 경칭
　　② The Honorable : 귀족이나 주요 공직자
　　③ Sir : 자신보다 나이나 지위가 높은 상대방에게 경의를 나타내는 남성의 경칭
　　④ Esquire(ESQ) : 영국에서 사용하며, 편지의 수취인
　　⑤ Dr. : 수련과정을 거친 전문직업인이나 인문과학분야에서 박사학위를 취득한 사람
　　⑥ Excellency : 외교관에 대한 경칭

02 다음은 각각 에티켓 또는 매너에 대한 사례이다. 구분이 다른 하나는?

① 대화 도중 기침이 나올 때는 손으로 입을 가리고 한다.

② 길 가다가 껌을 뱉을 때에는 종이에 싼 후 휴지통에 버린다.

③ 공중화장실과 같은 공공시설물은 항상 깨끗하게 이용해야 한다.

④ 도서관에서 핸드폰으로 통화할 때에는 밖으로 나가서 사용한다.

⑤ 출입문을 열고 들어갈 때 뒷사람이 오는 것을 보면 잠시 문을 잡아준다.

✦ **해 설** 타인과의 생활에 있어 지켜야 하는 바람직한 사회적 약속이므로 '에티켓'에 해당한다.

정답 **01** ③ 　 **02** ③

03 나라마다 쓰임이 다른 제스처가 있는데 주먹을 쥐고 엄지손가락을 위로 올리는 행위가 맞게 열거된 나라는?

① 미국(매우 좋음) – 호주(무례한 행위) – 한국(네가 최고) – 그리스(닥쳐) – 러시아(동성연애자라는 의미)

② 한국(네가 최고) – 그리스(동성연애자라는 의미) – 호주(무례한 행위) – 러시아(닥쳐) – 미국(매우 좋음)

③ 호주(동성연애자라는 의미) – 한국(네가 최고) – 그리스(무례한 행위) – 러시아(닥쳐) – 미국(매우 좋음)

④ 그리스(닥쳐) – 호주(동성연애자라는 의미) – 러시아(무례한 행위) – 미국(매우 좋음) – 한국(네가 최고)

⑤ 러시아(동성연애자라는 의미) – 그리스(매우 좋음) – 한국(매우 좋음) – 미국(무례한 행위) – 호주(네가 최고)

✦해 설 • **엄지 세우기** : 대부분 나라에서 최고라는 의미
- 미국 : 매우 좋음
- 호주 : 무례한 행위, 거절
- 그리스 : '닥쳐'라는 의미
- 태국 : 심한 욕
- 러시아 : 동성연애자라는 의미
- 독일, 일본 : 숫자를 의미. 독일(1), 일본(5)

04 다음 중 올바른 명함 수수법으로 가장 적절한 것은?

① 명함은 고객의 입장에서 바로 볼 수 있도록 건네도록 한다.
② 명함은 상황에 따라 한 손으로 건네도 예의에 어긋나지 않는다.
③ 명함을 동시에 주고받을 때에는 왼손으로 주고 오른손으로 받는다.
④ 앉아서 대화를 나누다가 명함을 교환할 때는 그대로 건네는 것이 원칙이다.
⑤ 앉아서 대화를 나누는 동안 받은 명함을 테이블 위에 놓고 대화하는 행위는 실례.

정답 **03** ① **04** ①

+ 해 설 ② 명함은 두 손으로 건넨다.

③ 명함을 동시에 주고받을 때에는 오른손으로 주고 왼손으로 받는다.

④ 앉아서 대화를 나누다가 명함을 교환할 때도 일어서서 건네는 것이 원칙이다.

⑤ 앉아서 대화를 나누는 동안 받은 명함을 테이블 위에 놓고 이야기하는 것은 상대방을 정확히 인지하는 데 도움이 된다.

05 다음 중 조문 매너로 올바른 것은?

① 조의금은 문상을 마친 후 직접 상주에게 전한다.

② 향을 꽂은 후 영정 앞에 일어서서 잠깐 묵념 후 한 번 절한다.

③ 오른손으로 향을 잡은 채로, 왼손을 가볍게 부채질해 불꽃을 끈다.

④ 정신적으로 힘든 유족에게는 말을 많이 시키고 위로하는 것이 좋다.

⑤ 영정 앞에 절할 때 남자는 왼손이 위로, 여자는 오른손이 위로 가게 한다.

+ 해 설 ① 조의금은 문상을 마친 후 호상소에 접수하거나 부의함에 직접 넣는 것이 예의이다.

② 향을 꽂은 후 영정 앞에 일어서서 잠깐 묵념 후 두 번 절한다.

④ 정신적으로 힘든 유족에게 너무 말을 많이 시키지 않는다.

⑤ 영정 앞에 절할 때 남자는 오른손이 위로, 여자는 왼손이 위로 가야 한다(평상시와 반대로 공수함).

06 고객을 안내할 때 올바른 접객 매너는?

① 고객을 배웅할 때는 회의석상에서 배웅한다.

② 안내할 때는 고객보다 2~3보 가량 비스듬히 뒤에서 안내한다.

③ 복도에서는 손님과의 거리가 벌어지지 않도록 약간 뒤에서 안내한다.

④ 고객이 남성이면 한두 계단 뒤에서 올라가고 내려올 때는 한두 계단 앞서 내려온다.

⑤ 당겨서 여는 문일 경우에는 당겨서 문을 열고 들어가고, 고객이 나중에 통과하도록 한다.

+ 해 설 ① 고객을 배웅할 때는 엘리베이터 앞에서 배웅하거나 현관 입구까지 내려 배웅하는 것이 예의이다.

② 안내할 때는 고객보다 2~3보 가량 비스듬히 앞서서 안내한다.

③ 복도에서는 고객보다 앞에서 길을 안내한다.

⑤ 당겨서 여는 문일 경우에는 당겨서 문을 열고 고객이 먼저 통과하도록 안내한다.

정답 **05** ③ **06** ④

07 다음 중 공식 운전자가 있는 의전차량에 탑승할 경우 최상석은 어느 좌석인가?

① 운전자 옆좌석   ② 뒤 중앙 좌석
③ 운전자 바로 뒷자석   ④ 좌석 구분 불필요
⑤ 조수석 뒷자석

해 설 공식 운전자가 있는 경우 최상석은 조수석 뒷자석, 즉 운전자 대각선 뒷좌석이다.

PART 2 O/X형

※ [08~10] 다음 문항을 읽고 옳고(O), 그름(X)을 선택하시오.

08 악수는 반드시 일어서서 하도록 하며 두 손을 맞잡고 반가운 마음을 표현하기 위해 대여섯 번 힘차게 흔들어 인사한다.

(① O   ② X   )

해 설 악수예절에 있어서 악수는 반드시 일어서서 하도록 하며 한 손으로 잡고 반가운 마음을 표현하기 위해 두세 번 정도 흔들어 인사한다.

09 이미지 관리과정은 이미지 점검하기 → 이미지 콘셉트 정하기 → 좋은 이미지 만들기 → 이미지 외면화하기의 순서로 이루어진다.

(① O   ② X   )

정답   07 ⑤   08 ②   09 ②

10 전화 응대는 일대일 쌍방향 커뮤니케이션의 특성을 가지며, 고객 개개인의 개별 서비스 응대가 가능한 서비스 매체이다.

(　　　　　　① ○　　　② ×　　　　　　)

✦**해 설** 전화 응대의 특성은 일대일 쌍방향 커뮤니케이션이고, 고객 개개인의 개별 서비스 응대가 가능한 서비스 매체이다.

⏱ **PART 3 연결형**

※ [11~13] 다음 설명에 적절한 보기를 찾아 각각 선택하시오.

① 겸양어　② 기사도 정신　③ 공수법

11 서양 남성들 사이에서 여성을 존중하고 우선으로 하는 일반적인 에티켓, 정신

(　　　　　　　　　)

12 대화에 있어 상대방을 높이고, 말하는 주체인 자신을 낮추는 말

(　　　　　　　　　)

13 두 손을 앞으로 마주 잡는 자세로, 평상시에는 남자는 왼손이, 여자는 오른손이 위로 가도록 두 손을 포개어 잡는 것

(　　　　　　　　　)

정답 10 ①　11 ②　12 ①　13 ③

⏱ **PART 4 사례형**

14 다음은 세일즈맨과 고객의 미팅 과정이다. 이 중 예의와 매너에 어긋나는 점은 무엇인가?

> 오늘 아침 새로운 고객발굴을 위해 선정한 잠재고객을 만나려고 전화를 걸었다. 먼저 오늘 언제 시간이 나는지 잠재고객에게 먼저 물어보지 않고 나의 하루 방문 일정대로 고객의 업무시간이 비교적 한가한 오후 2시 40분에 만나면 어떻겠냐고 정중히 물었다.
>
> 잠재고객은 흔쾌히 약속을 잡아 주었고 나는 약속시간 20분 전에 가방에 상담에 필요한 자료들을 준비하고 잠재고객사의 상담실에 미리 도착하였다. 상담실 입구에서 가장 먼 테이블보다 가까운 테이블을 확보하였다. 그리고 상담실 입구가 바라보는 쪽을 나의 좌석으로 정하고 고객은 전망이 보이는 나의 앞좌석으로 정했다. 상담에 앞서 필요한 명함과 제안서, 샘플 등을 준비하고 고객 응대를 준비하였다.

① 고객이 앉을 좌석은 전망이 보이고 비교적 조용한 곳이 좋다.
② 상담 테이블은 입구에서 가장 가까운 쪽으로 정하는 것이 예의이다.
③ 상담 시간 20분 전에 도착하여 상담 준비를 철저히 하는 것이 예의이다.
④ 고객방문 시에는 반드시 가방에 제안서, 샘플, 카탈로그, 명함 등을 지참하고 방문하여야 한다.
⑤ 상담시간은 고객에게 맡기기보다는 내가 분단위로 약속시간을 정하고 정중히 물어보는 편이 효과적이다.

✚ **해설** 상담실 입구에서 대각선으로 가장 먼 곳(상석)이 미팅에 적당하다. 이는 소음이 적고 심리적으로 안정을 줄 수 있어서 상담이 효과적으로 이루어지기 때문이다.

15 다음의 상황에서 '김 과장'이 택한 선택으로 가장 올바른 것은?

> 한국XX협회의 김 과장은 내년 한국에서 개최될 'XX세계총회'의 준비협의를 위해 미국 뉴욕의 XX협회 본부로 출장을 가게 되었다. XX협회 본부에서 'XX세계총회'를 총괄하는 프로젝트 매니저가 존에프케네디(JFK) 공항으로 승용차를 가지고 김 과장을 영접하기 위하여 나왔다. 김 과장은 상대방 승용차의 어느 좌석에 착석해야 가장 바람직한가?

① 상대방의 호의를 생각해서 자신이 운전하겠다고 제안한다.
② 운전자와 편안하게 대화하기 위하여 운전자 바로 뒷자리가 바람직하다.

정답 14 ② 15 ④

③ 거리감 없는 사이이기 때문에 이런 문제를 고려하는 자체가 무의미하다.

④ 호의를 가지고 배려해 주는 비즈니스 파트너와의 차량 이동시에는 운전자의 옆자리가 가장 바람직하다.

⑤ 영접을 받는 입장이므로 당연히 가장 상석이라 할 수 있는 운전자의 대각선 뒷자리에 앉는 것이 바람직하다.

✚해설 상대방 파트너가 전문기사가 달린 승용차를 배정해 주었다면 운전자 뒷좌석에 앉는 것이 맞지만, 비즈니스 파트너의 호의에 의한 영접 시 운전자 옆 보조석에 앉는 것이 의전 원칙상 맞다.

16 다음 사례에서 고객과 미팅을 위한 레스토랑(식당) 이용 시 적절하지 않은 행동은?

① (예약 매너)
나는 고객과 식사약속을 하고 조용하고 전망이 좋은 곳을 부탁해 미리 예약했다. 예약시간 전에 먼저 도착해서 고객을 맞이하였다.

② (도착과 착석 매너)
착석하고 나서 화장실에 가는 것은 실례이므로 미리 화장실을 다녀와 예약 테이블을 확인했다. 상석을 확인하고 건너편 자리에 착석한 후, 고객이 들어오는 입구를 주시하고 맞을 준비를 했다.

③ (주문 매너)
식사 시 모든 행동은 고객을 중심으로 이루어지도록 예의를 갖추었다. 주문은 고객보다 먼저 하여 고객이 편안히 따라 주문하도록 유도했다.

④ (식사 매너)
식사 중 너무 큰 소리를 내거나 웃는 것을 삼갔다. 직원을 부를 때는 오른손을 가볍게 들어 호출했다.

⑤ (기물 사용 매너)
나이프와 포크는 바깥쪽부터 안쪽으로 차례로 사용했다. 나이프는 오른손, 포크는 왼손을 사용했다.

① 예약 매너　　② 도착과 착석 매너　　③ 주문 매너
④ 식사 매너　　⑤ 기물 사용 매너

✚해설 식사 시의 모든 행동은 손님을 초대한 사람을 중심으로 이루어진다. 주문은 고객이나 여성이 먼저 하도록 하고 편안히 식사할 수 있도록 배려한다.

정답　**16** ③

17 다음 사례에서 박 부장은 1층에 도착한 후 신입사원 김철수 씨에게 엘리베이터 탑승에 대한 예절을 알려 주게 된다. 다음 중 옳은 것은?

> ○○기업의 홍보과의 박 부장은 새로 입사한 김철수 씨와 오전 회의를 마치고 함께 점심식사를 위해 엘리베이터를 탔다. 홍보팀이 있는 23층에서 1층으로 내려가는 도중에, 12층에서 인사팀 김 부장과 이 대리가 탑승하였다. 이 대리는 김 부장보다 먼저 타며 김 부장을 안내하였다. 8층에서는 구매팀 동료 두 명이 타서 회의가 방금 끝났는지 미처 결정하지 못한 회의 안건에 대해 의견을 계속 나누었다. 5층에서는 세 명의 사람들의 우르르 탑승하였고 문이 닫히려는 순간 한 명이 뛰어 들어와 마지막으로 엘리베이터에 올랐다.

① 12층에서 탑승한 이 대리처럼 엘리베이터에 다른 사람이 타고 있을 때에는 상사보다 먼저 탑승하는 것이 맞는 예절이라네.
② 엘리베이터 문이 닫히려는 순간이라도 전기를 절약하기 위해서는 빨리 안으로 들어와 탑승을 마무리 하는 것이 당연한 것이네.
③ 5층에서 탑승한 세 사람처럼 사람들을 안으로 밀면서라도 타야 하는 것일세. 엘리베이터 탑승의 기본은 안전이 아니라 신속이라네.
④ 엘리베이터 안에 아무도 없을 때는 상사보다 먼저 타는 것이 엘리베이터 탑승 예절이라네. 그 의미는 상사보다 먼저 탑승하여 안전을 확보했다는 의미라네.
⑤ 8층에서 탑승한 직원은 식사시간을 확보하기 위해 엘리베이터 내에서 못 다한 업무 논의를 하는 것은 예의에 어긋나는 일은 아니네.

✦**해 설** 엘리베이터 탑승의 기본은 안전이므로 승무원이 없을 때는 부하직원이 먼저 타서 안전을 확보하고 가고자 하는 층의 버튼을 누르는 것이 예절이다.

정답 **17** ④

모듈A 비즈니스 커뮤니케이션

SMAT

PART 02

이미지 메이킹

Service Management Ability Test

제 1 장 이미지(Image)

1 이미지의 이해

1. 이미지의 어원과 개념
① 라틴어 '이마고(imago)'에서 어원을 찾을 수 있으며 이는 '모방하다'라는 뜻을 지니고 있다.
② 상대방의 주관적 경험과 심리상황 등의 요인에 의해 다르게 형성된다.
③ 마음속에 그려지는 사물의 감각적 영상 또는 심상을 의미한다.
④ 어떤 사람이나 사물로부터 받는 느낌이나 인상을 말한다.
⑤ 일반적으로 이미지는 인간이 어떠한 대상에 대해 갖고 있는 선입견, 개념을 말한다.
⑥ 개인이 어떠한 대상에 대해 가지는 일련의 신념, 태도 및 인상의 총체이다.
⑦ 외적 이미지는 용모, 복장, 표정 등 표면적으로 드러나는 이미지를 말한다.
⑧ 내적 이미지는 인간의 심리적, 정신적, 정서적인 특성들이 고유하고 독특하게 형성되어 있는 상태로서 심성, 생각, 습관, 욕구, 감정 등이 유기적인 결합체를 의미한다.

2. 이미지의 속성
① 개인의 지각적 요소와 감정적 요소가 결합되어 나타나는 주관적인 것이다.
② 이미지란 무형적인 것으로 대상에 대한 직접적인 경험 없이도 형성된다.
③ 주관적인 평가이기 때문에 명확히 개념을 정의 내려 연구하기에 어려움이 있다.
④ 시각적인 요소 이외의 수많은 감각에 의한 이미지도 포함한다.
⑤ 인식체계와 행동의 동기 유인 측면에서 매우 중요한 역할을 한다.
⑥ 형성된 이미지는 행동경향을 어느 정도 규정하는 역할을 하고, 정보를 받아들이는 경우에는 '여과기능'을 발휘한다.
⑦ 이미지는 학습(경험)이나 정보에 의해 변용된다.
⑧ 인간의 커뮤니케이션 행위에 의해 형성, 수정, 변화되어 간다.

3. 이미지의 구성요소

I	Intelligence	지적 이미지
M	Mask	표정 이미지
A	Attitude	태도 이미지
G	Grooming	복장 이미지
E	Emotion	감성 이미지
V	Voice	음성 이미지

4. 이미지의 분류

① **외적 이미지** : 내면의 것이 외부로 나타나는 종합적인 이미지이다.

   예 표정, 용모, 복장, 언행 등

② **내적 이미지** : 개인의 내면에 형성되어 있는 본질적인 의식과 정서이다.

   예 가치관, 습관, 성격 등

③ **사회적 이미지** : 특정한 사회적 환경에서 상호교류를 통해 형성된 이미지이다.

   예 리더십, 매너, 에티켓, 인간관계 형성 등

5. 대인지각(person perception) 이미지

① 대인지각은 사람들이 사회적 세계에서 다른 사람을 이해하는 지각 능력의 종류로 정의된다.

② 상대방의 외모, 언행, 다양한 정보로부터 상대방의 성격, 감정, 의도, 욕구, 능력 등 내면에 있는 특성과 심리적인 과정을 추론하는 것이다.

③ 대인지각을 통해 개인은 타인에 대한 판단을 내리고 인상을 형성할 수 있다.

6. 대인지각의 특징

① 첫인상 등 최초에 얻은 정보에 의하여 강하게 규정되는 초두 효과가 강하다.

② 어떤 측면에 대한 평가가 다른 측면에까지 확대되는 후광 효과가 강하다.

③ 자기 자신의 심리적 상태를 인지하는 상대에 투사하는 경향이 있다.

④ 상대를 정확히 인지하는 능력에는 개인차가 있다는 것 등을 들 수 있다.

✦ 지각의 4가지 특징
- 지각은 소비자가 각 개인의 욕구나 가치, 경험, 기대를 바탕으로 다양한 경로를 통해 들어오는 자극을 해석하고 조직화하는 과정이다.
- 주관성 : 개인의 사고체계는 다양하기 때문에 두 명의 소비자가 같은 상품에 대해 동일하게 지각하지 않음.
- 선택성 : 개인은 주어진 시간 내에 모든 자극을 받아들일 수 없기에 가급적 관심이 있는 자극만을 지각하려 함.
- 일시성 : 개인의 지각 자극은 단기간 기억되며 지각의 일시성으로 인해 기업은 일정한 간격을 두고 반복 광고를 행함.
- 총합성 : 개인은 자극을 총합하여 지각하는 경향이 있음.

---

② 이미지의 형성 과정

자신이 어떤 모습을 나타낼 것인가를 미리 정해 놓고 그런 모습이 나올 수 있도록 준비하는 과정이 이미지 형성이다.

1. 지각
① 지각은 타인의 성격, 욕구, 사고 등의 인지를 말한다.
② 주관적이며 동일한 대상에 대해 다른 이미지를 부여한다.

2. 사고
① 지각하는 대상에 대한 의미 부여, 평가 등 지각 대상에 대한 모든 정보를 획득하고 해석하는 과정이다.
② 과거의 지각과 현재의 지각에 의해 이미지를 형성한다.

3. 감정
① 지각과 사고 이전의 감정에 의해 반응하는 과정이다.
② 감정적 반응은 이미지 형성의 확장 효과를 가져온다.

③ 이미지 관리의 4단계

1. 이미지 점검하기 : 자신의 이미지를 객관적으로 바라보며 장·단점을 파악한다.
2. 이미지 콘셉트 정하기 : 자신이 원하는 이미지 콘셉트를 정한다.
3. 좋은 이미지 만들기 : 원하는 이미지를 만들기 위해 장점은 강화하고 단점은 보완한다.
4. 이미지 내면화하기 : 외적 이미지 뿐만 아니라 진실된 이미지가 될 수 있도록 내면화에도 노력한다.

제**2**장 이미지 메이킹의 이해

① 이미지 메이킹

1. 이미지 메이킹의 개념

① 사람이나 사물의 이미지를 만들고, 향상시키고, 바꾸고, 개선시켜 이상적인 이미지를 만드는 모든 행위이다.

② 개개인이 가지고 있는 내적 요소와 외적 요소의 통합으로 이루어지는 것이다.

③ 개인의 참자아 인식과 이미지 메이킹 효능감 제고로 대인관계능력 향상 및 자기성취를 위한 노력이다.

④ 주관적 자아와 객관적 자아의 인식 차이를 축소하거나 제거하는 것이다.

⑤ 개인 이미지 통합(PI : Personal Identity)의 의미를 포함하고 있으며, 이미지 빌딩(image building)으로 칭하기도 한다.

2. 이미지 메이킹의 효과

① 자신감과 자아존중감 향상

② 개인의 삶의 질 향상에 기여

③ 객관적 자아상 확보

④ 참자아 발견하여 정체성을 확보

⑤ 대인관계 능력 향상

3. 이미지 메이킹의 6단계

①	Know Yourself	–	자신을 알라
②	Model Yourself	–	자신의 모델을 선정하라
③	Develop Yourself	–	자신을 계발하라
④	Package Yourself	–	자신을 포장하라
⑤	Market Yourself	–	자신을 팔아라
⑥	Be Yourself	–	자신에게 진실하라

② 이미지 형성에 영향을 미치는 효과

1. 초두 효과

① 인상 형성에서 먼저 제시된 정보가 나중에 제시된 정보보다 더 큰 영향력을 행사하는 것을 초두 효과라고 한다.

② 처음의 정보와 이미지는 이후에 이와 반대되는 정보를 차단하는 역할을 한다.

③ 애쉬(Asch, 1946)의 실험 : '똑똑하고, 근면하고, 충동적이며, 비판적이고, 고집이 세고, 질투심이 강함'의 순서로 성격 형용사를 제시한 경우와, 그 반대의 순서로 제시한 경우에 인상 형성의 방향이 달랐다.

전자가 후자보다 긍정적인 인상을 형성했는데, 이는 첫 번째 제시된 '똑똑하다'와 '질투심이 강하다'가 영향을 미치는 초두 효과의 강력함을 보여 주었다.

2. 빈발 효과

첫인상이 좋지 않게 형성되었다고 할지라도 반복해서 제시되는 행동이나 태도가 첫인상과는 달리 진지하고 솔직하게 되면 점차 좋은 인상으로 바뀌는 현상이다.

3. 후광 효과

① 특정 대상에 대한 일반화된 견해가 그의 구체적인 특성을 평가하는 데 영향을 미치는 현상이다.

② 어떤 사람이 갖고 있는 한 가지 장점이나 매력 때문에 다른 특성들도 좋게 평가되는 것이다.

4. 맥락 효과

처음에 인지된 이미지가 이후 형성되는 이미지의 판단 기준이 되고, 전반적인 맥락을 제공하여 인상 형성에 영향을 주게 된다. 맥락이 되는 요인에는 기분, 감정, 태도와 같은 내부적 요인과 날씨, 환경, 주어지는 정보와 같은 외부적 요인이 있으며, 이러한 요인들에 따라 동일한 자극이나 정보에 대해서도 다르게 받아들일 수 있다.

5. 부정성 효과

① 상대방에 대한 아주 부정적인 정보를 얻었을 때 다른 정보의 긍정적인 가치가 거의 반영되지 못하는 현상을 의미한다.

② 좋은 것과 나쁜 것이 같은 비율로 있으면 그것이 서로 상쇄되어 중립 효과가 나타나지 않고 나쁜 것이 좋은 것을 압도하는 효과가 나타난다.

6. 최신 효과(최근 효과)

초두 효과와는 반대로 시간적으로 마지막에 제시된 정보가 잘 기억되고, 최근에 받은 이미지가 인상 형성에 큰 영향을 미치는 것을 최신 효과라고 한다.

7. 유사성 효과

① 자신과 비슷한 속성을 공유하는 대상에 대하여 더 긍정적으로 평가하는 경향을 의미한다.
② 처음 보는 사이에 공통점을 발견하면서 친밀해지는 것, 낯선 모임에서 동향의 사람을 만나면 반가움을 느끼는 것 등이다.

8. 악마 효과

후광 효과와 반대되는 현상으로, 보이는 외모로 모든 것을 평가하여 상대를 알기도 전에 부정적으로 판단해 버리는 것을 말한다.

9. 호감득실 효과

자신을 처음부터 계속 좋아해주던 사람 보다 자신을 싫어하다가 좋아하는 사람을 더 좋아하게 되고, 자신을 처음부터 계속 싫어하던 사람보다 자신을 좋아하다가 싫어하는 사람을 더 싫어하게 된다는 이론이다.

10. 현저성 효과

① 두드러진 특징이 인상 형성에 큰 몫을 차지하는 심리 현상으로, 독특성 효과라고도 한다.
② 일반적으로 사물 또는 사람을 볼 때 전체의 모습을 보지 않고 눈길을 끄는 것을 먼저 본 다음 그때 받은 인상만으로 전체적인 사물 또는 사람의 속내까지 판단하게 되는 현상을 말한다.

제3장 첫인상 관리

1 첫인상

1. 첫인상의 개념
① 첫눈에 느껴지는 이미지이다.
② 첫인상은 처음 만난 지 2~10초 내에 결정된다고 한다.
③ 사람의 첫인상은 머릿속에 남아 쉽게 사라지지 않는다.
④ 부정적 첫인상을 바꾸는 데는 많은 노력과 시간이 소모되므로 첫인상 관리는 매우 중요하다.

> ✦ **콘크리트의 법칙**
> • 각인된 첫인상을 바꾸는 데 적어도 40시간 이상의 재 만남이 이루어져야 가능하다. 좋지 않은 첫인상을 바꾸기 위해서는 많은 노력과 시간이 필요하다.

2. 첫인상의 특징
① **신속성** : 첫인상이 전달되는 시간은 2~3초로 매우 짧다.
② **일회성** : 처음 각인된 정보는 평생 기억에 있으며 변화되지 않는다.
③ **일방성** : 사람의 판단과 가치관에 따라 일방적으로 인식되고 형성된다.
④ **연관성** : 첫인상은 개인의 연상을 통해 형성되므로 불확실하다.
⑤ **영향력** : 첫인상은 머릿속에 오래 남으며 좋지 않은 첫인상을 바꾸는 데 많은 시간과 노력이 요구된다.

3. 첫인상의 영향 요인
① 말하는 사람의 의상, 눈맞춤, 자세, 제스처, 얼굴 표정 등의 시각적 요소
② 말하는 사람의 목소리, 어조나 볼륨 등 청각적 요소
③ 정서적 요소가 내재되어 표현된 말 그 자체인 언어적 요소

PART 02

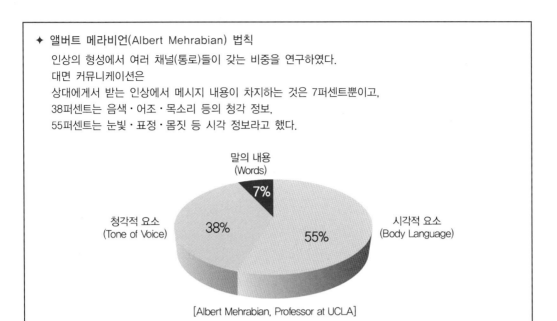

✦ 앨버트 메라비언(Albert Mehrabian) 법칙
  인상의 형성에서 여러 채널(통로)들이 갖는 비중을 연구하였다.
  대면 커뮤니케이션은
  상대에게서 받는 인상에서 메시지 내용이 차지하는 것은 7퍼센트뿐이고,
  38퍼센트는 음색·어조·목소리 등의 청각 정보,
  55퍼센트는 눈빛·표정·몸짓 등 시각 정보라고 했다.

말의 내용 (Words) 7%
청각적 요소 (Tone of Voice) 38%
시각적 요소 (Body Language) 55%

[Albert Mehrabian, Professor at UCLA]

② 표정연출

1. 밝은 표정의 중요성

① 표정을 통하여 첫인상이 결정되고 그것이 이미지를 형성한다.
② 초두 효과와 같이 밝은 표정의 첫인상은 호감이나 호의적인 태도를 형성한다.
③ 표정은 내면의 의미가 표출되는 것으로 감정을 나타내어 의사소통에 있어 중요한 요소이다.
④ 표정은 마음의 징표이며 정신의 표현이다.
⑤ 표정은 감정을 얼굴로 표출하는 것으로 표정을 통해 상대방의 마음을 읽을 수 있다.
⑥ 미소는 자신감 있는 사람으로 보이게 한다.
⑦ 상대방의 부정적인 감정을 긍정적으로 바꿀 수도 있다.

2. 밝은 표정의 효과

① 건강 증진 효과 : 웃음이 건강에 좋다는 것은 많은 연구 결과에서 학자, 의사들의 공통된 견해
  이다.
② 호감 형성 효과 : 웃음은 서비스 맨의 인상을 좋게 해주어 고객에게 호감과 친밀감을 줄 수 있다.

③ **감정 이입 효과** : 웃음은 서비스 맨의 기분만 좋아지게 하는 게 아니라 그를 상대하는 고객의 기분까지 즐겁게 해준다.

④ **마인드 컨트롤 효과** : 일부러라도 웃다 보면 저절로 기분이 좋아지는 게 웃음이다.

⑤ **실적 향상 효과** : 서비스 맨의 웃음은 영업 실적을 증대시킨다.

⑥ **신바람 효과** : 웃음은 수많은 고객을 상대하는 고달픈 상황 하에서도 그것을 극복할 수 있는 활력소이다.

3. 눈의 표정

① 상대방의 눈높이에 맞추어 자연스러운 시선으로 바라보며 눈만 강하게 쳐다보지 않도록 한다.

② 상대방의 눈과 미간, 코 사이를 번갈아 보는 것이 좋다.

③ 대화의 주제나 내용에 따라 표정을 달리한다.

④ 대화 시 시선을 피하거나 주위를 산만하게 돌아보지 않는다.

4. 표정에 대한 해석

나의 표정		상대방의 해석
환한 미소	→	호감, 반가움 등의 긍정
시선회피	→	숨기는 것 있음, 집중 안 함, 거부, 부담감
무반응과 무표정	→	거부, 귀찮음
갑자기 미소를 중단	→	행위에 대한 무언의 경고
곁눈질	→	대화내용에 불만, 의문, 두려운 마음상태
위아래로 훑는 시선	→	불신, 멸시, 경멸하는 느낌
눈은 크게 뜨고 상대방을 응시	→	깊은 호의와 강한 관심
눈살을 찌푸림	→	거절, 반대
눈을 치켜 뜨는 시선	→	상대방에 대한 거부나 항의
내리뜨는 시선	→	거만하게 보이며 상대방은 자기를 깔보는 것으로 생각

3 용모 · 복장

1. 용모 · 복장의 중요성

① 단정한 용모·복장은 상대방에게 신뢰감을 줄 수 있는 가장 기본이 되는 이미지 요소이다.

② 단정한 용모·복장은 본인에게 자신감을 갖게 하고 자신의 삶에 긍정적인 영향을 준다.

③ 용모·복장은 업무성과나 과업의 능률향상에도 영향을 미친다.

④ 첫인상에 영향을 미칠 수 있으며, 그에 따라 타인과의 신뢰형성에 영향을 준다.

2. 남성의 용모 · 복장

① 드레스 셔츠

　㉠ 셔츠의 깃과 소매는 슈트보다 1~1.5cm 정도 나오도록 함.

　㉡ 흰색의 긴팔 셔츠를 기본으로 하며 반팔은 피하도록 함.

　㉢ 재질이 얇은 여름용 셔츠를 제외하고는 셔츠 안에 속옷을 입지 않음.

② 슈트

　㉠ 너무 작거나 크지 않도록 자신의 체형에 맞는 슈트 착용

　㉡ 투버튼 자켓은 위의 단추, 쓰리 버튼은 위 2개나 가운데를 채움.

　㉢ 바지 길이는 1~2번 주름이 생겨 구두의 등을 살짝 덮음.

　　→ 양말이 보이지 않을 정도의 길이가 적당

　㉣ 컬러는 감색(어두운 남색), 회색, 검정이 기본

　　→ 화려한 원색, 큰 체크무늬는 피함.

③ 넥타이

　㉠ 넥타이로 자신의 개성을 표현할 수 있으나 슈트와 같은 계열의 색이 무난함.

　㉡ 넥타이의 길이는 끝이 벨트 버클 윗부분에 위치하도록 함.

④ 기타

　㉠ 양말은 짙은 색이나 정장색과 비슷한 색을 착용, 목이 짧은 양말은 피함.

　㉡ 화려한 액세서리(안경, 시계 등)는 피하며 지갑은 상의 안주머니에 넣을 수 있는 정도의 크기가 적당함.

　㉢ 벨트는 정장과 캐주얼로 구분하여 착용, 색상은 검정이나 갈색이 무난, 벨트와 서스펜더는 함께 착용하지 않음.

3. 여성의 용모 · 복장

① 복장

　㉠ 체형에 맞는 스타일 선택하여 개성 연출 → 검정색, 회색, 감색, 베이지색 등

ⓛ 지나치게 타이트한 옷이나 노출이 심한 옷은 피함.

ⓒ 스타킹은 살색이 기본 → 복장과 어울리는 회색이나 검은색도 가능

② 헤어

㉠ 청결함과 단정함이 기본 → 깔끔한 인상을 줄 수 있도록 이마와 귀를 덮지 않음.

ⓛ 긴 머리는 머리끈이나 헤어핀으로 고정하여 단정하게 묶되 잔머리는 헤어제품으로 고정

ⓒ 화려한 염색이나 과도한 웨이브는 피함.

③ 메이크업

㉠ 정장 차림에 노 메이크업(no makeup)은 실례

ⓛ 메이크업은 너무 어둡지 않고 밝으면서 건강하게 보이도록 자연스럽게 연출

　　→ 과도하게 진한 메이크업은 피함.

ⓒ 립스틱은 검정, 갈색, 보라 계통의 색은 피함.

ⓔ 메이크업을 고칠 때는 공공장소를 피해 화장실이나 개인 공간 이용

④ 액세서리 및 네일 등

㉠ 지나치게 화려하고 큰 액세서리는 착용하지 않음.

ⓛ 작은 보석이 박히거나 심플한 디자인의 반지, 귀걸이 등을 착용

ⓒ 핸드백은 정장, 구두와 어울리는 색과 스타일 선택

ⓔ 정장에 어울리는 단정한 구두 착용 → 업무에 방해를 주는 높은 굽은 피함.

ⓜ 네일은 깨끗하고 정리된 상태를 유지 → 지나친 네일아트는 피함.

ⓗ 향수는 지나치지 않도록 은은한 향을 소량 뿌리는 것이 좋음.

4. 향수 사용법

① 지나치게 강한 향수는 상대방에게 불쾌감을 줄 수 있으므로 유의한다. 향수는 자신뿐만 아니라 상대방도 배려하는 것이 좋다.

② 향수는 안쪽에서 바깥쪽으로 퍼지는 특성이 있으므로 바지나 스커트의 밑단이나 재킷 안쪽에 뿌린다.

③ 향수는 휘발성 제품이므로 발향되고 나면 다시 뿌려 향을 지속한다.

④ 머리나 겨드랑이에 직접 뿌리지 않도록 한다.

⑤ 유통기한이 지난 향수는 사용하지 않도록 한다.

⑥ 진주와 같은 보석에 향수가 닿으면 변색될 수 있으므로 향수를 먼저 뿌리고 착용하는 것이 좋다.

5. 유니폼 착용

① 유니폼은 외부적으로는 소속된 조직을 나타내는 상징이며 내부적으로는 조직에 대한 소속감 등을 갖게 한다.

② 유니폼은 개인의 개성을 살리기보다 규정에 맞게 단정하게 착용한다.

③ 자신에 체형에 맞게 착용해야 하며 항상 청결함을 유지한다.

④ 명찰이나 신분증은 규정에 맞는 정 위치에 부착한다.

⑤ 개인적인 화려한 액세서리는 착용하지 않는다.

4 퍼스널 컬러

1. 퍼스널 컬러의 개념

① 퍼스널 컬러란 각자가 타고난 그대로의 색, 즉 개개인의 신체 색상에 따라 본인에게 가장 잘 어울리는 색을 의미한다.

② 퍼스널 컬러 이미지 메이킹이란 각자에게 잘 어울리는 색을 진단하고 그에 따른 이미지, 색채 유형, 스타일을 개인의 패션과 뷰티에 적용하는 것이다.

③ 봄 – 웜톤, 여름 – 쿨톤, 가을 – 웜톤, 겨울 – 쿨톤의 4가지로 분류된다.

2. 퍼스널 컬러의 구분

① 웜(WARM)톤과 쿨(COOL)톤

   ㉠ 웜톤

      ⓐ 봄과 가을이 이에 속한다.

      ⓑ 노란색과 황색을 지니고 있음.

      ⓒ 온화하면서 풍요롭고 동적인 이미지

      ⓓ 감성적인 감각을 지닌 색

   ㉡ 쿨톤

      ⓐ 여름과 겨울이 이에 속한다.

      ⓑ 파란색과 흰색, 검은색을 지니고 있음.

      ⓒ 모던하고 세련된 정적인 이미지

      ⓓ 이성적인 감각을 지닌 색

② 계절별 유형

   ㉠ 봄 타입 : 노르스름한 빛이 감돌며 맑고 따뜻한 느낌을 줌.

   ㉡ 여름 타입 : 부드러운 우윳빛 바탕에 복숭앗빛이나 핑크빛이 살짝 감돎.

   ㉢ 가을 타입 : 그윽하고 매트한 느낌을 주며 상대적으로 혈색이 잘 드러나지 않음.

   ㉣ 겨울 타입 : 희고 푸른빛이 감돌며 투명하고 창백한 느낌을 줌.

제4장 기본 자세와 동작 이미지

1 바른 자세의 정의와 중요성

1. 자세의 사전적 정의는 '몸을 움직이거나 가누는 모양, 사물을 대할 때 가지는 마음가짐'이다.
2. 바른 자세는 상대방에게 신뢰감을 주어 자신에 대한 긍정적인 이미지를 형성하는 데 중요한 역할을 한다.
3. 바른 자세는 상대방에게 좋은 느낌을 전달하는 방법이나 기회가 될 수 있다.
4. 바른 자세는 자신감 있고 당당한 인상과 함께 기품 있고 안정된 분위기를 연출한다.
5. 바른 자세는 자신의 건강에도 좋은 효과가 있다.

2 기본 자세

1. 서 있는 자세

① 여자

㉠ 발뒤꿈치는 붙이고 발을 V자 모양으로 한다.

㉡ 무릎은 힘을 주어 붙인다.

㉢ 아랫배에 힘을 주어 단전을 단단하게 한다.

㉣ 엉덩이는 힘을 주어 내밀지 않도록 한다.

㉤ 등과 가슴은 곧게 펴고 허리와 가슴을 일직선이 되게 한다.

㉥ 오른손이 위로 가도록 공수자세로 선다.

㉦ 팔을 가볍게 굽혀서 오른손을 위로 하여 왼손과 가볍게 포개어 준다.

㉧ 어깨는 힘을 빼어 내린다.

㉨ 턱은 당긴다.

㉩ 미소를 지을 때는 입꼬리를 위쪽으로 향하여 윗니가 보이도록 한다.

㉪ 시선은 얼굴정면보다 약간 떨어뜨린다.

② 남자

㉠ 발끝을 V자 모양으로 조금 벌린다.

㉡ 양손은 계란을 잡듯이 자연스럽게 쥐고 바지 재봉선에 붙인다.

㉢ 시선은 얼굴 정면보다 약간 떨어뜨린다.

ㄹ 턱은 당겨 바닥과 수평이 되게 한다.

ㅁ 아랫배에 힘을 주고 허리는 곧게 편다.

ㅂ 머리와 어깨는 치우치지 않게 한다.

ㅅ 무게중심은 엄지발가락에 둔다.

2. 앉은 자세

① 여자

ㄱ 엉덩이를 의자 깊숙이 집어넣도록 하고 등을 반듯하게 해서 앉는다. 등과 의자 사이는 주먹 하나 정도의 간격을 둔다.

ㄴ 의자 앞에 서서 다리 하나를 뒤로 살짝 밀어 의자의 위치를 찾는다.

ㄷ 의자의 위치를 찾았으면 스커트를 잘 정리하여 자리에 앉는다.

ㄹ 자리에 앉을 때는 양손으로 스커트 앞뒤를 쓸어내리듯이 하여 앉는다.

ㅁ 무릎 안쪽과 뒤꿈치를 꼭 붙이고 다리를 가지런히 하고 발끝도 나란히 붙인다.

ㅂ 편히 앉을 경우 다리와 발끝을 붙여 한쪽 옆으로 비스듬히 놓는다.

ㅅ 발바닥은 밑바닥에 밀착시키고 발끝은 위쪽으로 향하도록 한다.

ㅇ 손은 오른손이 위로 오도록 하여 허벅지 중간쯤 놓거나 스커트 끝에 오도록 한다.

ㅈ 몸 전체의 힘을 빼고 편안한 자세를 취한다.

② 남자

ㄱ 상체를 펴고 깊게 앉되, 등받이에 기대지 않으며 등과 의자 사이는 주먹 하나 정도의 간격을 둔다.

ㄴ 손은 엄지손가락이 들어가도록 가볍게 주먹 쥐어서, 조금 안으로 향하도록 무릎 위에 놓는다.

ㄷ 양발은 11자 모양으로 두며 뒷굽을 무릎보다 앞으로 내놓지 않는다.

ㄹ 정면에서 바라보았을 때 양발과 무릎이 역삼각형이 되지 않도록 한다.

ㅁ 시선은 상대를 바라보며 다리를 꼬거나 무릎을 떤다거나 팔짱을 끼는 등의 태도는 삼간다.

3. 걷는 자세

① 밝은 표정을 한다.

② 시선은 정면을 향하며 턱은 가볍게 당긴다.

③ 등과 가슴을 펴고 어깨의 힘은 뺀다.

④ 배에 힘을 주어 당기며 몸의 중심을 허리에 둔다.

⑤ 팔은 자연스럽게 무릎을 스치듯 걷는다.

⑥ 발뒤꿈치 → 발바닥 → 발끝 순서이며 걷는 방향이 일직선이 되도록 한다.

⑦ 발소리가 나지 않도록 체중은 발 앞에 싣는다.

3 동작 이미지

1. 방향 안내 자세

① 상대방과 시선을 마주치며 밝은 표정과 상냥한 음성으로 안내한다.

② 손가락을 모으고 손목이 꺾이지 않도록 손바닥 전체를 펴서 가리킨다.

③ 손을 펴는 각도로 거리감을 표시한다.

④ 시선은 상대의 눈에서 지시하는 방향으로 갔다가 다시 상대의 눈으로 옮겨 상대가 이해되었는지 확인한다(삼점법).

⑤ 손목이 꺾이지 않게 하고 손바닥이 정면으로 보이지 않도록 45도 각도로 눕혀서 가리킨다.

⑥ 상대방의 입장에서 구체적이고 정확하게 안내한다.

⑦ 가리키는 지시물을 복창하여 확인한다.

⑧ 우측을 가리킬 경우는 오른손, 좌측을 가리킬 경우는 왼손을 사용한다.

⑨ 사람을 가리킬 경우는 두 손을 사용한다.

⑩ 방향을 가리킬 때는 한 손은 방향을 가리키고, 다른 한 손은 아랫배 위에 올려 놓는다.

⑪ 뒤쪽에 있는 방향을 지시할 때는 몸의 방향도 뒤로 하여 가리켜야 한다.

✦ 삼점법(상대의 눈 → 지시 방향 → 상대의 눈)

　방향 안내 시 시선은 먼저 상대의 눈을 보고 안내할 곳을 향하며 다시 상대의 눈을 바라보며 상대가 이해되었는지를 확인한다.

---

2. 물건 수수 자세

① 물건을 건네주는 위치는 가슴부터 허리 사이에 위치하도록 한다.

② 반드시 양손을 사용한다.

③ 밝은 표정과 함께 시선은 상대방의 눈과 전달할 물건을 본다.

④ 글씨나 모양이 상대방이 잘 보일 수 있는 방향으로 전달한다.

⑤ 작은 물건일 경우, 한 손을 다른 한쪽 손 밑에 받친다.

⑥ 부피가 작고 조심스러운 물건은 종이에 싸서 전달한다.

3. 계단 안내 자세

① 상체를 곧게 펴고 몸의 방향을 비스듬히 한다.

② 올라갈 때의 시선은 15도 정도 위로 향하여 걷는다.

③ 내려올 때의 시선은 15도 정도 아래로 향하여 걷는다.

④ 올라갈 때는 남자가 먼저, 내려올 때는 여자가 먼저 내려간다.

4. 출입문 통과 시 안내 자세

① 인기척을 낸다(노크는 1초에 한 번씩 2~3회).

② 문을 열고 닫을 때는 발로 밀거나 몸으로 밀지 않으며 손만을 사용한다.

③ 두 손에 물건을 들고 있을 때는 물건을 내려놓은 후 문을 연다.

④ 문턱을 밟고 서거나 밟고 넘지 않도록 한다.

⑤ 가능한 방안의 사람에게 자신의 뒷모습을 보이지 않는다.

⑥ 문을 열고 닫을 때는 소리가 나지 않도록 하고 걸을 때 발소리를 내지 않는다.

⑦ 문은 필요 이상 활짝 열지 말고, 열어 놓은 채 일을 보지 않는다.

제5장 Voice 이미지

1 음성의 중요성

1. 음성은 사람의 목소리나 말소리이며 발음기관을 통해 내는 구체적이고 물리적인 소리이다.
2. 사람의 타고난 음성은 바꿀 수 없지만 음성의 분위기는 훈련을 통해 변화가 가능하다.
3. 목소리는 인상에 영향을 주는 주요 변수이며, 육체적인 영역 뿐만 아니라 내면적인 인격의 완성도를 나타내는 척도의 기능도 한다.
4. 사람의 목소리는 각인각색으로 다르고 특색이 있어 목소리만으로도 그 사람의 성격이나 인격 또는 직업까지도 알 수 있다.

✦ 좋은 목소리란
- 선천적으로 타고난 건강함이 느껴지는 목소리
- 자신 있고 당당하며 씩씩한 목소리
- 다양한 감정을 표현할 수 있는 음색을 갖춘 목소리
- 톤이 낮으면서 떨림이 없는 목소리
- 또렷하게 들리는 목소리

---

2 음성 이미지의 구성요소

음질	• 목소리의 맑고 깨끗함과 탁한 정도 • 음질이 탁하면 듣는 이에게 불쾌감을 줄 수 있음.
음량	• 목소리의 크고 작음. • 음량이 약하면 갈라지거나 쉰 목소리가 날 수 있으며 복식호흡 등의 연습이 필요함.
음폭	• 소리의 높낮이 • 음폭이 넓으면 맑고 선명한 소리가 나옴.
음색	• 음질의 색으로 듣기 좋고 나쁨을 구별함. • 음색을 좋게 하려면 어미 처리 연습이 필요함.

③ 음성훈련

1. 좋은 목소리 관리법
① 단전에 힘을 주고 말하며 바른 자세를 유지한다.
② 목소리의 결점을 극복한다.
③ 복식호흡을 연습하며 음성을 관리한다.
④ 갑자기 큰소리를 지르거나 장시간 말을 많이 하는 것을 삼간다.
⑤ 헛기침이나 목청을 가다듬는 행동을 반복하지 않는다.
⑥ 음주나 흡연, 카페인 섭취를 삼가며 따뜻한 차나 물을 자주 마신다.
⑦ 충분한 수면을 취하여 피로하지 않게 관리한다.

2. 음성 이미지 연출방법
① 장, 단음을 정확하게 한다.
② 밝은 목소리로 생동감 있게 말한다.
③ 천천히 또박또박 발음하도록 한다.
④ 숨을 들이마신 후 말하면 목소리가 더 풍성해진다.
⑤ 모음에 따라 입모양을 다르게 한다.
⑥ 말의 속도를 상대방에게 맞게 조절해야 한다.

④ 음성결점과 극복방법

작은 목소리	• 원인과 단점 : 호흡이 성대를 진동시키지 못하고 그대로 빠져나가기 때문이다. 소극적인 인상을 줄 수 있다. • 극복방법 – 짧은 발음으로 호흡하고 조절한다. – 복식호흡, 발성연습으로 성대 진동, 교정, 끊어 읽기를 통해 분명한 발음을 연습한다. – 손가락 끝으로 턱을 누르고 턱 아래 근육을 손가락 위쪽으로 되민다.
딱딱한 목소리	• 원인과 단점 : 턱을 빠르게 움직이는 경향이 있거나 너무 정확하게 끊어 말하는 습관 때문이다. 차가운 인상을 줄 수 있다. • 극복방법 – 턱을 움직이지 않고 입술과 혀만 움직여서 연습한다. – 젓가락을 입의 양쪽으로 물고 연습한다.
콧소리가 나는 목소리	• 원인 : 목 안쪽 공간이 좁아 입밖으로 빠져나가지 못하거나 코로 원활하게 빠져나가지 못해 호흡이 코에 걸려 콧소리가 난다. • 극복방법 – 목에 힘을 뺀다. – 탁구공을 입에 물고 공이 진동할 때까지 힘을 빼고 입술 주변을 진동시킨다는 생각으로 호흡을 내쉰다.

이미지 메이킹

PART 2 기출유형문제

01 이미지의 개념 및 속성에 대한 설명으로 옳지 않은 것은?

① 실체의 한 부분이지만 대표성을 갖는다.
② 객관적이 아닌 주관적이라고 할 수 있다.
③ 마음속에 그려지는 사물의 감각적 영상, 또는 심상이다.
④ 시각적인 요소 이외의 수많은 감각에 의한 이미지도 포함한다.
⑤ 인식 체계와 행동의 동기 유인 측면에 있어 매우 중요한 역할을 한다.

✦해설 이미지는 그 대상이 지닌 다양한 속성 중 부분적인 특징만을 드러내므로 전체를 표현하기에는 한계를 갖는다.

02 서비스 전문가로서 자신을 연출할 때 적절하지 않은 것은?

① 서비스 전문가는 가능하면 앞머리로 이마나 눈을 가리지 않는 헤어스타일이 좋다.
② 머리는 빗질을 하거나 헤어 제품을 사용하여 흘러내리는 머리가 없도록 고정하고 단정한 모양을 유지하는 편이 좋다.
③ 옷과 구두의 색상과 조화를 이루는 것이 좋으며 스타킹도 무난한 제품으로 고르되, 무늬나 화려한 색상의 제품은 피하는 편이 좋다.
④ 유니폼이나 개인 슈트를 입더라도 흰색 양말보다 양복 색과 같은 양말을 착용하여 구두 끝까지 색의 흐름을 일치하게 입는 편이 좋다.
⑤ 서비스 전문가는 트렌드에 민감해야 하므로 제복이나 유니폼을 입더라도 트렌드에 맞게 액세서리 등으로 개인의 개성 연출을 하는 편이 좋다.

✦해설 유니폼이나 제복을 입을 경우 지정된 색상에서 벗어나지 않는 것이 전체 이미지에 좋은 영향을 주며, 같은 유니폼을 입은 직원들과의 통일성을 고객에게 제공하는 것이 무엇보다 중요하므로 개인의 개성을 드러내는 화장, 액세서리, 다른 도구의 연출은 자제하도록 한다.

정답 01 ① 02 ⑤

03 다음 중 첫인상의 특징에 대한 설명으로 적절하지 않은 것은?

① 신속성   ② 통합성   ③ 연관성
④ 일회성   ⑤ 일방성

✦**해 설** 첫인상은 신속성, 일회성, 일방성, 연관성의 특징을 갖는다.

04 다음 중 목소리에 대한 설명으로 옳은 것은?

① 호흡은 흉식호흡을 반복 연습한다.
② 콧소리가 날 때는 목에 힘을 빼주면 좋다.
③ 발음은 최대한 정확하게 끊어서 말하는 연습을 한다.
④ 작은 목소리는 소극적인 인상을 주지만 겸손한 이미지 또한 표현할 수 있다.
⑤ 딱딱한 목소리는 감정표현이 서툴러 보여 상대에게 순진한 인상을 줄 수 있다.

✦**해 설** ① 호흡은 복식호흡을 반복 연습한다.
③ 발음은 정확하게 하되 너무 정확하게 끊어 말하면 오히려 딱딱해 보일 수 있다.
④ 작은 목소리는 소극적인 인상을 주어 부정적인 이미지로 나타날 수 있다.
⑤ 딱딱한 목소리는 감정표현이 서툴러 차가운 인상을 줄 수 있다.

05 이미지 메이킹에 대한 설명으로 적절하지 않은 것은?

① 외적 이미지를 강화해서 긍정적인 내적 이미지를 끌어내는 시너지 효과를 일으키기도 한다.
② 내적으로는 자아존중감이 향상되어 궁극적으로 대인관계 능력 향상 효과가 있다.
③ 자신이 속한 상황이나 사회적 지위에 맞게 외적, 내적 이미지를 가장 적절하게 통합적으로 관리하는 행위이다.
④ 자신에게 잠재되어 있는 내면의 능력을 효과적으로 드러내어 능력 있는 사람으로 인식하도록 만든다.
⑤ 자신만의 개성을 갖는 것이 중요하므로 자신이 본받고자 하는 모델을 정하고, 그 인물의 특성을 따라하는 전략은 적절하지 못하다.

✦**해 설** 모델링 전략을 의미하는 것으로 이미지 메이킹 방법으로 적절한 전략이다.

정답   **03** ②   **04** ②   **05** ⑤

06 다음 중 이미지의 형성 과정에 대한 설명으로 바람직한 것은?

① 이미지는 과거와 상관없는 현재 모습 자체이다.

② 이미지의 형성 과정은 감정적 과정보다 이성적 과정을 거쳐 형성된다.

③ 이미지의 형성은 주관적이며 선택적으로 이루어져 동일한 대상에 대해서도 다른 이미지를 부여한다.

④ 이미지는 지극히 객관적이며 같은 대상에 대한 이미지는 누구나 동일하게 받아들인다.

⑤ 개인의 차이는 있으나 이성적 판단에 의거하여 형성되어 굳어져 나간다.

✦ **해설** 이미지의 형성 과정

- 지각과정
  - 인간이 환경에 대해 의미를 부여하는 과정
  - 주관적이며 선택적으로 이루어져 동일한 대상에 대해 다른 이미지를 부여한다.
- 사고과정
  - 과거와 관련된 기억과 현재의 지각이라는 투입요소가 혼합되어 개인의 이미지를 형성한다.
- 감정과정
  - 지각과 사고 이전의 감정에 의해 반응하는 과정이다.
  - 감정적 반응은 확장 효과가 있다.

07 다음 중 좋은 목소리를 만드는 방법으로 적절하지 않은 것은?

① 복식호흡을 반복해 연습한다.

② 항상 밝은 생각으로 긍정적인 말을 한다.

③ 목에 좋은 따뜻한 차나 물을 자주 마신다.

④ 등을 곧게 펴고 가슴을 올려 배에 힘을 주어 말한다.

⑤ 음주, 흡연은 좋은 목소리를 만드는 방법과 큰 상관관계가 없다.

✦ **해설** 목에 무리를 줄 수 있는 잦은 흡연이나 음주를 피하고, 피로하지 않게 관리한다.

정답 06 ③ 07 ⑤

PART 2 O/X형

※ [08~11]

08 표정 이미지 메이킹에 있어 시선의 처리는 눈을 빤히 오래 집중해서 상대방을 보게 되면 불편함을 느끼므로 눈과 미간, 코 사이를 번갈아 보며 대화를 자연스럽게 이어가는 것이 좋다.

(① ○   ② ×   )

✦해설 현장접점에서 고객 응대 시 올바른 시선의 처리는 매우 중요하다. 고객의 눈을 오래 집중해서 보게 되면 어색함을 느끼게 되므로 눈과 미간, 코 사이를 번갈아 보며 대화를 유지하는 것이 좋다.

09 상황별 서비스 종사자의 제스처 중, 올바르게 앉는 자세는 등과 의자 사이에 공간을 두지 않고 등을 기대어 편안히 앉는 것이 좋다.

(① ○   ② ×   )

✦해설 앉는 자세에 있어서는 등과 의자 등받이 사이는 주먹이 하나 들어갈 정도로 간격을 두고 앉는 것이 좋다.

10 후광 효과는 어떤 사람이 갖고 있는 한 가지 장점이나 매력 때문에 다른 특성들도 좋게 평가되는 것을 의미한다.

(① ○   ② ×   )

✦해설 특정 대상에 대한 일반화된 견해가 그의 구체적인 특성을 평가하는 데 영향을 미치는 현상으로 어떤 사람이 갖고 있는 한 가지 장점이나 매력 때문에 다른 특성들도 좋게 평가되는 것이다.

11 네티켓이란 네트워크와 에티켓의 합성어로 네트워크상에서 지켜야 할 예의범절을 의미한다.

(① ○   ② ×   )

정답 **08** ① **09** ② **10** ① **11** ①

PART 3 **연결형**

※ [12~15] 다음 설명에 적절한 보기를 찾아 각각 선택하시오.

---

① 맥락 효과　　　② 후광 효과　　　③ 유니폼　　　④ TPO

12　이미지 메이킹을 위해 자기 이미지를 시간과 장소, 경우에 맞게 연출하는 것

（　　　　　　　　）

13　처음 인지된 이미지가 이후 형성되는 이미지의 판단 기준이 되고 전반적인 기준을 제공하여 인상 형성에 영향을 주는 효과

（　　　　　　　　）

14　어떤 대상이나 사람에 대한 일반적인 견해가 그 대상이나 사람의 구체적인 특성을 평가하는 데 영향을 미치는 현상

（　　　　　　　　）

15　외부적으로는 소속회사, 직장의 문화를 표현하고, 내부적으로는 조직 구성원의 일체감을 높이기 위하여 착용하는 의복

（　　　　　　　　）

정답 12 ④　13 ①　14 ②　15 ③

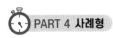 **PART 4 사례형**

16 다음 사례에서 나타나는 이미지 형성과 관련한 효과 중 가장 적절한 효과는?

> 직원 : 고객님, 이번에 새로 들어온 향수인데 이 제품은 어떠십니까?
>
> 고객 : (향수병을 유심히 보며 마음에 들지 않는 듯) 향수병 디자인도 별로이고 본 적이 없는 브랜드인데요 …….
>
> 직원 : 이 제품은 프랑스 브랜드인데 아직 국내에 수입이 많이 되지 않았습니다. 향기를 테스트 해 보시면 좋을 듯합니다.
>
> 고객 : (약간의 관심을 보이며) 그래요? 프랑스라 …… 테스트해 볼게요.
>
> 직원 : (테스트를 도와주며) 이 제품은 프랑스 현지에서 물량이 부족할 정도로 인기를 끌고 있는 제품입니다. 향기가 어떠신지요?
>
> 고객 : 맡아보지 않은 향이지만 그 정도로 인기가 있는 향수라니 한번 써 보죠. 이거 50ml로 구입할게요.

① 후광 효과
② 최근 효과
③ 악마 효과
④ 맥락 효과
⑤ 초두 효과

✦ **해설** ① 후광 효과 : 어떤 대상(사람/사물)이 가지고 있는 한 가지 장점이나 매력 때문에 다른 특성들도 좋게 평가 하는 효과

② 최근 효과 : 초두 효과와는 정반대로 시간적으로 마지막에 제시된 정보가 잘 기억되고, 최근에 받은 이미 지가 인상 형성에 큰 영향을 미치는 것

③ 악마 효과 : 후광 효과와 반대되는 현상으로, 보이는 외모로 모든 것을 평가하여 상대를 알기도 전에 부정 적으로 판단해 버리는 것

④ 맥락 효과 : 처음에 인지된 이미지가 이후 형성되는 이미지의 판단 기준이 되고, 전반적인 맥락을 제공하 여 인상 형성에 영향을 주게 된다.

⑤ 초두 효과 : 인상 형성에서 먼저 제시된 정보가 나중에 제시된 정보보다 더 큰 영향력을 행사하는 것

정답 16 ①

모듈A 비즈니스 커뮤니케이션

SMAT

PART 03

고객 심리의 이해

Service Management Ability Test

제 1 장 고객에 대한 이해

1 고객의 이해

1. 고객의 개념
① 고객이란 사전적으로 한자인 '돌아볼 고(顧)'와 '손님 객(客)'을 사용하여 '영업을 하는 사람에게 대상자로 찾아오는 손님', '단골손님'으로 제시한다.
② 영어로의 고객은 '습관적으로 물건을 사는 사람' 또는 '초대받은 사람, 환대받은 사람'으로 표현한다.
③ 고객은 다양한 욕구를 가지고 있으며 많이 구매한 고객일수록 요구사항이 많다.
④ 향후 상품 및 서비스를 구입하고 사용할 가능성이 있는 사람도 고객에 포함된다.

2. 고객의 구분
① 내부고객 : 제품 생산이나 서비스를 제공하는 종업원(종사원)
② 중간고객 : 기업과 소비자 사이에서 그 가치를 전달하는 고객(도매상, 중간상)
③ 외부고객 : 기업이 생산한 제품이나 서비스를 구매하는 고객

3. 고객의 기본심리
① 환영기대심리 : 환영해주고 반가워해 주기를 바란다.
② 우월심리 : 고객은 서비스 직원보다 우월하다는 생각을 가진다.
③ 독점심리 : 서비스를 독점하고 싶어한다.
④ 모방심리 : 다른 고객을 닮고 싶은 심리를 말한다.
⑤ 보상심리 : 손해보고 싶지 않아 한다.
⑥ 자기본위적 심리 : 자신의 기준에서 설명을 듣고 자기 위주로 상황을 판단한다.
⑦ 존중기대심리 : 중요한 사람으로 기억되고 존중받고 싶어 한다.

4. 고객요구의 변화
① 의식의 고급화 : 인적 서비스의 질을 중요하게 생각하고 합당한 서비스 요구
② 의식의 존중화 : 존중과 인정의 욕구가 있으며 최고 우대를 요구
③ 의식의 복잡화 : 고객의 유형도 복잡화되고 불만 발생과 불만 형태도 다양해짐.

④ 의식의 대등화 : 서로 대등한 관계를 형성하려는 상황에서 갈등이 발생됨.

⑤ 의식의 개인화 : 나만 특별한 고객이라고 생각하고 인정받고 싶어함.

5. 고객의 니즈

① 잠재니즈

ㄱ 필요성에 대한 인식을 못하거나 욕구가 발전되지 못한 상태

ㄴ 잠재니즈 상태에서 서비스 제공자는 고객이 미처 인지하지 못하고 있는 고객의 욕구를 이해할 수 있도록 도와주어야 한다.

② 보유니즈

ㄱ 잠재니즈가 구체화되어 표현된 상태

ㄴ 보유니즈 상태에서 서비스 제공자는 고객이 표현하는 니즈를 강화시키거나 잠재적인 장애 요소 및 염려 사항을 주도적으로 해소시켜주어 현재니즈로 강화할 수 있도록 한다.

③ 핵심니즈

ㄱ 개별 고객의 특수한 상황에 집중되어 있는 니즈

ㄴ 핵심니즈 상태에서 서비스 제공자는 고객의 상황과 서비스의 접점을 찾아 고객에게 가장 적합한 해결책을 제시해 줄 수 있어야 한다.

④ 현재니즈

ㄱ 현재니즈 상태에서는 고객의 의사결정과 실행에 적극적으로 도움을 주어야 한다.

ㄴ 구체적인 결정의 과정에 있는 니즈

⑤ 가치니즈

ㄱ 고객의 만족이 극대화된 단계에서의 니즈

ㄴ 가치니즈 상태를 위해 서비스 제공자는 서비스 제공에 따른 특정한 결과 뿐 아니라 과정상의 고객 만족을 극대화하려는 목표와 최선의 노력이 필요하다.

6. 고객의 기대에 대한 영향 요인

① 내적 요인

ㄱ 고객 자신의 감정이나 경험들로부터 기인하는 요인

ㄴ 개인적 욕구, 관여도, 과거의 서비스 경험

② 외적 요인

ㄱ 외부의 자극이 기대에 영향을 미치는 요인

ㄴ 고객이 선택할 수 있는 경쟁적 대안들, 타인과의 상호관계로 인한 사회적 상황, 구전 커뮤니케이션

③ 상황적 요인
  ㉠ 고객이 처한 상황에 따라 기대가 달라짐.
  ㉡ 고객의 정서적 상태, 환경적 조건, 시간적 제약
④ 기업 요인
  ㉠ 서비스를 제공하는 기업 수준에 대한 요인
  ㉡ 기업의 촉진 전략, 가격, 유통 구조에 의한 편리성과 서비스 수준 기대, 서비스 직원의 역량, 유형적 단서의 제공, 기업 이미지, 브랜드 이미지

제2장 고객의 구매행동의 이해

1 고객 분류

1. 관계진화과정에 의한 고객 분류
① 잠재고객(potential customer) : 자사의 제품이나 서비스를 구매하지 않은 사람들 중에서 향후 자사의 고객이 될 수 있는 잠재력을 가지고 있는 집단을 말한다.
② 가망고객 : 기업에 관심을 보이며 신규고객이 될 가능성이 있는 고객을 말한다.
③ 신규고객(acquired customer) : 기업의 상품이나 서비스를 처음 거래하는 고객을 말한다.
④ 기존고객(existing customer) : 2회 이상의 반복구매를 한 안전화 단계에 들어간 고객들을 말한다.
⑤ 충성고객(loyal customer) : 제품이나 서비스를 반복적으로 구매하고 나아가 기업과 강한 유대관계를 형성하며 구전, 구매 추천 등의 적극성을 띤 고객을 말한다.

2. 참여관점에 따른 분류
① 직접고객 : 제품이나 서비스를 직접 구입하는 사람
② 간접고객 : 최종소비자 또는 2차 소비자
③ 내부고객 : 회사 내부의 직원 및 주주
④ 의사결정고객 : 직접고객의 선택에 커다란 영향을 미치는 개인 또는 집단
⑤ 의사선도고객 : 제품의 평판, 심사, 모니터링 등에 참여하여 의사결정에 영향을 미치는 사람
⑥ 경쟁자 : 전략이나 고객관리 등에 중요한 인식을 심어주는 고객
⑦ 단골고객 : 기업의 제품이나 서비스는 반복적, 지속적으로 애용하지만 추천할 정도의 충성도가 있지는 않은 고객
⑧ 옹호고객 : 단골고객이면서 고객을 추천할 정도의 충성도가 있는 고객
⑨ 한계고객 : 기업의 이익실현에 방해가 되는 고객으로 고객명단에서 제외하거나 해약유도
⑩ 체리피커 : 기업의 상품이나 서비스를 구매하지 않으면서 자신의 실속을 차리기에만 관심을 두고 있는 고객

3. 현대 마케팅적 측면에서의 고객
① 소비자 : 물건, 서비스를 최종적으로 사용하는 사람
② 구매자 : 물건을 사는 사람

③ 구매승인자 : 구매를 허락하고 승인하는 사람

④ 구매영향자 : 구매의사결정에 직, 간접으로 영향을 미치는 사람

4. 프로세스적 측면에서의 고객

① 외부고객 : 최종 제품의 구매자, 소비자

② 중간고객 : 도매상, 소매상

③ 내부고객 : 동료, 상사 등 기업 내 직원

5. 우호도 측면에서의 고객

① 우호형 : 이미 오래전부터 사용했던 경험의 결과로 협력적·우호적

② 반대형 : 브랜드, 판매점, 서비스 직원에 대하여 비판적이고, 무관심하거나 부정적인 고객

③ 중립형 : 특별한 의견 없이 상황이나 필요에 따라 의견을 달리 하는 고객

6. 그레고리 스톤의 분류

① 경제적 고객 : 최대의 효용을 얻으려는 고객, 경쟁기업 간 정보를 비교하며 구입. 가성비를 최우선으로 여김.

② 윤리적 고객 : 구매의사결정에 기업의 윤리성이 큰 비중 차지, 사회적 기부, 환경을 위해 노력하는 신뢰할 수 있는 기업의 고객이 되길 선호

③ 개인적 고객 : 개인 대 개인 간의 교류 선호, 일괄된 서비스 보다 나만을 위한 맞춤형 서비스 원함.

④ 편의적 고객 : 서비스를 받을 때 편의성을 중시하는 고객의 편의를 위해서라면 추가 비용을 지불할 의사가 있음.

② 일반적 특성에 따른 차이

1. 성별에 따른 고객 분류

구분	여성	남성
관점	관계 중시	조직 중시
이미지	정서적, 감정이입적, 민감적, 정적	독립적, 주도적, 객관적, 분석적
사고	종합적, 수평적	분석적, 수직적
구매행동	남성에 비해 타인지향적 구매행위에 관심	자신과 관련된 구매행위에 관심
정보원천	직원들을 통한 정보 수집	일반적 정보를 직접 수집
가치	미적 우선	합리적 가치 우선

2. 연령에 따른 특성

① 청소년층 : 외모와 새로운 것에 대한 관심이 크며 독립적인 경향이 있으며 또래 집단에게 인정받고 싶은 욕구가 있음.

② 청년층 : 자신의 생활을 즐길 수 있는 상품을 선호하며 감성적, 탐구적, 모험적, 봉사적 경향이 있으며 자신의 만족감을 위해 구매하는 경향이 있음.

③ 중년층 : 현실적이며 생활에 대한 부담을 가지며 실생활과 밀접한 상품을 구매하는 경향이 있음.

④ 노년층 : 과거지향적이며 건강 제품의 구매 비율이 높으며 삶의 가치를 중시하며 보수적 소비성향이 있음.

3. 직업에 따른 특성

① 봉급생활자 : 일상생활과 밀접한 정보에 민감하며 친화적 특성을 가진 고객

② 전문직 종사자 : 자신의 의견을 잘 제시하며 개성과 자존감이 높은 성향의 고객

③ 개인 사업자 : 자금운용 및 사업자금 조달이나 재테크 등에 높은 관심을 가진 고객

③ 사회 계층에 따른 차이

> 1. 사회 계층은 재산, 수입, 직업, 교육수준, 종교 혈연 등의 조건이 유사한 사람들의 집단이다.
> 2. 사회 계층의 분류기준 : 직업, 교육수준, 소득과 소유물, 사교 활동, 개인적 성취 정도, 가치관과 교양, 사회적 활동 및 타인에 대한 영향력, 생활양식과 소비 패턴

1. 사회 계층 구조의 유형

① 이동가능성에 따른 계층 구조

폐쇄적	수직이동이 제한적. 노예제도, 신분제도, 카스트제도 등이 있는 구조
개방적	능력이나 노력에 의해 사회이동 가능. 근대 이후의 대표적 계층 구조

② 계층 구성원 비율에 따른 계층 구조

피라미드형	하층의 비율이 상층에 비해 훨씬 높음. 후진국형 계층 구조
다이아몬드형	중층의 비율이 높은 구조로 현대복지국가의 계층 구조
모래시계형	• 디지털 정보를 제대로 활용하여 지식과 소득이 증가하는 20%의 부유층과 이를 잘 이용 못하는 빈곤층이 80%인 20 : 80의 계층 구조 • 비관론적이며 세계화를 반대하는 사람들이 많은 구조
타원형	• 세계가 하나의 시장으로 통합, 정보의 균등화로 중간층의 비율 증가 • 낙관론을 옹호, 세계화를 선호하는 사람들이 많은 구조

4 고객가치와 라이프 스타일에 따른 차이

1. VALS(Valuesand Lifestyle Survey)

① 스탠포드 연구기관(Stanford research institute, SRI)에서 개발된 VASL 생활양식 분류 목록이다.

② VALS(Value and Life Style)는 가치(value)와 라이프스타일(lifestyle)의 머리글자를 딴 약어로서 인구통계적인 자료나 소비 통계뿐만 아니라 전체적으로 개인을 조명한다.

③ 미국 소비자들의 라이프스타일과 가치변화에 대한 조사 체계이다.

> ✦ VALS 1은 매슬로우의 욕구 위계에 기초를 두었고, VALS 2는 소비자 구매 패턴을 측정하기 위해 특별히 고안되었다.

가치집단분류	핵심단어	정의 및 소비성향
실현형 (Actualizer)	고소득, 교양 있는, 높은 자부심, 고급제품 구매	• 가장 풍부한 재정적, 지적 자원을 가지고 광범위한 분야에 대해 관심을 가지며, 변화에 능동적 • 세련되고 높은 자부심을 가지고 있으며 자신의 삶을 보다 멋있게 하는 우아한 고급 제품을 구매 • 소비자로서 차별화된 취향을 가지며 타인을 위해서보다는 자신이 즐기기 위해 구매

자족형 (Thinkers)	교육을 잘 받음, 사색적, 많이 알고, 만족(자족)하는	• 이미지와 명성보다는 교육과 공무에 관심이 많고 기본적인 것들(지식과 원칙)에 가치를 둔 원숙하고 현명한 사람들로 만족스러운 품질과 기능, 가치를 가진 상품을 구매하며 상대적으로 풍부한 재정적, 인적, 지적 자원을 가지고 있음. • 실용적이며, 재화와 서비스의 기능성을 중시
확신형 (신뢰자) (Believers)	보수적, 신임과 권위, 상상력이 부족한, 충실한 도덕주의자	• 기본적인 것들(지식과 원칙)에 가치를 둔 **보수적이며 전통적인 가치관을 가진 사람들**이며 가정, 교회, 지역사회, 국가의 기본규범을 존중 • 친숙하고 이미 알려진 브랜드를 선호하며 상대적으로 부족한 자원을 가지고 있음. • 국산을 구매하며 할인판매기간을 기다리는 소비자
성취 추구형 (Achievers)	이미지를 의식, 야망 있고, 브랜드를 의식, 과시성 소비가족과 직업	• 지위와 성취에 가치를 둔 성공적이며 **가족과 직업 안에서 만족과 성취를 지향**하는 사람들로 자신의 성공을 보여줄 수 있는 과시성 유명상품, 고급품을 선호 • 상대적으로 풍부한 재정적, 인적, 지적 자원을 가지고 있음.
노력형 (Strivers)	많은 돈을 원하며, 자신 없고, 모방적인 스타일을 의식	• 지위와 성취에 가치를 둔, 변하기 쉽고 불안정하며 재정적으로 풍부하지 못한 사람들이며 부유한 사람들이 구매하는 상품과 유사한 제품 스타일 상품을 주로 구매 • 상대적으로 부족한 자원을 가지고 있음. • 안전함과 타인의 승인을 중시하기 때문에 소비자로서 지위 지향적·사회적 승인을 받을 수 있는 제품을 사고 사회적 승인을 받지 못하는 제품은 사지 않음. • 의류와 개인용품을 주로 소비
체험형 (경험자) (Experiencers)	젊고 열광적인, 반항적인, 유행선도자, 충동적인, 다양성 추구	• 활동과 욕구에 가치를 둔 젊고 생동감 있고 열정적인 사람들로 의류, 패스트푸드, 그리고 문화상품에 지출비율이 높다. • 부와 권력을 얻기 위해 노력을 많이 하며 육체적 **운동이나 사회 활동을 많이 하고**, 상대적으로 풍부한 재정적, 인적, 지적 자원을 가지고 있음. • **신제품을 구매**하고 싶어 하는 예리한 소비자들이며 가처분소득의 많은 부분을 소비
실행형 (자급자) (Makers)	DIY, 자급자족, 책임감 있고, 현실적인, 실리적인	• 보다 넓은 **외부세계에는 별 관심이 없으며 자신에 만족하고 가족 중심**의 사람이며 **실용적이고 기능적인 상품만 선호**하고 상대적으로 부족한 자원을 가지고 있음. • **실용성, 편안함, 내구성, 가치를 중시**
분투형 (Survivors)	낮은 교육과 기술, 조심스럽고 걱정하는 향수, 부자연스러운, 신중한	• 늙고 은퇴한 수동적이며 재정적, 인적, 지적 자원을 매우 적게 소유하고 있어 어떠한 세계관을 가질 여유가 없다. • 전체적으로 풍족하지 못한 사람들로 선호브랜드에 충성심이 있는 조심스러운 소비자로서 안전한 삶에 초점을 둠. • 구매력은 생활필수품을 사는 것으로 제한됨.

제3장 고객의 의사결정과정

1 고객의 의사결정

1. 개념

소비자들은 합리적이고 효율적인 소비를 하기 위해 상품 및 서비스 구입 시 거치는 결정과정이다. 문제의식, 정보탐색, 대안의 평가, 구매의사결정, 구매 후 행동의 5단계의 일련의 과정을 거치는데 이러한 과정을 구매의사결정과정이라고 한다.

2. 전통적 구매프로세스의 변화

◎ 전통적 구매 결정 프로세스 모델(AIDMA)

주의(Attention)	고객의 주의를 끌어 제품을 인지
관심(Interest)	제품에 대해 관심을 가지고 장단점을 인지
욕구(Desire)	상품/서비스의 장점을 통해 구매하고 싶은 욕구 생김
기억(Memory)	단순한 욕구에서 제품에 대한 기억으로 구매의사를 결정
행동(Action)	구매 욕구를 실행에 옮겨 실제 구매가 일어나는 단계

3. 인터넷 활성화로 진화한 프로세스 모델 AISAS

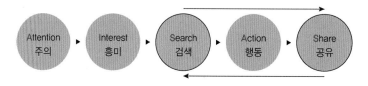

미디어 환경의 변화로 인해 소비자의 '구매의사결정단계'가 AIDMA 모델에서 AISAS 모델로 진화했다.

주의(Attention)	고객의 주의를 끌어 제품을 인지하는 단계
관심(Interest)	제품에 대해 관심을 가지고 장단점을 인지하는 단계
검색(Search)	온라인상에서 제품을 검색하고 비교, 분석하는 단계
행동(Action)	검색한 결과를 바탕으로 구매가 진행되는 단계
공유(Share)	제품 구입 후 SNS 등을 통해 정보를 공유하는 단계

② 고객의 구매의사결정 5단계

| 문제인식 | → | 정보탐색 | → | 대안의 평가 | → | 구매 | → | 구매 후 행동 |

1. 문제인식

- 구매자 또는 소비자에게 나타나는 소비 욕구를 불러일으키는 것으로 소비자가 어떤 제품이나 서비스에 대해 직면하는 미 충족된 욕구를 인식함으로써 발생한다.
- 문제인식의 특성은 내적인 요인과 외적 자극에 의해 활성화된다.

① 문제인식에 투입되는 변수

ⓐ 내적 요인 : 생리적 욕구, 제품의 성능저하 등과 같이 소비자 스스로 문제를 인식하는 경우이다.

ⓑ 외적 요인 : 가족 등의 준거집단이나 사회적 영향 요인, 기업의 마케팅 노력과 같이 소비자를 자극하는 외부 요인들에 의해 문제를 인식하는 경우이다.

② 지각(perception) : 감각 기관을 통해 유입된 자극을 개인의 지식과 경험 등을 활용하여 주관적인 기준으로 해석하고 이해하는 과정이다.

③ 지각의 특징

ⓐ 주관성(Subjectivity) : 소비자가 자신의 신념, 태도, 편견을 구체화하고 구매행동을 하는 것으로 그것에 부합되는 정보에 더욱 주의를 기울인다.

ⓑ 선택성(Selectivity) : 자신이 관심 있는 자극에 대해서만 지각하려고 한다. 지각의 과부하(감각기관 용량의 한계), 선별적 감지(선별하여 중요한 것만 더 빠르게 지각하려는 것), 지각적 방어(내 감정이나 신념에 부합하는 내용만 지각하려는 것) 때문이다.

ⓒ 일시성(Temporality) : 지각하는 자극은 일반적으로 오랫동안 남아있지 않다.

ⓓ 총체성(Summation) : 지각한 자극을 하나로 통합하여 하나의 이미지로 받아들이거나 기억하게 된다.

④ 매슬로우(Maslow)의 욕구 5단계 이론

㉠ 욕구는 낮은 수준의 욕구부터 상위 수준의 욕구까지 모두 다섯 단계가 있는데, 가장 하위의 욕구는 생리적 욕구이고 가장 높은 수준의 욕구는 자아실현의 욕구이다.

㉡ 매슬로우는 하위 수준의 욕구가 충족되어야 그 다음 욕구가 발생한다고 주장했다.

㉢ 욕구의 위계는 상호독립적이고 어떤 욕구도 완벽하게 충족되지 않는다고 전제했다.

2. 정보탐색

① 소비자가 문제인식을 하고 나서 그 문제를 해결하기 위해 보이는 행동이다.

② 문제인식에 대한 최적의 대안을 찾기 위해 정보를 수집하는 과정이다.

③ 구매에 필요한 정보를 자신의 기억에 의존하여 찾고자 하는 내적 탐색과 더 많은 정보를 수집하기 위한 수집된 정보로 이루어진 외적 탐색으로 구분할 수 있다.

④ 정보탐색 수집이 수행될 때 사용되는 정보의 원천은 개인이나 상황에 따라 매우 다양하게 나타난다.

㉠ 정보탐색 유형

ⓐ 내부 탐색 : 과거 경험이나 광고 등을 통해서 자신이 경험하고 알고 있는 정보를 자신의 내부 기억으로부터 회상하여 탐색하는 것

ⓑ 외부 탐색 : 광고, 준거집단, 판매원 등의 다양한 외부 정보원을 통하여 적극적으로 정보를 탐색하는 것

㉡ 정보의 원천

ⓐ 기업 정보 원천 - 기업이 제공(광고, 기업 홈페이지, 서비스 직원, 포장)

ⓑ 개인적 원천 - 가족, 친지, 직장동료 등 구전의 영향력 발생

ⓒ 경험적 원천 - 고객이 직접 서비스를 경험, 가장 확실하고 신뢰할 수 있는 정보

ⓓ 중립적 원천

• 신문, 방송, 인터넷 등 언론매체를 통한 보도자료

• 소비자원이나 정부 기관의 발행물 등을 통한 정보

• 고객은 기업 제공 원천보다 중립적 원천을 통한 정보를 더 신뢰한다.

3. 대안의 평가

① 구매정보수집에서 선택된 몇 가지 대안 중의 하나의 대안을 평가하는 과정이다.

② 대안평가는 신념, 태도, 의도 순으로 단계를 거쳐서 선택과 구매에 이르게 된다.

③ 구매하고자 하는 제품이나 서비스에 대한 소비자의 신념이나 믿음은 소비자가 가진 평가 기준에 의해 결정되며, 이 평가 기준은 소비자가 가진 지식이나 경험 그리고 주위 환경에 의해 형성된다.

④ 대안평가방법
　㉠ 보완적 평가방법
　　ⓐ 중요도에 따라 가중 평균하여 구한 점수에 따라 결정
　　ⓑ 어떤 평가 기준의 약점을 다른 평가 기준의 강점에 의해 보완하여 전반적으로 평가하는 방식
　㉡ 비보완적 평가방법 : 한 평가 기준에서의 약점이 다른 평가 기준에 의해 보완되지 않는 평가 방식
　　ⓐ <u>결합식</u> : 모든 평가 기준에서 최저기준이 넘는 대안 선택
　　ⓑ <u>분리식</u> : 특히 중요한 한두 가지 속성에서 최소한의 수용기준을 정하여 한 평가 기준 에서라도 최소치 넘으면 선택
　　ⓒ <u>사전 편집식</u> : 가장 중요한 평가 기준에서 가장 우수한 대안 선택
　　ⓓ <u>순차적 제거식</u> : 중요한 평가 기준 순으로 최소치를 넘지 못하는 대안을 제거하여 대안 선택

⑤ 대안평가 및 상품 선택에 관여하는 요인들
　㉠ **후광 효과** : 일부 속성에 의해 형성된 전반적 평가가 그 속성과는 직접적인 관련이 없는 다른 속성의 평가에 영향
　㉡ **유사성 효과** : 새로운 상품대안이 나타난 경우 그와 유사한 성격의 기존 상품을 잠식할 확률이 높음.
　㉢ **유인 효과** : 고객이 기존 대안을 우월하게 평가하도록 열등한 대안을 내놓음으로써 기존 대안을 상대적으로 돋보이게 하는 방법
　㉣ **프레밍 효과** : 대안의 준거점에 따라 의사결정이 달라지게 되는 효과
　㉤ **손실회피** : 동일한 수준의 혜택과 손실이 발생하는 경우 손실에 더 민감하게 반응하여 이를 회피하는 선택을 하는 경우
　㉥ **대비 효과** : 고가의 제품을 먼저 보여주고 저렴한 제품을 권하면 상대적으로 저렴한 제품을 구매하려는 경향

4. 구매
① 소비자가 선택 대안들을 비교, 평가하여 가장 마음에 드는 대안에 대한 구매의도를 가지고 구매를 하게 된다.

② 구매 의도는 가족의 수입, 기대가격, 제품의 기대 효익 등에 의해 구성된다.

③ 고객 구매행동 유형

　　㉠ 복합 구매행동 : 관여도가 높고 사전 구매경험 없이 최초로 구매 경우

　　㉡ 충성 구매행동 : 고관여 고객이 구매된 상표에 만족하면 그 상표에 대한 충성도가 생겨 반복적 구매행동

　　㉢ 다양성 추구행동 : 저관여 고객이 여러 가지 상표를 시도하는 행동

　　㉣ 관성적 구매행동 : 저관여 고객이 습관적으로 동일상표를 반복구매

④ 구매행동의 영향 요인

　　㉠ 사회적 환경 : 주변인이나 판매원에게 직접적 질문 혹은 타인 관찰 등의 간접적 상호작용 요인

　　㉡ 물리적 환경 : 제품, 상표, 상점, 실내디자인, 조명, 소음 등의 환경적 요인

　　㉢ 소비상황 : 고객이 제품을 사용하는 과정상의 발생 가능한 상황적 요인

　　㉣ 구매상황 : 제품구매 가능성, 가격변화, 경쟁 상표의 판매촉진 등의 구매시점의 상황

　　㉤ 커뮤니케이션 상황 : 구전 커뮤니케이션, 광고, 점포 내 디스플레이 등의 상황요인

⑤ 관여도에 따른 의사결정형태

　　㉠ 고관여 결정

　　　　ⓐ 구매하고자 하는 품목이 소비자에게 중요하고 잘못된 결정을 초래할 위험이 높은 결정인 경우이다. 📌 집, 차

　　　　ⓑ 여러 경로를 통해 얻은 정보와 과거 경험 및 지식에 입각해 상표에 대한 태도 형성 후 상표를 평가하고, 구매결정을 한다.

　　㉡ 저관여 결정

　　　　ⓐ 구매하고자 하는 품목이 소비자에게 중요하지 않고 잘못된 결정이 초래할 위험이 낮은 결정인 경우이다. 📌 껌, 생수 구매 등

　　　　ⓑ 싫고 좋은 감정 없이 필요시 구매한다. 눈에 익은 상표를 구매하기도 하고, 사용 후 상표 태도를 형성해도 태도가 강하지 않다.

5. 구매 후 행동

① 기대불일치이론(expectancy disconfirmation)

　　㉠ 소비자들이 제품을 구매한 후 고객만족, 긍정적 불일치, 부정적 불일치 3가지로 나타난다는 이론

　　㉡ 고객이 느끼는 서비스에 대한 만족과 불만족은 고객이 제품이나 서비스를 경험하기 전의 기대와 실제 경험한 후의 성과와의 차이에 의해 형성된다는 이론이다.

　　㉢ 실제 성과가 기대보다 낮은 경우를 부정적 불일치라고 하며 성과가 기대보다 높았을 경우 긍정적 불일치, 성과와 기대가 같으면 단순한 일치라고 한다.

  ② 중요한 요소에 대해서는 기대수준이 높으며 덜 중요한 요소에 대해서는 기대수준이 낮다.

  ⑩ 최초 서비스보다 서비스 회복에 대한 기대가 상대적으로 높게 나타난다.

② **귀인이론(attribution theory)** : 소비자들이 제품 구매 후 만족 또는 불만족할 때 그 원인이 어디에 있는지를 찾고자 한다는 이론

③ **구매 후 부조화** : 구매 후 만족 또는 불만족을 느끼기에 앞서 자신이 구매 결정한 것에 대하여 불안감을 느끼는 것이다.

④ **구매 후 부조화 발생 상황**

  ㉠ 구매 결정을 취소할 수 없을 때

  ㉡ 관여도가 높을 때

  ㉢ 마음에 드는 대안이 여러 개 있을 때

  ㉣ 전적으로 고객 자신의 의사 결정일 때

  ㉤ 선택한 대안에 없는 장점을 선택하지 않은 대안이 갖고 있을 때

⑤ **기업의 구매 후 부조화 감소 전략**

  ㉠ 구매 후 만족감 강화 광고

  ㉡ 구매에 대한 감사 서신, 전화 등을 통해 고객의 선택을 지지하는 후속 서비스

  ㉢ 제품 보증, 친절한 A/S, 불만 관리 등 고객 서비스를 강화

  ㉣ 실질적인 상품, 서비스의 품질 향상의 노력

⑥ **개인의 구매 후 부조화 감소 전략**

  ㉠ 자신의 선택을 지지하는 정보를 탐색하고 그렇지 않은 정보는 회피함.

  ㉡ 의사결정 자체를 중요도가 낮다고 인식함.

  ㉢ 선택한 대안의 장점을 의식적으로 강화함.

  ㉣ 선택하지 않은 대안의 장점을 의식적으로 약화시킴.

제 **4** 장 # 고객의 성격유형에 대한 이해

① DISC의 이해

1. DISC의 개념

① 1928년 미국 콜롬비아대학 심리학교수 William Moulton Marston 박사에 의해 개발되었으며 인간의 행동 패턴(Behavior Pattern)에 관한 행동유형모델이다.

② 자기주장의 표현정도인 사고 개방도(Assertiveness)와 감정형의 정도인 감정 개방도(Responsiveness)에 따라 각각 주도형, 사교형, 안정형, 신중형으로 구분된다.

③ DISC는 인간의 행동유형(성격)을 구성하는 4개의 핵심 요소인 Dominance(주도형), Influence (사교형), Steadiness(안정형), Conscientiousness(신중형)의 약자이다.

④ 인간의 환경에 대한 인식과 그 환경 속에서 자신의 힘에 대한 인식을 바탕으로 유형을 구분하였다.

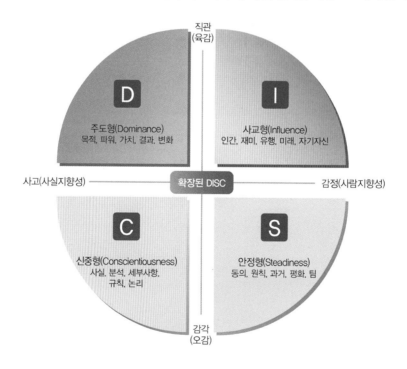

2. 사고형과 감정형의 단서들

사고형	감정형
감정 조절	감정 표출
냉철	따뜻
사업적, 업무지향적	친근하며 인간관계 지향적
시간 관념 철저	시간에 비교적 구애받지 않음.
제스처를 잘 사용하지 않음.	제스처 사용이 자연스러움.
말씨가 부드럽고 목소리가 일정함.	말씨가 강하고 목소리가 다양함.

PART 03

3. 유형별 특징과 대응전략

① 주도형(Dominance)

　㉠ 일반적 특징

　　ⓐ 즉시 결과를 얻음.

　　ⓑ 다른 사람의 행동 유발

　　ⓒ 도전을 받아들임.

　㉡ 유형별 강점

　　ⓐ 효율적

　　ⓑ 업무에 집중

　　ⓒ 결과 지향적

　　ⓓ 민첩한 행동

　㉢ 고객응대요령

　　ⓐ 명료하고 구체적으로 핵심을 제시하라.

　　ⓑ '어떻게'가 아니라 'what'을 질문하라.

　　ⓒ 목표와 결과에 초점을 맞춰라.

　　ⓓ 시간의 효율적 사용을 원한다.

　　ⓔ 시간이 요구되는 것이라면 최종결과나 목표와 관련지어 시간을 이야기해 주어라.

② 사교형(Influence)

　㉠ 일반적 특징

　　ⓐ 사람들과 잘 사귀며 외향적

　　ⓑ 호의적인 인상

　　ⓒ 표현력과 말솜씨가 좋음

　㉡ 유형별 강점

　　ⓐ 신속한 대응

ⓑ 편안한 분위기 형성

ⓒ 적극적이고 결과 중시

ⓒ 고객응대전략

ⓐ 관계형성의 시간 확보

ⓑ 흥미를 돋우는 의견

ⓒ 사람들에 관한 의견과 질문

ⓓ 사회적인 인정, 인기, 함께 이야기할 사람, 통제나 세부적인 것들로부터의 자유, 능력에 대한 인정 등을 원한다.

ⓔ 우호적이고, 다정한 환경을 제공하라.

ⓕ 참여적인 관계를 형성하라.

ⓖ 세세한 것은 글로 적어주어라.

③ 안정형(Steadiness)

㉠ 일반적 특징

ⓐ 예측 가능한 업무

ⓑ 전문적인 기술 개발

ⓒ 인내심과 충성심

㉡ 유형별 강점

ⓐ 조언이나 상담에 적극적

ⓑ 강한 신의

ⓒ 깊은 신뢰와 자신감 부여

㉢ 고객응대요령

ⓐ 사적인 이야기 간단히 언급한다.

ⓑ 부드럽게 대화하며 인간적으로 진정한 관심을 표명한다.

ⓒ 진실하며, 신뢰하는 환경을 제공하라.

ⓓ 한 개인으로서의 진실한 관심을 보여라.

ⓔ 그들에게 명료함을 주기 위해 '어떻게'에 관한 질문을 대답하는 데 초점을 두어라.

④ 신중형(Conscientiousness)

㉠ 일반적 특징

ⓐ 중요한 지시나 기준에 관심

ⓑ 세부사항에 집중, 분석적

ⓒ 예의 바르고 격식을 차림.

㉡ 유형별 강점

ⓐ 현실적인 이익 검토

ⓑ 주도면밀하고 보수적

ⓒ 뛰어난 문제해결력
ⓒ 고객응대요령
　　ⓐ 개인적인 자율성, 계획된 변화, 개인적인 관심사, 정확한 직무기술, 통제된 환경, 정확한 예측 등을 원한다.
　　ⓑ 철저한 준비와 정확한 약속을 원한다.
　　ⓒ 미리 준비할 시간을 준다.
　　ⓓ 일관된 모습으로 정확한 데이터를 가지고 아이디어를 제시한다.
　　ⓔ 논리적이고 체계적이고 이해할 수 있는 방식으로 설명하라.
　　ⓕ 동의한다면 구체적으로, 동의하지 않는다면 사람이 아니라 사실에 관해 그렇게 하라.

② MBTI의 이해

1. MBTI의 개념과 목적

① MBTI(Myers-Briggs Type Indicator)는 칼 융(Karl Jung)의 심리유형론을 바탕으로 하여, Catherine Briggs와 그의 딸 Isabel Myers가 개발한 성격유형 검사도구이다.
② MBTI의 목적은 각자가 인정하는 반응에 대한 자기보고를 통하여 인식과 판단작용에 나타나는 사람들의 근본적인 선호성을 알아내고, 각자의 선호성이 개별적으로 또는 복합적으로 어떻게 작용하는지의 결과들을 일상생활에 쉽고 유용하게 활용할 수 있게 하기 위함이다.

2. MBTI의 4가지 선호지표

3. 유형별 특징

① 외향형과 내향형(에너지 방향)

외향형(Extraversion)	내향형(Introversion)
• 사람을 만나고 활동할 때 에너지가 생김. • 다양한 사람들과 폭넓은 관계를 형성 • 말을 통한 의사소통 방식을 선호 • 생동감 넘치고 활동적임.	• 혼자 조용히 있을 때 에너지가 충전 • 소수의 사람들과 밀접한 관계를 형성 • 글을 통한 의사소통 방식을 선호 • 조용하고 신중함.

② 감각형과 직관형(인식 기능)

감각형(Sensing)	직관형(iNtuition)
• 오감을 통해 직접 경험한 정보를 더 잘 받아들임. • 구체적으로 표현 • 현재에 초점을 둠. • 실용성을 추구하고 현실적 • 전통적인 가치를 중요하게 여김.	• 이론적이고 개념적인 정보를 더 잘 받아들임. • 추상적으로 표현 • 과거, 현재, 미래를 전체적으로 살펴봄. • 미래의 가능성이 중요함. • 새로운 변화를 시도하고자 함.

③ 사고형과 감정형(판단 기능)

사고형(Thinking)	감정형(Feeling)
• 의사결정을 할 때 인과관계를 파악하여 객관적으로 판단 • 원리원칙이 중요하고 이성적 • 진실과 사실에 주된 관심을 가짐. • 무엇이 잘못되었는지 잘 분석 • 목표 달성이 사람들과의 관계보다 앞섬.	• 의사결정을 할 때 주관적 가치에 근거해 무엇이 중요한지 판단 • 주관적 가치가 중요하고 감성적임. • 사람들과의 관계에 주된 관심을 가짐. • 다른 사람들의 의견에 잘 공감 • 사람들과의 관계가 목표 달성보다 앞섬.

④ 판단형과 인식형(이해 양식)

판단형(Judging)	인식형(Perceiving)
• 조직적이고 구조화된 환경을 선호 • 어떤 일을 하기 전 미리 계획을 세움. • 미리미리 준비해서 여유롭게 끝냄. • 분명한 목적의식과 방향을 갖고 있음. • 빠르게 결정	• 새로운 것에 대해 유연하고 개방적 • 어떤 일을 먼저 시작하고 봄. • 마지막 순간에 집중해서 끝냄. • 목적과 방향은 바뀔 수 있다고 생각함. • 결정을 보류하고 정보를 수집하고자 함.

③ 교류분석(TA; Transactional Analysis)

1. 교류분석의 개념과 목적

① 미국 정신과 의사인 에릭 번(Eric Berne)에 의해 창안된 이론이며 효율적인 인간변화를 추구하는 분석이다.

② 자신 또는 타인 그리고 관계의 교류를 분석하는 심리학으로 개인의 성장과 변화를 위한 심리치료법이다.

③ 비결정론적 철학 – 습관을 초월하여 새로운 목표나 행동을 선택할 수 있다.

④ 여러 감정들에 대한 이해를 높일 수 있고 감성지능의 활용을 보여주어 감성노동의 합리적 방법을 제시하였다.

⑤ 학교, 병원, 일반 사회집단 등에서 상담 및 심리치료의 방법으로 폭넓게 사용될 수 있다.

⑥ 인본주의적 가치를 지닌 긍정심리이론이다.

⑦ TA의 기본사상은 자기이해와 타인이해이다.

2. 교류분석의 4가지 태도

자기 긍정 – 타인 긍정 (I'm OK – You're OK)	• 나도 너도 모두 OK로서, 건설적이며 전향적인 인생관을 가지고 있는 사람 • 나를 긍정하고 타인을 긍정하므로 떳떳한 인간관계를 갖게 됨. • 타인을 긍정함으로써 타인과의 사이에 따뜻한 교류가 이루어져서 원만한 인간관계를 맺음.
자기 부정 – 타인 부정 (I'm not OK – You're not OK)	• 너도 나도 모두 OK가 아니라는 것으로서, 비건설적인 인생관을 가지고 살아가는 사람 • 자칫하면 자신의 틀에 박혀 살아갈 수 있으며, 대인관계가 소극적
자기 긍정 – 타인 부정 (I'm OK – You're not OK)	• 나는 OK지만 타인은 OK가 아니라는 것으로, 자신은 있지만 배타적이어서 차별적인 인생관을 갖고 살아가는 사람 • 타인에게는 비판적이며 자신의 의견은 적극적으로 주장하는 경향이 있음.
자기 부정 – 타인 긍정 (I'm not OK – You're OK)	• 나는 OK가 아니지만 타인은 OK라는 것으로, 열등감이나 무력감을 수반한 인생관을 갖고 살아가는 사람 • 자신을 희생하고서라도 타인과의 관계를 잘 하려는 경향이 있음.

3. 성격의 구조분석과 자아 상태

① 인간의 성격은 3가지 자아 상태(ego state)인 부모자아, 성인자아, 아동자아로 구성되어 있다.

② 세 자아 상태마다 고유한 사고, 감정, 행동적 특성이 존재한다.

　㉠ 부모 자아(P; Parent ego state) : 부모나 형제, 혹은 중요한 인물들의 행동이나 태도를 모방하고 학습하여 내면화된다. 비판적 부모 자아(CP; Critical Parent)와 양육적 부모 자아(NP; Nurturing Parent)로 구분된다.

비판적 부모 자아	양육적 부모 자아
• 엄격하고 비판적, 편견이 강하며 독선적 • 도덕적, 윤리적이며 이상을 추구하고 자율성이 있음.	• 지나친 간섭과 과보호, 타협적 → 상냥하고 보호해주고 도움을 주려고 애씀. • 공감적이고 지지적이며 따뜻함.

ⓛ 성인 자아(A; Adult ego state) : 객관적으로 현실 세계를 파악하며 합리적인 사고와 행동을 취한다. 다른 자아 상태(부모 자아, 아동 자아)에서 정보를 수집하고 합리적으로 판단하는 자아이다.

ⓒ 아동 자아(C; Child ego state) : 어린 시절의 감정적 반응체계의 흔적들로 충동적이다. 출생 후 5세경까지 외부 사건들에 대한 감정적 반응체계가 내면화되어 형성된 자아로 자유로운 아동 자아(FC; Free Child)와 순응적 아동 자아(AC; Adapted Child)로 구분된다.

자유로운 아동 자아	순응적 아동 자아
• 제멋대로이며 충동적, 본능적으로 행동하며 자기중심적 • 명랑하고 활발하며 열정과 창조성, 호기심이 풍부	• 규칙과 상식에 얽매이며 남의 평가에 신경을 많이 씀. → 다소 위축되고 자신감이 부족 • 남의 기대에 부응하려고 노력하며 규율과 상식을 이해하여 남과 협력

고객 심리의 이해

PART 3

기출유형문제

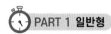 **PART 1** 일반형

01 서비스 기업이 더욱 중요하게 관리해야 하는 내부고객에 대해 가장 적절하게 설명한 것은?

① 외부고객에 이어 2번째로 고려해야 할 고객이다.

② 기업의 상품과 서비스를 직접 구매하거나 이용한다.

③ 상품과 서비스를 제공받는 대가로 가격을 지불한다.

④ 외부고객을 만족시켜야 내부고객을 만족시킬 수 있다.

⑤ 외부고객이 원하는 것을 제공하는 중요한 일을 담당한다.

해설 ① 외부고객에게 직접 서비스를 제공하는 주체인 내부고객(직원)이 가장 먼저 고려해야 할 고객이다.

② 외부고객이 상품과 서비스를 직접 구매하고 이용한다.

③ 내부고객(회사 직원)은 서비스를 제공하는 대가로 임금을 지급받는다.

④ 내부고객을 우선 만족시켜야 외부고객을 만족시킬 수 있다.

02 우량고객 중에서도 최상위의 고객을 로열고객(Loyal Customer) 혹은 충성고객이라고 한다. 이들의 특징으로 적절하지 않은 것은?

① 관대함   ② 교차구매   ③ 하강구매

④ 구전활동   ⑤ 반복구매

해설 충성고객의 특징

① 관대함 : 기업/브랜드에 대한 애착심으로 가격상승까지도 수용

② 교차구매 : 현재 사용하고 있는 상품을 생산하는 기업의 다른 상품 구매

③ 상승구매 : 동일한 기업의 상위 제품을 구매

④ 구전활동 : 고객 스스로 지인을 통해 소개하는 활동

⑤ 반복구매 : 반복적인 구매행동

정답 **01** ⑤ **02** ③

03 저관여 소비자 의사결정과정에 해당하는 내용으로 적절한 것은?

① 구매 후 부조화 현상이 적다.
② 태도 변화가 어렵고 드물다.
③ 불일치하는 정보에 저항한다.
④ 능동적으로 제품 및 상표정보를 탐색한다.
⑤ 설득을 위하여 메시지의 수보다 내용이 더욱 중요하다.

✦해설 ②, ③, ④, ⑤는 고관여 소비자 의사결정에 관련된 사항들이다.

04 다음 설명은 아래의 보기 중 어떤 효과를 설명한 것인가?

> 우수한 세일즈맨은 본능적으로 먼저 비싼 정장을 판매한 다음에 와이셔츠를 판매한다. 왜냐하면 와이셔츠가 아무리 비싸도 정장에 비해 싸게 느껴지기 때문이다.

① 초두 효과 ② 최근 효과
③ 대비 효과 ④ 맥락 효과
⑤ 부정성 효과

✦해설 **대비 효과** : 동일한 자극이 주변 자극이 어떤 것이냐에 따라 다르게 지각되는 현상. 비교 대상에 따라 다른 느낌을 받게 되는 것
① 초두 효과 – 인상 형성에서 먼저 제시된 정보가 나중에 제시된 정보보다 더 큰 영향력을 행사하는 것
② 최근 효과 – 초두 효과와는 반대로 시간적으로 마지막에 제시된 정보가 잘 기억되고, 최근에 받은 이미지가 인상 형성에 큰 영향을 미치는 것
④ 맥락 효과 – 처음에 인지된 이미지가 이후 형성되는 이미지의 판단 기준이 되고, 전반적인 맥락을 제공하여 인상 형성에 영향을 주게 된다.
⑤ 부정성 효과 – 상대방에 대한 아주 부정적인 정보를 얻었을 때 다른 정보의 긍정적인 가치가 거의 반영되지 못하는 현상

정답 03 ① 04 ③

05 다음은 '소비자'와 '고객'에 대한 용어의 정의를 설명한 내용이다. 이 중 가장 옳지 않은 것은?

① 일반적으로 소비 활동을 하는 모든 주체를 소비자라 한다.

② 처음 기업과 거래를 시작하는 고객을 신규고객이라 한다.

③ 고객은 흔히 '손님'이란 용어로 표현되기도 한다.

④ 소비자는 구매자, 사용자, 구매 결정자의 역할을 각각 다르게 하는 경우와 1인 2역, 3역의 역할을 수행하는 경우가 있다.

⑤ 직접 제품이나 서비스를 반복적, 지속적으로 애용하고 있지만, 타인에게 추천할 정도의 충성도를 가지고 있지 않은 고객을 옹호고객이라 한다.

✛ 해 설 해당 설명에 알맞은 고객 분류는 단골고객이다.

06 다음 중 고객의 기대에 대한 영향 요인 중 '고객의 상황적 요인'에 해당하는 것은?

① 개인적 욕구

② 고객의 정서적 상태

③ 타인과의 상호관계로 인한 사회적 상황

④ 서비스 의사 결정에 영향을 미치는 촉진 전략

⑤ 유통 구조에 의한 편리성과 서비스 수준 기대

✛ 해 설 ① 고객의 내적 요인
③ 고객의 외적 요인
④, ⑤ 기업 요인

정답   **05** ⑤   **06** ②

PART 2 O/X형

※ [07~10] 다음 문항을 읽고 옳고(O), 그름(X)을 선택하시오.

07 고객의 구매행동 과정 중 대안평가는 수집된 정보를 바탕으로 고객이 가지고 있는 지식이나 믿음, 상황과 조건, 그리고 선호도 등의 기준으로 평가한다.

(① O   ② X   )

✚ 해설 고객의 구매행동에 있어 대안평가는 수집된 정보를 바탕으로 고객이 가지고 있는 지식이나 믿음, 상황과 조건, 그리고 선호도 등의 기준으로 평가한다.

08 유인 효과는 대안평가 및 상품선택에 있어 고객이 기존 대안을 우월하게 평가하도록 열등한 대안을 내놓음으로써 기존 대안을 상대적으로 돋보이게 하는 방법이다.

(① O   ② X   )

✚ 해설 유인 효과 : 고객이 기존 대안을 우월하게 평가하도록 열등한 대안을 내놓음으로써 기존 대안을 상대적으로 돋보이게 하는 방법

09 관계 진화적 과정에 의한 고객 분류에 의하면, 기업은 가망고객을 발굴하여 신규고객을 유치 할 수 있다.

(① O   ② X   )

✚ 해설 고객은 관계 진화적 과정에 의한 분류에 따라, 잠재고객 – 가망고객 – 신규고객 – 기존고객 – 충성고객의 순으로 진화한다.

10 현대 마케팅적 측면의 고객 분류에 의하면, 아기 장난감을 구매하는 부모는 구매자이고, 장난 감을 사용하는 아기는 소비자이다.

(① O   ② X   )

✚ 해설 현대 마케팅적 측면의 고객분류에서 소비자는 물건이나 서비스를 최종적으로 사용하는 고객이고, 구매자는 물건을 사는 고객이다.

정답 **07** ① **08** ① **09** ① **10** ①

PART 3 **연결형**

※ [11~15] 다음 보기 중에서 고객 유형에 대한 설명에 알맞은 것을 각각 골라 넣으시오.

① 개인적 고객　　② 옹호고객　　③ 경제적 고객　　④ 의사결정고객　　⑤ 잠재고객

11　기업의 제품을 구매하지 않은 사람들 중에서 향후 고객이 될 가능성이 높은 집단이나 아직 기업에 관심이 없는 고객

(　　　　　　　　　　)

✦**해 설** ⑤ 잠재고객 : 상품 또는 서비스를 구매할 가능성이 있는 고객들로 구매고객 직전의 고객을 말한다.

12　개인 대 개인 간의 교류 선호, 일괄된 서비스 보다 나만을 위한 맞춤형 서비스를 원하는 고객

(　　　　　　　　　　)

✦**해 설** ① 개인적 고객

13　단골고객이면서 고객을 추천할 정도의 충성도가 있는 고객

(　　　　　　　　　　)

✦**해 설** ② 옹호고객

14　직접고객의 선택에 커다란 영향을 미치는 개인 또는 집단

(　　　　　　　　　　)

✦**해 설** ④ 의사결정고객

15　최대의 효용을 얻으려는 고객, 경쟁기업 간 정보를 비교하며 구입. 가성비를 최우선으로 여김.

(　　　　　　　　　　)

✦**해 설** ③ 경제적 고객

정답　11 ⑤　12 ①　13 ②　14 ④　15 ③

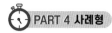

16 다음 사례에서 조직 구매행동의 요인이 어떤 구매의사결정집단에 영향을 받았는가?

> 세일즈맨 : 안녕하세요. 이 대리님! 자주 연락드려 죄송합니다. 그동안 잘 지내셨죠?
>
> 고   객 : 물론이죠! 지난번 견적 건에 대해 궁금해서 오셨지요?
>
> 세일즈맨 : 그렇습니다. 경영진이 견적결과에 대해 궁금해 하셔서요. 염치를 무릅쓰고 찾아뵈었습니다.
>
> 고   객 : 팀장님이 상부에 여러 번 결재 받으려 했지만 아직도 결정을 못하였습니다. 조금 더 기다리셔야 할 것 같아요. 걱정 마시고 돌아가세요! 좋은 결과 있을 겁니다.
>
> 세일즈맨 : 이 대리님만 믿겠습니다. 좋은 소식 기다리겠습니다.
>
> (3일 후 고객에게로 전화)
>
> 세일즈맨 : 안녕하세요. 이 대리님! 지난 번 견적 건 때문에 전화 드렸습니다.
>
> 고   객 : 대단히 죄송합니다. 그렇지 않아도 전화 드리려 했는데 결재 과정에서 품질 수준과 성능면에서 문제가 있어 다른 업체로 발주되었습니다. 죄송합니다.
>
> 세일즈맨 : 잘 알겠습니다. 부족한 부분은 보완해서 다시 찾아뵙겠습니다. 감사합니다.

① 사용자(User)

② 구매자(Buyer)

③ 구매결정권자(Decider)

④ 정보통제자(Gatekeeper)

⑤ 구매영향력자(Influencer)

★ 해 설 구매영향력자(Influencer) : 조직구매의 경우 구매의사결정과정에서 제품의 품질이나 기술면에서 구매의 영향을 주는 영향력자로 주로 기술개발부서, 설계부서, 연구소 등이 해당된다.

정답 16 ⑤

17 다음은 백화점 매장에서 판매사원이 고객들과 대화할 때 많이 사용하는 내용이다. 다음의 예시에 '매슬로우의 욕구 5단계' 중 나타나 있지 않은 욕구 단계는 무엇인가?

> "고객님, 정말 좋은 상품 구매하셨습니다."
> "인상이 너무 좋으셔서 어디서나 환영 받으시겠어요."
> "상품을 고르는 안목이 정말 뛰어나십니다."
> "고객님 같은 과감한 결단력, 정말 존경스럽습니다."
> "입어 보시고 마음에 들지 않으면 언제든지 교환, 환불이 가능합니다."
> "젊은 나이에 이렇게 성공하셔서 참 좋으시겠어요."
> "최신 트렌드를 잘 이해하고 계신데, 무슨 비결이라도 있으신가요?"
> "고객님만큼 이 상품과 어울리는 분도 아마 없을걸요."
> "이 상품은 고객님의 사회적 지위나 성공을 표현하고 있습니다."

① 안전의 욕구
② 존경의 욕구
③ 생리적 욕구
④ 사회적 욕구
⑤ 자아실현의 욕구

✦**해 설** 매슬로우의 욕구 5단계 중에서 1단계에 해당하는 생리적 욕구에 해당하는 말은 백화점 매장 같은 곳에서는 자칫 고객의 기분을 상하게 할 수 있으므로 잘 사용하지 않는다.

정답 **17** ③

⏱ **PART 5 통합형**

※ [18~19] 다음은 고객의 다양한 니즈를 서비스 현장에서 구체적으로 이해하고 적용할 수 있도록 세분화해 본 내용이다.

> 잠재니즈 : 인간의 기본적인 욕구에서 해석되는 니즈. 무의식적으로는 있었으면 좋겠다는 느낌이 있지만 필요하다는 인식을 못하거나 어떤 장애 요소로 인해 욕구가 발전하지 못한 상태
>
> 보유니즈 : 어떤 자극이나 정보에 의해 잠재니즈가 조금 구체화되어 표현된 상태. 구체적으로 니즈가 강화되지는 않았으며 약간의 구매의욕과 필요성을 보유. 니즈의 개발의 유무에 따라 현재니즈로 성장 혹은 잠재니즈로 후퇴할 수 있음.
>
> 핵심니즈 : 고객 개인의 특수한 상황으로 인해 특별히 집중되어 있는 특수한 니즈. 개별 고객의 특수한 상황을 해결하고자 하는 개별적인 니즈. 유연하고 다양한 니즈
>
> 현재니즈 : 필요를 인지하고 구체적인 결정의 과정에서 있음. 니즈를 구체적으로 실현하고자 하는 실행의 단계에 있는 니즈
>
> 가치니즈 : 고객의 만족이 극대화된 단계에서의 니즈. 서비스 제공자와 고객이 함께 과정과 결과에 만족을 느끼는 가장 이상적인 고객니즈의 단계

18 ○○가구회사에서는 상기의 고객니즈 분류를 참고하여 각 대리점이 보유한 고객 명단을 니즈에 따라 다음과 같이 분류해 보았다. 분류가 잘못된 것은 어떤 것인가?

① 상담 후 구매 견적을 요청한 고객 – 잠재니즈
② 방문 후 특별한 상담은 하지 않고 돌아간 고객 – 잠재니즈
③ 전화 문의 후 방문을 예약한 고객 – 보유니즈 혹은 현재니즈
④ 매장 상담 후 자택 방문 실측이 예약되어 있는 고객 – 현재니즈
⑤ 납품 후 만족감을 표현하고 다른 고객을 소개하는 고객 – 가치니즈

✚ **해 설** 구매 견적을 요청한 상태는 현재니즈로 분류, 경우에 따라 보유니즈일 수도 있다.

정답 **18** ①

19 다음은 고객의 서로 다른 니즈별 적절한 서비스 제공자의 역할에 대한 설명이다. 서비스 품질의 차원에서 가장 적절하지 않은 것은?

① 잠재니즈 상태에서 서비스 제공자는 고객이 미처 인지하지 못하고 있는 고객의 욕구를 이해할 수 있도록 도와주어야 한다.

② 보유니즈 상태에서 서비스 제공자는 고객이 표현하는 니즈를 강화시키거나 잠재적인 장애요소 및 염려 사항을 주도적으로 해소시켜주어 현재니즈로 강화할 수 있도록 한다.

③ 핵심니즈 상태에서 서비스 제공자는 고객의 상황과 서비스의 접점을 찾아 고객에게 가장 적합한 해결책을 제시해 줄 수 있어야 한다.

④ 현재니즈 상태에서 서비스 제공자는 고객이 의사결정을 내릴 수 있도록 여유를 가지고 기다려 줄 수 있어야 한다.

⑤ 가치니즈 상태를 위해 서비스 제공자는 서비스 제공에 따른 특정한 결과 뿐 아니라 과정상의 고객 만족을 극대화하려는 목표와 최선의 노력이 필요하다.

✦**해 설** 현재니즈 상태에서는 고객의 의사결정과 실행에 적극적으로 도움을 주어야 한다.

정답 **19** ④

모듈A 비즈니스 커뮤니케이션

SMAT

PART **04**

고객 커뮤니케이션

Service Management Ability Test

제 1 장 커뮤니케이션의 이해

1 커뮤니케이션

1. 커뮤니케이션의 정의
① 하나 혹은 그 이상의 유기체 간에 서로 상징을 통해 의미를 주고받는 과정이다.
② 어원은 라틴어 'communis'에서 유래되었다.
③ 신(神)이 자신의 덕을 인간에게 나누어 준다는 의미로 공동체에서는 의미 있는 전달을 커뮤니케이션이라 한다.
④ 두 사람 이상 상호 간에 어떤 특정한 사항에 대해 유사한 의미와 이해를 만들어 나가는 과정이다.
⑤ 상호 간에 소통을 위해 언어 또는 비언어적인 수단을 통해 상호 노력하는 과정이다.

2. 커뮤니케이션의 중요성
① 커뮤니케이션은 개인이 사회적 생활을 영위하는 기본적 수단이나 도구이다.
② 인간의 모든 생각과 생활에 영향을 미치고 인간관계를 구성하는 근본요소이다.
③ 서비스 직원의 커뮤니케이션은 서비스 품질과 고객만족에 결정적인 영향을 미친다.

3. 커뮤니케이션 과정
① 커뮤니케이션 : 커뮤니케이션은 발신자가 수신자에게 메시지를 전달하는 과정으로 순환적으로 이어지는 하나의 과정이다.

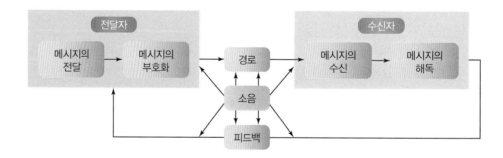

전달자(Source)	메시지를 주는 사람
메시지(Message)	전달하고자 하는 내용을 언어, 문자, 몸짓 등의 기호로 바꾼 것
채널(Channel)	메시지 전달의 통로나 매체(TV, 라디오, 인터넷, 목소리)
수신자(Receiver)	메시지를 받는 사람
효과(Effect)	커뮤니케이션의 결과
피드백(Feedback)	수용자의 반응. 피드백은 커뮤니케이션의 과정을 계속 반복, 순환하게 하는 요소

② 커뮤니케이션의 기능

    ㉠ 정보제공 : 의사결정에 필요한 정보를 제공한다.

    ㉡ 동기부여강화 : 무엇을 해야 하는가를 명확하게 해줌으로써 동기부여를 강화한다.

    ㉢ 구성원 통제 : 구성원의 행동을 조정, 통제한다.

    ㉣ 정서적 기능 : 감정표현과 사회적 욕구 충족을 위한 표출구를 제공한다.

2 커뮤니케이션의 유형

1. 언어적 커뮤니케이션

  ① 언어는 커뮤니케이션의 주요 요소

  ② 인간은 언어를 통해 의미를 표현하고 전달하고 이해한다.

  ③ 수신자가 정확히 받아들일 수 있도록 쉬운 어휘를 사용한다.

  ④ 환영의 의미를 담은 언어를 사용

  ⑤ 긍정적이고 동조의 의미 전달

  ⑥ 질문과 재진술을 통해 의문을 던지고 요점을 명확히 주고받으며 관계를 형성

  ⑦ 기업의 마케팅 활동에 있어 기업신뢰형성에 중요한 역할

2. 비언어적 커뮤니케이션

  ① 비언어적 커뮤니케이션의 의의와 중요성

    ㉠ 언어를 제외한 자극으로 몸짓이나 시각 또는 공간을 상징으로 하여 의사를 표현하는 커뮤니케이션 방법이다.

    ㉡ 언어 없이 이루어지는 생각이나 감정소통의 상태이다.

    ㉢ 커뮤니케이션의 93%가 비언어적 채널로 구성되어 의미 전달에 많은 영향을 미친다.

    ㉣ 언어와 더불어 여러 기능을 수행한다.

    ㉤ 정보가 전달되는 상황과 해석에 대한 중요한 단서를 제공한다.

　　　　ⓑ 무의식적으로 드러나는 경우가 많으므로 신뢰성이 높은 의사전달 수단이다.

　　　　ⓢ 감정적, 정서적인 정보를 전달한다.

　　② 비언어적 커뮤니케이션의 유형

　　　　㉠ 신체언어 : 얼굴 표정, 눈의 접촉, 고개 끄덕이기, 몸의 움직임, 자세

　　　　㉡ 의사언어 : 공식적 언어가 아닌 인간이 발생시키는 갖가지 소리를 의미. 말투, 음조의 변화, 음고, 음량의 정도, 말의 속도, 발음

　　　　㉢ 신체적 외양 : 신체적 매력, 복장, 두발

　　　　㉣ 공간적 행위 : 육체적 공간 거리를 어떻게 유지하고 어떤 의미를 부여하는가 하는 것

　　　　　　ⓐ 상대에 대한 친밀감, 신뢰도, 관심, 흥미, 태도 반영

　　　　　　ⓑ 친밀한 거리(0~45cm), 개인적 거리(45cm~80cm)

　　　　　　ⓒ 사회적 거리(80cm~1.2m), 대중적 거리(1.2m~3.7m)

❸ 커뮤니케이션의 갈등 원인

1. 수신자의 문제

　　① 경청의 문제

　　② 부정확한 피드백

　　③ 왜곡된 인지와 감정적 반응

　　④ 선입견과 신뢰도 결핍

　　⑤ 평가적 경향

2. 발신자의 문제

　　① 목적의식 부족

　　② 미숙한 대인관계

　　③ 메시지 전달능력 부족

　　④ 혼합 메시지 사용

　　⑤ 오해와 편견

　　⑥ 정보의 여과

3. 상황별 장애 원인

　　① 시간의 압박

② 과중한 정보
③ 어의상의 문제
④ 비언어적 메시지
⑤ 분위기

✦ 이중메시지
　혼합메시지라고 하며 언어적, 비언어적으로 불일치하여 커뮤니케이션의 오류를 야기하는 메시지

---

④ 조직 커뮤니케이션

1. 조직 커뮤니케이션의 정의와 중요성
① 조직 목표를 성공적으로 수행하기 위해서는 체계적으로 조직화된 커뮤니케이션이 필요하다.
② 조직 구성원 간의 신뢰감을 형성, 업무의 시너지 효과를 창출, 직장 내 분위기를 긍정적으로 조성한다.
③ 조직 내에서 구성원 간의 의사전달 시스템과 분위기를 조성한다.
④ 잘못 전달된 메시지로 인해 예상치 못한 결과를 초래하여 손실이 발생할 수 있다.

2. 조직 커뮤니케이션의 유형과 형태
① 유형
　㉠ 공식적 커뮤니케이션 : 하향적, 상향적, 수평적 커뮤니케이션
　　ⓐ 하향적 커뮤니케이션 : 상급자로부터 하급자에게 전달되는 명령이나 지시
　　ⓑ 상향적 커뮤니케이션
　　　㉮ 하급자의 성과나 의견, 태도 등을 상위로 전달하는 과정
　　　㉯ 조직 내의 쌍방향 커뮤니케이션을 가능하게 한다.
　　　㉰ 하향적 커뮤니케이션의 단점을 보완할 수 있다.
　　ⓒ 수평적 커뮤니케이션
　　　㉮ 위계수준이 같은 구성원이나 부서 간의 커뮤니케이션을 의미
　　　㉯ 상호작용적 커뮤니케이션이다.
　㉡ 비공식적 커뮤니케이션
　　ⓐ 인간의 욕구에 근거하여 자생적으로 이루어지는 커뮤니케이션
　　ⓑ '그레이프바인(Grapevine)'이라는 용어 사용

ⓒ 비공식적 커뮤니케이션은 정보전달이 선택적이고 임의적으로 진행

ⓓ 정보가 전달되는 과정에서 정확성이 떨어져 의도와 다르게 정보 전달

ⓔ 전달속도가 빨라서 긍정적인 의사전달의 경우에는 조직에 긍정적인 측면으로 활용 가능

> ✦ 그레이프바인
>
> 비공식적 커뮤니케이션으로 포도덩굴이라는 뜻인 그레이프바인은 부정적인 의미를 함축하고 있으며 복잡한 인간관계 속에서 의사소통의 왜곡, 소문, 풍문, 구전 등의 뜻으로 사용된다. 정확성이 떨어지긴 하지만 빠른 전달속도를 가지고 있으며 구성원 간의 아이디어 전달 경로가 되기도 하나 비생산적인 소문일 경우 조직 내 갈등을 유발할 수도 있다.

② 형태

　㉠ **쇠사슬형** : 공식적인 계통과 수직적인 경로를 통하여 정보전달이 이루어지는 형태이다.

　㉡ **수레바퀴형** : 조직 내에 중심인물이 존재하는 경우에 나타난다. 상황파악 및 문제해결이 신속하다.

　㉢ **Y형** : 대다수의 구성원을 대표하는 리더가 존재하는 경우 나타난다.

　㉣ **원형** : 조직 내 뚜렷한 서열이 없을 경우 나타난다.

　㉤ **상호연결형** : 바람직한 커뮤니케이션 유형으로 리더 없이 구성원 누구나 다른 사람들과 커뮤니케이션을 주도할 수 있는 형태이다.

3. 조직 커뮤니케이션의 장애요인

① 정보의 과다

② 메시지의 복잡성(어의상의 문제)

③ 신뢰의 부족

④ 커뮤니케이션 풍토

⑤ 시간의 압박

⑥ 상이한 지위와 과업지향성

⑦ 비언어적 커뮤니케이션의 오용

4. 오류의 부정적 효과

① **낭비** : 시간적 손실, 금전적 손실, 비효율적 업무 등

② **업무장애** : 직원의 직무 불만족, 업무상 어려움

③ **재작업** : 재작업 시 업무손실 발생

④ **거부** : 기대수준에 미달하는 서비스와 태도 발생

5. 조직 커뮤니케이션의 개선방법

① 전달자의 커뮤니케이션 개선 : 수용자 입장에서 생각

　㉠ 분명하고 적절한 어휘 사용과 사례를 들어 설명

　㉡ 사후 검토와 피드백 활용

　㉢ 구두 지시와 메모를 반복 사용

　㉣ 장소, 분위기, 시간 등 물리적 환경을 효과적으로 활용

② 수신자의 커뮤니케이션 개선

　㉠ 적극적으로 경청함.

　㉡ 전달자의 메시지를 자신의 언어로 재진술하여 수용함.

③ 제도적 노력

　㉠ 고충 처리 제도, 제안 제도 등의 마련으로 구성원들의 의견을 조사

　㉡ 핫라인 설치

　㉢ 매트릭스 미팅 : 직급 간 여러 가지 경우의 수에 맞추어 미팅함.

5 조직 커뮤니케이션 활성화 방안

1. 공동목표제시

협력을 위해 조직 구성원이 대등한 위치에서 토의와 논쟁을 자유롭게 할 수 있는 건설적인 대립문화를 구축한다.

2. 핵심 메시지로 승부

핵심 메시지는 반복적으로 강조하고 구성원들이 충분히 인지하며 공감할 수 있도록 구체적인 사례로 제시한다.

3. 칭찬과 격려

구성원들은 리더의 영향을 받아 비슷한 감정을 가지는 경향이 있으므로 칭찬과 격려로 긍정적 감정을 전파시킨다.

4. 긍정적, 부정적 피드백의 활용

긍정적 피드백과 부정적 피드백을 적절한 비율로 조합한다. 부정적 피드백 시 사실에 기초하여 문제 자체에 집중한 피드백을 한다.

제2장 효과적인 커뮤니케이션 기법과 스킬

1 커뮤니케이션의 이론

1. 피그말리온 효과(Pygmalion effect)

① 누군가에 대한 믿음이나 기대 또는 예측이 타인에게 그대로 실현되는 경향으로 로젠탈 효과 (Rosental effect)라고도 한다.

② 다른 사람으로부터 긍정적인 기대를 받게 되면 그 기대에 부흥하기 위해서 더 노력하게 되며 실제로 긍정적인 결과가 나오는 효과이다.

2. 로젠탈 효과(Rosental effect)

① 심리학에서는 피그말리온 효과라고 불린다.

② 피그말리온 효과의 교육적 영향을 확인하기 위해 하버드대학교 로젠탈 교수는 교사가 학생에게 거는 기대가 실제로 학생의 성적향상에 효과를 미친다는 것을 입증하였다.

3. 낙인 효과(Stigma effect)

① 타인으로부터 부정적인 낙인이나 인식을 받으면 의식적으로나 무의식적으로 실제 그렇게 행동 하게 되는 효과이다.

② 상대방에게 무시를 받거나 치욕을 당한 경우 부정적인 영향을 당한 당사자는 실제로 부정적으 로 변해갈 수 있다.

③ 부정적인 평가는 편견을 만들게 되고 이미지와 인간관계에도 반영되어 인상 형성에 영향을 준다.

3. 플라시보 효과(Placebo effect)

① 심리적으로 긍정적인 믿음이 신체를 자연으로 치유하는 데 역할을 한다는 것을 의미한다.

② 효과가 없는 약임에도 의사가 환자에게 병을 낫게 해줄 거라는 긍정적인 믿음을 주어 환자의 병이 호전된 실험을 바탕으로 한다.

4. 노시보 효과(Nocebo effect)

플라시보 효과와 반대의 의미로 좋은 효능이 있는 약일지라도 환자가 부정적으로 생각하고 약 의 효능을 믿지 못하면 실제로 상태가 개선되지 않는 현상이다.

5. 호손 효과(Hawthorne effect)

① 다른 사람들이 지켜보고 있다는 사실을 의식하면서 스스로의 본성과 다르게 행동하는 것을 의미한다.

② 호손 웍스라는 공장의 근로자들의 행동을 관찰할 때 생산성이 일시적으로 향상된 현상을 발견하였다.

③ 호손 효과의 의미가 확장되어 어떤 새로운 것에 관심을 기울이거나 관심을 더 쏟는 것에 따라 개인의 행동과 능률에 변화가 일어나는 현상을 포함한다.

6. 바넘 효과(Barnum effect)

① 누구에게나 해당되는 일반적인 특성을 자신에게만 해당되는 특성으로 받아들이는 심리적 경향이다.

② 자신에게 유리하거나 좋은 것일수록 강해지며 자신의 특성을 주관적으로 생각하거나 정당화하려 한다.

7. 링겔만 효과(Ringelmann effect)

① 집단 속에 참여하는 사람의 수가 늘어날수록 성과에 대한 1인당 공헌도가 떨어지는 집단적 심리 현상을 말한다. ⓐ 줄다리기 실험

② 다수라는 익명성 뒤에 '나 하나쯤이야'라는 인식으로 나타난다.

8. 잔물결 효과(Ripple effect)

① 호수에 돌을 던졌을 때 돌이 떨어진 지점부터 동심원의 물결이 일기 시작하여 가장자리까지 파동이 이어지는 데서 붙여진 이름이다.

② 하나의 사건이 연쇄적으로 영향을 미치는 것을 나타낸다. 조직 구성원 일부에게 처벌과 같은 부정적인 형태의 압력이 공개적으로 가해졌을 때 다른 구성원들에게도 부정적 영향력이 전달되는 것을 말한다.

9. 넛지 효과(Nudge effect)

① 강압하지 않고 사람들의 선택을 유도하는 부드러운 개입을 뜻하는 말이다.

② 팔을 잡아 끄는 것처럼 강제와 지시에 의한 억압보다는 팔꿈치로 슬쩍 찌르는 것과 같이 간접적인 개입법으로 개인의 선택을 유도하는 것이 더 효과적이다.

③ 비용을 많이 들이지 않고도 사람들의 자유의지를 존중하면서 긍정적인 태도 변화를 이끌어 낼 수 있다. ⓐ 남자 화장실의 문구

② 효과적인 커뮤니케이션의 기법과 스킬

1. 효과적인 커뮤니케이션의 기본
① 명확한 목표 설정 : 전달하고자 하는 내용과 얻고 싶은 내용에 대한 명확한 목표를 설정한다.
② 적절한 커뮤니케이션 수단의 활용 : 언어적인 수단과 비언어적인 수단의 일치를 생각하며 상대방에게 직접적으로 의사표현한다.
③ 피드백의 활용 : 전달자는 자신의 메시지가 잘 전해지고 있는지 확인해야 한다.
④ 공감적 관계 형성 : 공감은 상대방에게 내면적 의미까지 알고 이해하고 있다는 것을 전달해 주는 것이다.
⑤ 부드럽고 명확한 전달 : 말끝을 흐리지 말고 자신감 있게 말한다. 숫자를 즐겨 사용하고 발음을 분명하게 한다.

2. 관계형성을 위한 라포(Rapport)
① 서로의 마음이 통하는 상태를 의미하며 상호 간에 호감을 갖고 공감대를 형성하는 것이다.
② 사람과 사람 사이에 생기는 상호 신뢰관계를 의미하는 심리학 용어이다.
③ 라포를 형성하기 위해서는 타인의 감정, 사고, 경험을 이해할 수 있는 공감대 형성을 위해 노력해야 한다.
④ 라포는 '가져오다, 참조하다'라는 프랑스어에서 파생된 말이다.

3. 경청기법
① 경청
  ㉠ 경청은 상대방의 말을 단순히 듣기만 하는 것이 아니라 귀 기울여 주의깊게 듣고 이해된 바를 피드백 해 주는 것을 의미한다.
  ㉡ 사람들은 이야기를 들은 후 10분이 경과하면 내용의 50%만 기억하고 48시간이 경과하면 기억의 정도는 25%로 줄어든다.
② 경청의 장애요인
  ㉠ 평가적인 청취 : 상대방의 말과 내용에 대해 잘못된 점을 지적하고 판단하는 것에 열중하면서 들음.
  ㉡ 낮은 관심과 무관심 : 메시지의 내용에 대해 관심이 낮거나 무관심 함.
  ㉢ 말하기를 선호 : 상대방의 말을 듣는 것보다 말하기를 선호함.
  ㉣ 편견과 선입견 : 전달자에 대한 평판이나 근거없는 편견을 가짐.
  ㉤ 문화적 차이 : 국가별 문화적 차이가 경청의 장애요인이 될 수 있음.

③ 효과적인 경청방법

　㉠ 말하지 말고 말하는 사람에게 동화되도록 노력한다.

　㉡ 상대방의 의견을 먼저 인정하고 난 후에 자신의 생각을 말한다.

　㉢ 질문을 통해 전달자의 메시지에 관심을 집중시켜야 한다.

　㉣ 자신의 경험과 비교하면서 듣지 않는다.

　㉤ 지레짐작하거나 주관적인 판단을 하지 않는다.

　㉥ 산만해질 수 있는 요소를 제거하고 메시지의 요점에 관심을 둔다.

　㉦ 동의할 수 있는 부분을 찾아 온몸으로 맞장구를 친다.

④ 경청의 기법

　㉠ 경청 1, 2, 3 기법 : 자신은 1번 말하고 상대의 말을 2번 들어주며, 대화 중에 3번 맞장구를 친다.

　㉡ B.M.W. 공감적 경청

　　ⓐ Body(자세) : 표정과 자세, 움직임을 상대에게 집중한다.

　　ⓑ Mood(분위기) : 말투나 음정, 음색, 말의 빠르기, 높낮이 등을 고려한다.

　　ⓒ Word(말의 내용) : 상대가 원하는 바를 파악하고 집중하며 듣는다.

　㉢ **적극적 경청기법** : 태도, 신념, 감정, 직관을 상대를 중심으로 경청한다.

　㉣ **질문활용 경청기법** : 오해나 왜곡의 여지가 있는 내용은 질문을 통해 이해함으로써 상호 간의 신뢰를 쌓는 대화를 할 수 있다.

　㉤ 경청 Family 법칙

• Friendly	–	친절하게 경청
• Attention	–	집중하며 경청
• Me, too	–	공감하며 경청
• Interest		관심 갖고 경청
• Look	–	바라보며 경청
• You are centered	–	상대를 중심으로 경청

4. 질문기법

① 질문의 정의 및 중요성

　㉠ 질문은 상대방과 원활한 대화를 이끌기 위한 적극적인 행동이다.

　㉡ 질문은 상대방의 의견을 변화시키는 적극적인 기능도 수행한다.

　㉢ 질문을 통해 답을 얻을 수도 있으며 필요한 정보도 얻을 수 있다.

ㄹ 질문은 질문하는 사람과 받는 사람의 사고를 자극한다.

ㅁ 질문을 함으로써 스스로 설득이 된다.

ㅂ 질문은 대답을 요구하므로 유리한 입장에 서게 되며 상황을 통제하게 된다.

② **효과적인 질문방법**

ㄱ 다양한 정보를 알 수 있고 대화가 이어질 수 있는 질문을 한다.

ㄴ 효과적인 질문은 상대방의 심리적 방어를 해소할 수 있다.

ㄷ 상대방이 힘들거나 불편한 질문은 오히려 대화의 방해 요소가 된다.

ㄹ 효과적인 질문은 정보수집을 가능하게 하며 필요 시 주위를 환기시키는 데도 도움이 된다.

③ **개방형 질문**

ㄱ 상대방이 자유롭게 의견이나 정보를 말할 수 있도록 묻는 질문이다.

ㄴ '무엇을, 어떻게'를 포함하는 질문으로 많은 정보를 얻을 수 있다.

　　예 사용해본 제품은 어땠나요? 음료는 어떤 걸로 하시겠습니까?

④ **폐쇄형 질문** : 정해진 선택지 중에서 답을 선택하도록 제한된 답을 요구하는 질문이다.

　예 오늘 하루 즐거우셨죠?

⑤ **확인형 질문** : 상대방에게 의견을 최종확인하고자 하는 질문이다.

　예 고객님, 예약하신 날짜가 10월 1일이 맞습니까?

⑥ **양자택일 질문** : 결론을 내리지 못해 망설이는 경우 상대를 유도하거나 결론을 얻어내는 데 효과적임.

　예 음료는 콜라와 사이다 중 어떤 걸로 하시겠습니까?

✦ **질문의 7가지 힘**
- 답을 얻을 수 있다. - 정확한 질문을 통해 원하는 답을 얻을 수 있다.
- 생각을 자극한다. - 질문은 끊임없이 생각을 자극하는 역할을 한다.
- 정보를 얻는다. - 질문은 정보를 얻는 가장 기본적인 수단이다.
- 통제가 된다. - 질문을 통해 자신의 감정을 통제하고 상황을 통제할 수 있다.
- 마음을 열게 한다. - 상대방이 자신을 드러낼 수 있도록 개방형 질문을 한다.
- 귀를 기울이게 한다. - 분명한 대답을 듣게 되고 중요한 일에 집중하기 쉬워진다.
- 스스로 설득이 된다. - 자신에게 질문하도록 도우면 스스로 설득이 된다.

5. 말하기 스킬

신뢰 화법	상대방에게 신뢰감을 줄 수 있도록 '다까체'(정중한 화법, 70%)와 '요죠체'(부드러운 화법, 30%)를 적절히 활용 ⑩ 입니다, ~입니까?(다까체), ~에요, ~죠?(요죠체)
쿠션 화법	• 양해나 부탁을 할 경우 상대방 감정을 덜 다치게 대화하는 화법 • 단호, 단정적인 표현보다는 미안함의 마음을 먼저 전하며 원만하고 부드럽게 대화를 이끌어 나감. 　⑩ "죄송합니다만", "실례합니다만", "번거로우시겠지만", "괜찮으시다면"
레이어드 화법 (청유형 표현)	지시형, 명령형 표현보다는 의뢰형, 권유형 등의 질문 형식으로 전달하는 화법 ⑩ "~해 주시겠습니까?", "잠시만 기다려 주시겠습니까?"
긍정화법	부정적 표현보다는 긍정적으로 바꿔 전달하는 화법 ⑩ "이곳에서는 담배를 피우시면 안됩니다!" → "나가시면 흡연실이 마련되어 있습니다."
Yes, But 화법	상대방에게 반대의 의견을 전달해야 할 때, 간접적인 부정형 화법으로 상대방의 입장을 먼저 수용하고 긍정한 다음 자신의 의견과 생각을 표현 ⑩ "예, 맞습니다. 그러나 저의 생각은 ~"
아론슨 화법	• 미국의 심리학자 아론슨(Aronson)의 연구에서 유래. 사람들은 비난을 듣다 나중에 칭찬 받게 됐을 경우 계속 칭찬을 들어온 것보다 더 큰 호감을 느낌. • 선부정 후긍정 → 부정의 내용을 먼저 말하고 긍정의 내용을 나중에 말하는 편이 효과적임. 　⑩ "가격이 비싸지만 비싼만큼 품질이 최고입니다."
나 전달 화법 (I-메시지 사용)	대화의 주체가 '너'가 아닌 '내'가 되어 전달하고자 하는 화법 ⑩ "자네 또 지각인가?" → 너 전달 화법(You-message) 　"난 자네가 늦어서 혹시 무슨 일이 있나 걱정했다네." → 나 전달 화법(I-message)
PREP 화법	• P(Point, 주장) : 짧고 명료하게 결론을 말함. • R(Reason, 이유) : '왜냐하면'의 근거 제시 • E(Example, 예시) : 사례 제시 • P(Point, 주장) : 다시 결론을 강조

제3장 감성 커뮤니케이션

1 감성지능

1. 정의 및 등장배경

① 감성지능은 감정 정보처리능력으로, 자신과 타인의 감정을 정확하게 지각하고 인식하며, 적절하게 표현하는 능력을 통해 삶을 향상시키는 방법이다.

② 감정을 효과적으로 조절하는 능력, 즉 동기를 부여하고 계획을 수립하며 목표를 성취하기 위하여 감정들을 이용해 자신의 행동을 이끄는 능력을 의미한다.

③ 지식정보화시대는 상호존중하고 신뢰하는 조직문화를 선호하게 되면서 감성지능의 중요성이 대두되었다.

④ 21세기의 사회는 주관적이고 비전이 있는 자세, 창조적, 직관적인 행동을 유발하는 감성지능이 절실히 필요하게 되었다.

2. 감성지능과 조직성과

① **직무만족도 향상** : 직장에서 느끼는 개인의 긍정적인 감성(사랑, 감정이입, 열정 등)은 업무를 향상시켜 직무에 대한 만족도를 높인다.

② **리더십 발휘** : 긍정적인 감성은 구성원의 자발적인 이타 행동을 증가시키며, 구성원들에 대한 리더십을 발휘하게 한다.

③ **조직 효율성 극대화** : 감성은 동료와 상사 간의 높은 신뢰를 형성하여 조직의 효율성을 극대화한다.

④ **동기유발과 직무몰입** : 감성은 업무수행에 대한 동기를 유발시켜 직무에 대한 헌신과 몰입을 하게 한다.

⑤ **긍정적 감성 전환** : 조직 환경의 변화, 상사와 부하 간의 활발한 의사소통, 민주주의적 조직문화로의 변화 등이 구성원의 감성을 긍정적으로 전환시킬 수 있다.

3. 감성지능의 하위구성요소

① 자기인식(self-awareness)

ㄱ 자신의 감정을 빨리 인식하고 알아차리는 능력, 감정에 이름 붙이기

ㄴ 자신의 감정을 이해하고 있는 그대로 표현할 수 있는 능력

② 자기조절(self-management) : 자신의 감정을 적절하게 관리하고 조절할 줄 아는 능력

③ 자기동기화(self-motivating)
　　㉠ 어려움을 찾아내고 자신의 성취를 위해 노력하며 자기 스스로 동기 부여하는 능력
　　㉡ 힘들거나 어려운 일이 발생 시 회복탄력성을 발휘할 수 있는 능력
④ 감정이입(empathy) : 타인의 감정을 인식하고 이해하는 능력을 의미
⑤ 대인관계기술(social skill) : 대인관계에서 타인의 감성에 적절하게 대처하고 관계를 조성할 수 있는 능력

◎ 이성과 감성 비교

구분	감성	이성
조직 내 구성원들에게 요구된 행동	자연적	기계적
	주관적	객관적
	비전이 있는 자세	실용주의
	네트워크 강조	계급 중시
	지지	명령
	인격적	비인격적
업무수행에 대한 관점	과정 중시	결과 중시
	다양한 아이디어	일관된 행동
	창조적	안정적
	직관적	분석적
	질적 요소	양적 요소

❷ 감성 커뮤니케이션

1. 감성 커뮤니케이션의 역할
① 자신과 타인의 감성을 제대로 평가하고 변별하여 효과적으로 표현할 수 있다.
② 효과적으로 감성을 조절할 수 있다.
③ 자신의 삶을 주도적으로 계획하고 성취해 나갈 수 있다.
④ 좌절상황에서도 개인을 동기화시키고 자신을 지켜낼 수 있게 한다.
⑤ 타인에 대해 공감할 수 있고 희망적인 관계를 형성할 수 있다.
⑥ 환경적 요구에 효과적으로 대처할 수 있다.
⑦ 감성지능은 자신의 감성을 인식하고 적절히 유지하여 스스로 동기부여를 하게 된다.

2. 감성 커뮤니케이션 스킬

① 자기인식 단계

　㉠ 효과

　　ⓐ 스트레스 상황에서 빨리 벗어날 수 있다.

　　ⓑ 자기 감정에 대한 정확한 정보를 가지고 있고 명확히 표현한다면 최적의 컨디션을 유지할 수 있고, 주변 사람들과 원만한 관계를 유지할 수 있다.

　㉡ 방법

　　ⓐ 자신에게 떠오르는 감정을 인식하여 감정에 이름을 붙여 보는 연습

　　ⓑ 자신에게 느껴지는 감정 적기

　　ⓒ 명상을 통해 정신을 집중하여 자신을 관찰 : '나는 고객을 좋아하는가?', '왜?', '어떤 때 고객이 싫은가?', '그때의 나의 감정은 무엇인가?' 등을 생각하고 정리

② 자기 감정 조절

　㉠ 효과

　　ⓐ 감정 조절을 잘 하는 사람은 부정적인 감정 정리 가능

　　ⓑ 긍정적인 감정을 유지하는 시간을 길게 하여 부정적인 감정보다는 긍정적인 감정의 비율을 높일 수 있는 능력

　㉡ 방법

　　ⓐ 감정을 표현할 때와 그렇지 않아야 할 때를 인지

　　ⓑ 자신을 흥분시키는 자극들에 대한 정보를 수집

　　ⓒ 자신이 원하는 결과가 무엇인지 확실하게 정리

　　ⓓ 스트레스를 관리

　　ⓔ 심상법을 활용

③ 자기동기화 단계

　㉠ 효과

　　ⓐ 자신에 대해 긍정적이고 유연한 사고의 가능

　　ⓑ 자신감을 불러일으키고 힘든 상황을 견딜 수 있는 능력을 제공

　　ⓒ 긍정적이고 원활한 '소통' 형성

　㉡ 방법

　　ⓐ 구체적인 목표 설정

　　ⓑ 충동을 억제

　　ⓒ 실패의 원인을 다른 관점에서 찾기

　　ⓓ 자신의 감정 상태를 긍정적으로 유지하려 노력

　　ⓔ '다행이다'라는 상황 찾기

④ 타인감정인식 단계

   ⊙ 효과

      ⓐ 타인의 감정을 공감함으로써 감성적인 안정감을 주고 활력을 제공

      ⓑ 동질감을 느끼게 하고 신뢰감을 형성

      ⓒ 적응력이 향상되고, 자신에 대해 개방적인 사고

   ⓒ 방법

      ⓐ 자신의 감정인식과 조절, 자기 동기화의 선행 필요

      ⓑ 타인에게 관심

      ⓒ 타인의 대한 정보와 타인이 처한 상황에 대해 파악

      ⓓ 표정, 제스처, 목소리 등으로 표현되는 감정을 이해

⑤ 대인관계능력 단계

   ⊙ 효과

      ⓐ 원만한 대인관계를 유지

      ⓑ 타인의 반응을 능숙하게 통찰

      ⓒ 지도력과 조직력, 갈등상황에 뛰어난 능력 발휘

   ⓒ 방법

      ⓐ 왜 타인과 관계를 형성하면서 소통하고 싶은지 동기 탐색

      ⓑ 건강한 자신감을 갖고, 자신의 능력을 인정해 줄 타인과 적극적으로 접촉

      ⓒ 긍정적이든 부정적이든 자신의 상태와 감정을 적절한 때에 적절한 방법으로 표현

      ⓓ 사고의 확장과 다양한 견해와 관점 갖기

제 **4** 장 설득과 협상

1 설득

1. 설득의 정의와 과정

① 설득자가 원하는 방향으로 다른 사람이 행동하게 하는 힘을 지닌 커뮤니케이션이다.

② 설득이란 타인의 태도와 행동의 변화라는 특정한 목적을 가진 주체가 대상에게 메시지를 전달하는 행위이다.

2. 설득의 기본원칙

① 선호도 파악

　㉠ 고객이 좋아하는 것과 고객의 직업, 사회적 배경, 취미 등 기본 정보를 파악한다.

　㉡ 고객의 특성이나 의도를 정확하고 신속하게 파악하는 것이 필요하다.

② 동기유발

　㉠ 설득 중 난관에 부딪혔을 때 다양한 방법으로 대화를 지속해 나갈 수 있는 동기를 제공해야 한다.

　㉡ 상대방이 긍정적인 방향으로 행동할 수 있도록 자신감을 심어준다.

　㉢ 적절한 질문을 통해 상대방을 참여시킨다.

③ 분명한 메시지 전달

　㉠ 상대가 이해하기 쉬운 적합한 표현을 사용한다.

　㉡ 대화의 목표와 원하는 결과에 대해 명확하게 생각한다.

④ 경청

　㉠ 상대의 말에 귀 기울이고 반응을 보며 대화한다.

　㉡ 일방적인 대화만으로는 설득하기 어렵다.

⑤ 칭찬과 감사의 표현 : 진심으로 건네는 칭찬과 감사의 표현은 상대방의 마음을 긍정적인 방향으로 움직일 수 있다.

3. 설득의 6가지 기술

① 이심전심

　㉠ 문자나 언어 없이 남을 깨닫게 한다.

　㉡ 손짓, 미소, 표정, 자세 등 비언어적 커뮤니케이션을 사용하여 메시지를 전달한다.

     ⓒ 시각에 호소하는 언어를 사용한다.

② **역지사지**

     ㉠ 다른 사람의 처지에서 생각한다.

     ⓒ 상대에 대한 따뜻한 배려로 설득한다.

     ⓒ 비난하고 강요하기 전에 상대의 마음을 헤아리는 모습을 보여준다.

③ **감성자극** : 이메일, 편지, 문자 등 다양한 채널로 접근하여 감성을 자극한다.

④ **촌철살인**

     ㉠ 상대의 의도를 간파하는 짧은 한 마디로 상대의 마음을 무너뜨릴 수 있는 설득 기법이다.

     ⓒ 전문가 및 유명인사의 말을 인용한다.

⑤ **은근과 끈기**

     ㉠ 상대가 조금씩 마음이 열릴 시간적 여유를 주어야 한다.

     ⓒ 여러 번 설득의 기회를 갖는 것이 중요하다.

⑥ **차분한 논리**

     ㉠ 나의 이야기에 반대하는 상대를 논리적으로 설득하려고 노력해야 한다.

     ⓒ 숫자 등 구체적 자료를 제시한다.

     ⓒ 반론에 대한 데이터까지 준비한다.

✦ 설득의 6대 법칙(『설득의 심리학』, 로버트 치알디니)
- 상호성의 법칙 : 상대방에게 먼저 베푼다.
- 희귀성의 법칙 : 독특한 특징과 정보를 이용해 차별화한다.
- 권위의 법칙 : 내가 알고 있는 것을 보여 주고 신뢰를 얻는다.
- 일관성의 법칙 : 스타팅 포인트를 두고 지속적인 설득을 한다.
- 호감의 법칙 : 상대방과 친밀한 관계를 만든다.
- 사회적 증거의 법칙 : 다수의 증거, 다수의 힘을 이용한다.

---

② 협상

1. 협상의 정의

① 협상(negotiation)이란 타결의사를 가진 둘 또는 그 이상의 당사자 사이에 양방향 의사소통을 통하여 상호 만족할 만한 수준으로의 합의(Agreement)에 이르는 과정이다.

② 협상은 상대방이 원하는 바를 충분히 분석해 상대방과 나의 입장을 동시에 만족시킬 수 있는 다양한 대안을 만들기 위한 노력이다.

③ 협상은 당사자들이 복잡한 갈등에 대한 상호적으로 받아들일 수 있는 해결책을 찾아내는 win-win 상황을 의미한다.

④ 타협은 경쟁적·win-lose 상황을 기술하고 협상을 통한 창조보다는 양보나 타협을 도출해내는 흥정 측면을 강조하고 있다.

2. 협상의 기본원칙

① 목표가 확실해야 좋은 결과를 얻는다.

② 목표를 뒷받침할 수 있는 협상 기반을 마련한다.

③ 협상 장소는 홈그라운드와 같이 유리한 장소에서 한다.

④ 첫인상이 협상을 좌우한다(우호적인 분위기 조성).

⑤ 전문용어를 많이 사용하지 않고 알기 쉬운 단어, 명확한 단어, 절제된 표현 등을 사용한다.

⑥ 경청을 통해 상대방을 대화에 끌어들이고 정보를 얻는다.

⑦ 협상에 도움이 되는 문서나 AV기기 등을 적절하게 사용한다.

⑧ 협상 대상이나 기업에 대해 자세하게 조사한다.

⑨ 상대방의 성격이나 대화법 등 협상스타일을 파악한다.

3. 협상의 5대 요소

① **목표 설정(goal setting)** : 협상 목표는 구체적이고 명확하며 높게 설정할수록 높은 성과를 창출한다.

② **협상력(bargaining power)**

ㄱ 협상테이블에서 원하는 것을 얻어낼 수 있는 능력을 의미한다.

ㄴ 협상력의 4대 결정 요인 : 협상자의 지위, 시간 제약, 상호 의존성, 내부 이해관계자의 반발

③ **관계(relationship)**

ㄱ 협상에서는 좋은 인간관계나 친분관계 또는 신뢰관계가 중요하다.

ㄴ 협상자 간 관계의 유형

ⓐ 지원적 관계(supportive relationship), 거래적 관계(transactional relationship) 및 적대적 관계(hostile relationship)

ⓑ 개인적 관계(interpersonal relationship)와 업무적 관계(working relationship)

ㄷ **관계의 5대 구성 요소** : 신뢰(trust), 공통점(commonality), 존경(respect), 공통관심(common concern), 감동성(being emotional, emotionality, emotiveness)

④ **정보(information)**

ㄱ 파악해야 할 기본 정보 : 상대의 협상 목적, 상대의 협상 전략과 바트나, 상대의 내부 이해관계자 간의 갈등, 상대의 약점과 강점, 상대의 시간 제약, 상대 협상 대표의 개인적 정보

ⓛ 정보의 원칙

  ⓐ 정보의 양(가능한 많은 정보)

  ⓑ 정보의 질(신뢰할만한 정보)

  ⓒ 정보의 교환(양방향의 정보 흐름)

⑤ BATNA(바트나) : 최선의 대안(Best Alternative To a Negotiated Agreement)의 약자로 협상자가 합의에 도달하지 못했을 경우 택할 수 있는 다른 좋은 대안, 차선책을 의미한다. 협상에 착수하기 전부터 자신이 가진 대안을 충분히 검토하고 준비하는 자세가 필요하다.

✦ BATNA(최선의 대안 : Best Alternative To a Negotiated Agreement)

• 합의에 도달하지 못했을 때 택할 수 있는 최선의 대안, 차선책이다.
• BATNA가 없는 당사자는 거래주도자가 아닌 거래수용자이다.
• 협상이 결렬되었을 때 취할 수 있는 행동계획으로 협상타결을 위한 필요조건이다.
• 바트나가 좋은 경우 무조건 상대에게 간접적으로 알려야 한다.
• 바트나는 이성적 판단에 따라 협상을 결렬시킨 협상의 한계선으로 바트나보다 나은 제안은 수락하고 그에 미치지 못한다면 제안은 단호히 거부하게 된다.
• 바트나를 지속적으로 개발하여 유리한 조건으로 효과적인 협상을 하도록 한다.
• 협상의 승패는 바트나의 유무에 따라 확연히 달라진다.
• 상대방에 대한 압박 전술로 활용할 경우도 있다.

---

4. 협상의 유형과 전략

① 협상의 3가지 유형

 ㉠ 분배형 협상

  ⓐ 하나를 놓고 당사자들이 나누는 유형이다.

  ⓑ 단순 분배이므로 한쪽이 많이 가지면 다른 한쪽은 그만큼 손해를 보는 협상이다(= 제로섬 게임).

 ㉡ 이익교환형 협상 : 당사자들이 원하는 것의 차이를 찾아 양쪽 모두 최대한 만족할 수 있도록 하는 방법이다.

 ㉢ 가치창조형 협상 : 당사자들이 서로 협력하여 새로운 해결책을 찾아내는 유형이다.

② 협상의 5가지 전략

 ㉠ 문간에 발 들여놓기(Foot in the Door) : 처음에는 작은 요청으로 시작하여 점점 요구수준을 높이는 방법이다.

 ㉡ 앵커링(Anchoring Effect)

  ⓐ 닻을 내리듯 머릿속에 특정 기준이나 범위를 제한하는 것으로 상대방이 내가 원하는 판단을 할 수 있도록 초반에 나에게 유리한 기준을 제시하여 상대방에게 그 기준 범위 안에서만 사고할 수 있게 하는 전략이다.

  ⓑ 상대방보다 먼저 제안을 던지고 이를 기준으로 협상을 진행하는 전략이다.

ⓒ BATNA : 협상이 결렬되었을 경우 차선책으로 바트나보다 나쁜 조건에서 협상이 타결되면 협상의 실패로 간주된다. 단일화 협상이 결렬돼 3자 대결하는 경우를 바트나로 볼 수 있다.

ⓡ 에임하이(Aim High) : 내가 얻고자 하는 '최대치'를 일단 던져 목표를 높게 잡고 강한 첫 제안을 해야 한다는 것이다. 강한 첫 제안을 통해 협상의 범위를 결정짓는 '준거점'을 만들 수 있기 때문이다.

ⓜ 최후통첩(Ultimatum)

    ⓐ 받아들이지 않을 경우 협상이 결렬되는 비타협적인 협상 방법이다.

    ⓑ 첫 번째 사람에게 일정한 돈을 주고 두 번째 사람과 이를 나누도록 하는데, 두 번째 사람은 첫 번째 사람의 제안을 수락할 수도 있고 거절할 수도 있다.

    ⓒ 제안을 받아들이면 제안된 금액대로 두 사람이 나누어 가지지만 만일 첫 번째 사람이 제안한 액수를 두 번째 사람이 거절하면 두 사람 모두 돈을 한 푼도 받지 못하는 조건이 부여된 게임이다.

    ⓓ 첫 번째 사람이 돈을 얼마를 주든지 두 번째 사람은 거절할 수 없는 독재자 게임

③ 리처드 쉘의 5가지 협상전략 : 리처드 쉘(Richard Shell)은 두 가지 변수의 높고 낮음을 따져보고, 협상의 성격을 따져보고 상황에 적합한 협상전략을 선택해야 한다고 주장한다.

    ㉠ 회피 전략(Lose-Lose) : 현재 얻을 이익도, 앞으로 얻을 이익도 모두 낮을 때 사용 → 협상을 하지 않음.

    ㉡ 수용 전략(Lose to win) : 현재 얻을 이익은 적지만, 앞으로 얻게 될 이익이 높을 때 적용 → 지금은 손해를 보지만, 일단 관계를 맺어 앞으로 얻게 될 이익이 많을 때 사용됨.

    ㉢ 타협(Split the difference) : 현재 이익과 미래 이익이 중간 정도일 때 적용 → 상대방과의 의견 조율이 필요

    ㉣ 윈-윈 전략(Win-Win) : 가장 이상적인 상황으로 현재 이익과 미래 이익이 모두 높을 때 적용

    ㉤ 경쟁 전략(Win to Lose) : 현재 이익이 높지만 미래 이익이 낮은 경우 사용

5. 협상의 4단계 프로세스

① 시작단계

    ㉠ 상대방과의 우호적인 관계 구축을 위해 좋은 첫인상을 주고 친근함, 편안함을 느끼도록 한다.

    ㉡ 출신지와 문화, 종교를 고려하여 무례한 느낌을 주지 않도록 한다.

② 탐색단계

    ㉠ 상대방에 대한 정보와 다루어야 할 이슈를 파악한다.

    ㉡ 제시하려는 조건이나 내용에 대한 상대 측의 허용범위와 반응을 확인한다.

    ㉢ 의사결정권이 협상 당사자에게 있는지 상사 등 제3자에게 있는지 확인한다.

③ 진전단계

    ㉠ 각자 거래 조건을 제시하고 필요한 사항을 설득과 흥정을 통해 최대한 확보한다.

ⓒ 양보해야 할 경우 거래조건을 제시한다.

ⓒ 상대방이 양보했을 경우 적극적으로 감사의 표현을 한다.

④ 합의단계

㉠ 합의 내용을 구두로 확인하고 협상 내용에 따라 계약서 등의 문서를 작성한다.

㉡ 상대가 결단을 내리지 못한다면 격려하거나 협상 중단을 제시하는 등 상대방의 의사결정을 돕는다.

6. 효과적인 주장의 기술 – AREA 법칙

① 주장(Assertion) : 주장의 핵심을 먼저 말한다. → A는 B이다.

② 이유(Reasoning) : 주장의 근거를 설명한다. → 왜냐하면 ~이기 때문이다.

③ 증거(Evidence) : 주장의 근거에 관한 증거나 사례를 제시한다. → 예를 들어 ~이다.

④ 주장(Assertion) : 다시 한번 주장을 강조한다. → 따라서 A는 B이다.

7. 효과적인 반론의 기술 5단계

① 기회탐색 : 상대방의 말을 주의깊게 들으면서 상대방이 감정적으로 반발하지 않을만한 기회를 탐색한다.

② 긍정적 시작 및 일치점 찾기 : 우선 상대의 주장 가운데 동의할 수 있는 점과 일치점에 대해 말한다.

③ 모순점 질문

㉠ 상대방 주장의 허점이나 모호한 점, 모순점 등을 질문의 형태로 지적한다.

㉡ 답안을 경청한 후 자신의 생각을 명확히 설명한다.

④ 반대이유 설명 : 의견을 대비시키면서 자신의 생각에서 상대방의 주장보다 우월한 점을 찾아 설명하고, 더 나은 점 때문에 상대방의 주장을 받아들일 수 없다고 말한다. 객관적 증거자료를 제시한다.

⑤ 요약 : 논증이 끝나면 반론의 내용을 되풀이함으로써 호소력이 커지게 된다. 그러나 상대가 수용할 때까지 반복해서 주장하는 것은 좋지 않다.

고객 커뮤니케이션

PART **4** **기출유형문제**

 **PART 1 일반형**

01 커뮤니케이션 기법 중 '나 – 전달법'에 대한 설명으로 옳은 것은?

① 비언어적인 전달방법이다.

② 자기노출과 피드백으로 구성된다.

③ 자신의 입장만을 강조하는 이기적인 의사소통 방법이다.

④ 타인의 행동이 자신에게 어떠한 영향을 주었는지에 대해 이야기하는 방법이다.

⑤ 때로는 상대방의 행동을 비난하여 효과적으로 의사소통이 가능하다는 방법이다.

✦**해 설** ① 나 – 전달법은 언어를 통한 커뮤니케이션 방법이다.

② 자기노출과 피드백으로 구성되는 것은 '조하리의 창'이다.

③ 자신의 입장을 충분히 전달함으로써 상대방의 동의를 얻어내는 방법이다.

⑤ 상대방에게 비난한다면 메시지가 전달되는 것이 아니라 비난이 전달된다.

02 다음 중 커뮤니케이션의 기능에 대한 설명으로 적절하지 않은 것은?

① 의사결정에 필요한 정보를 제공한다.

② 감정 표현의 욕구와 사회적 욕구를 충족해준다.

③ 최고경영자가 적극적으로 참여하면, 효율적인 조직 커뮤니케이션을 방해할 수 있다.

④ 조직은 직원들이 따라야 할 권력 구조와 공식 지침이 있고 다양한 커뮤니케이션이 이를 통제한다.

⑤ 커뮤니케이션은 무엇을 해야 하는가를 명확하게 해줌으로써 조직 구성원에게 동기부여를 강화하는 기능을 한다.

✦**해 설** • **커뮤니케이션의 기능**

– 구성원의 행동을 통제

– 정보제공

– 의사결정에 필요한 정보를 제공

– 구성원에게 동기부여를 강화

– 감정표현과 사회적 욕구 충족을 위한 표출구를 제공

정답 **01** ④ **02** ③

03 감성 지능과 조직 성과의 관계에 대한 설명으로 적절하지 않은 것은?

① 감성 지능은 업무 수행에 대한 동기를 유발시켜 직무에 헌신하고 몰입하게 한다.

② 감성 지능은 동료와 상사 간의 높은 신뢰를 형성하여 조직의 효율성을 극대화한다.

③ 직장에서 느끼는 개인의 긍정적인 감성은 업무를 향상시켜 직무에 대한 만족도를 높인다.

④ 긍정적인 감성은 구성원의 자발적 이타 행동을 증가시키며, 구성원들에 대한 리더십을 발휘하게 한다.

⑤ 감성 지능은 어려움을 찾아내고 자신의 성취를 위해 노력하며 자신의 감정을 다스리고 스스로 동기를 부여하는 능력이다.

✦**해 설** 자기 동기화에 대한 설명이다.

04 효과적인 커뮤니케이션 스킬 중 다음과 같은 표현을 무엇이라고 하는가?

> 죄송합니다만, 요청하신 물품은 품절되어서 주문하실 수 없습니다.

① 완곡한 표현 ② I 메시지 사용 ③ 청유형의 표현
④ 긍정적인 표현 ⑤ 쿠션언어의 사용

✦**해 설** 긍정적인 표현 : 긍정적인 부분을 중심으로 표현
청유형의 표현 : 상대방이 내 부탁을 듣고 스스로 결정해서 따라올 수 있도록 상대방의 의견을 구하는 표현
개방적인 표현 : '네, 아니요'의 대답만 가능한 폐쇄적인 질문은 가급적 지양하고 개방적인 질문을 하도록 한다.
I 메시지 사용 : 대화의 주체가 '너'가 아닌 '내'가 되어 전달하고자 하는 표현법이다.

05 다음 중 경청에 장애가 되는 행동이라고 볼 수 없는 것은?

① 메시지 내용에 대하여 관심이 없다.

② 듣기보다 말하기에 더 관심을 가지고 있다.

③ 메시지 내용 중에서 동의할 수 있는 부분을 찾는다.

④ 상대방의 말을 들으면서 머릿속으로 엉뚱한 생각을 한다.

⑤ 머릿속으로 상대방 이야기에서 잘못된 점을 지적하고 판단하는 것에 열중한다.

정답 03 ⑤   04 ⑤   05 ③

✛**해 설** 경청의 장애요인
- 평가적인 청취 : 상대방의 말과 내용에 대해 잘못된 점을 지적하고 판단하는 것에 열중하면서 듣는다.
- 낮은 관심과 무관심 : 메시지의 내용에 대해 관심이 낮거나 무관심
- 말하기를 선호 : 상대방의 말을 듣는 것보다 말하기를 선호
- 편견과 선입견 : 전달자에 대한 평판이나 근거없는 편견을 가짐.
- 문화적 차이 : 국가별 문화적 차이가 경청의 장애요인이 될 수 있음.

06 어느 통신기기 매장에서 판매사원과 상담을 하는 고객의 행동에서 매우 특징적인 점을 발견하게 되어 간략하게 정리해 보았다. 정리한 내용 중에서 비언어적 커뮤니케이션의 '의사언어'에 해당하는 내용으로만 구성된 보기는?

> 가. 자신의 의사가 명확하게 전달될 수 있도록 발음에 상당히 신경을 써서 대화를 이어나간다.
> 나. 자신의 감정에 따라 말의 속도가 확연히 다르다.
> 다. 주변을 둘러보면서도 판매사원의 말을 경청하고 있다는 듯이 가끔씩 고개를 끄덕인다.
> 라. 부드럽고 친근감 있는 말투였으나 자신의 질문을 판매사원이 잘 이해하지 못하면 약간 짜증스러운 말투로 이야기한다.
> 마. 판매사원의 설명 내용에 따라 얼굴 표정이 달라지는데, 그 표정만 봐도 구매결정 여부를 대략 알 것 같다.

① 가, 나, 라   ② 나, 라, 마
③ 가, 다, 마   ④ 나, 다, 마
⑤ 가, 라, 마

✛**해 설** 다, 마 – 신체언어
가, 나, 라 – 의사언어
- 신체언어 : 얼굴 표정, 눈의 접촉, 고개 끄덕이기, 몸의 움직임, 자세 등
- 의사언어 : 말투, 음조의 변화, 음고, 음량의 정도, 말의 속도, 발음

정답 06 ①

 **PART 2 O/X형**

※ [07~09] 다음 문항을 읽고 옳고(O), 그름(×)을 선택하시오.

07 협상에 있어서 바트나(BATNA)는 협상자가 합의에 도달하지 못할 경우 택할 수 있는 다른 좋은 대안이나 차선책을 의미한다.

(① O   ② ×   )

✦해설 협상에 있어서 바트나(BATNA)는 협상자가 합의에 도달하지 못할 경우 택할 수 있는 다른 좋은 대안이나 차선책을 의미한다.

08 효과적인 커뮤니케이션을 위한 경청 1, 2, 3 기법은 자신은 한번 말하고, 상대방의 말을 2번 들어 주며, 대화 중에 3번 맞장구를 치는 것이다.

(① O   ② ×   )

✦해설 경청 1, 2, 3 기법은 서비스 직원은 한번 말하고, 고객의 말을 2번 경청하고, 대화 중에 3번 맞장구를 치는 것이 효과적인 커뮤니케이션을 이끌어 낸다는 것이다.

09 커뮤니케이션은 무엇보다도 중요한 경영 수단인데 이 어원을 살펴보면, 라틴어 '나누다'를 의미하고, 신이 자신의 덕을 인간에게 나누어 준다는 의미로 공동체에서는 의미 있는 전달을 커뮤니케이션이라 한다.

(① O   ② ×   )

✦해설 어원은 라틴어의 '나누다'를 의미하는 'communicare'이다. 어떤 사실을 타인에게 전하고 알리는 심리적인 전달의 뜻으로 쓰인다.

정답   **07** ①   **08** ①   **09** ①

PART 3 연결형

※ [10~14] 다음 보기 중에서 고객 유형에 대한 설명에 알맞은 것을 각각 선택하시오.

① 피그말리온 효과 ② 플라시보 효과 ③ 호손 효과 ④ 바넘 효과 ⑤ 넛지 효과

10 누군가에 대한 믿음이나 기대 또는 예측이 타인에게 그대로 실현되는 경향

(   )

✦**해 설** ① 피그말리온 효과

11 심리적으로 긍정적인 믿음이 신체를 자연으로 치유하는 데 역할을 한다는 것을 의미

(   )

✦**해 설** ② 플라시보 효과

12 다른 사람들이 지켜보고 있다는 사실을 의식하면서 스스로의 본성과 다르게 행동하는 것을 의미

(   )

✦**해 설** ③ 호손 효과

정답   **10** ①   **11** ②   **12** ③

13 누구에게나 해당되는 일반적인 특성을 자신에게만 해당되는 특성으로 받아들이는 심리적 경향

(   )

✦ 해 설 ④ 바넘 효과

14 강압하지 않고 사람들의 선택을 유도하는 부드러운 개입을 뜻하는 말

(   )

✦ 해 설 ⑤ 넛지 효과

정답   **13** ④   **14** ⑤

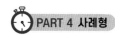

⏱ **PART 4 사례형**

15 다음은 세일즈맨이 고객을 만나기 위하여 전화를 걸어 방문 약속을 잡으려 했으나 실패한 사례이다. 보기 중 방문 약속이 실패할 가능성이 높은 방법은?

> 세일즈맨 : 안녕하십니까? 김 대리님! 전화로 인사드려 죄송합니다. 저는 ○○엔지니어링 박 대리라고 합니다. 신제품을 가지고 귀사를 방문하려는데 오늘 시간이 되십니까?
> 고　　객 : 죄송합니다만 오늘은 시간이 안 되겠는데요!
> 세일즈맨 : 그래도 꼭 뵙고 저희 제품을 소개하고 싶은데요.
> 고　　객 : 오늘 선약도 있고 회의도 있고 해서 도저히 불가능합니다.
> 세일즈맨 : 그럼 언제 찾아뵙는 것이 좋겠습니까?
> 고　　객 : 쉽게 시간이 나지 않아 약속하기가 어렵겠습니다. 꼭 귀사 제품을 소개하기를 원하신다면 카탈로그나 제안서를 우편으로 보내주시기 바랍니다.
> 세일즈맨 : 아, 알겠습니다. 그렇게 하겠습니다. 감사합니다.

① 세일즈맨이 분명하고 자신에 찬 어조로 고객을 주도하고 이끌어야 한다.
② 고객이 편한 시간에 약속을 정하게 하고 고객의 입장에 무조건 따라야 한다.
③ 카탈로그나 제안서를 직접 전해주며 제품 설명을 해야 한다고 설득해야 한다.
④ 약속시간은 세일즈맨이 정하되 시간단위보다 분단위로 약속 시간을 제안한다.
⑤ 신제품이 고객사에게 어떤 이익과 혜택을 줄 수 있는지를 간단히 소개해야 한다.

✦**해 설** 고객과의 방문 약속은 고객의 입장에서 접근하기보다는 세일즈맨의 입장에서 주도권을 가지고 시간 약속을 정해야 한다. 자신의 시간계획에 맞게 방문시간을 조율하는 능력이 필요하다.

정답 **15** ②

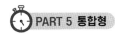

PART 5 통합형

※ [16~17] 다음은 가전제품 매장을 방문한 고객과의 상담 내용이다.

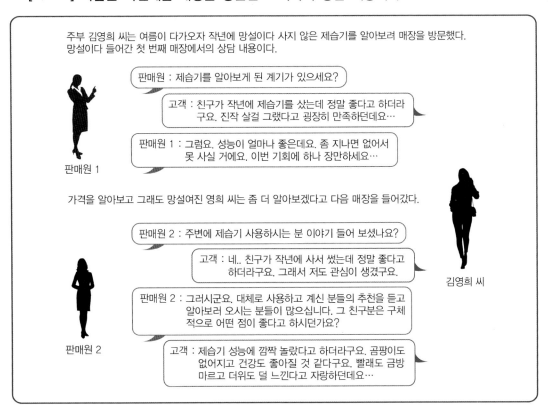

주부 김영희 씨는 여름이 다가오자 작년에 망설이다 사지 않은 제습기를 알아보려 매장을 방문했다. 망설이다 들어간 첫 번째 매장에서의 상담 내용이다.

> 판매원 : 제습기를 알아보게 된 계기가 있으세요?

> 고객 : 친구가 작년에 제습기를 샀는데 정말 좋다고 하더라구요. 진작 살걸 그랬다고 굉장히 만족하던데요…

> 판매원 1 : 그럼요. 성능이 얼마나 좋은데요. 좀 지나면 없어서 못 사실 거예요. 이번 기회에 하나 장만하세요…

판매원 1

가격을 알아보고 그래도 망설여진 영희 씨는 좀 더 알아보겠다고 다음 매장을 들어갔다.

> 판매원 2 : 주변에 제습기 사용하시는 분 이야기 들어 보셨나요?

> 고객 : 네.. 친구가 작년에 사서 썼는데 정말 좋다고 하더라구요. 그래서 저도 관심이 생겼구요.

> 판매원 2 : 그러시군요. 대체로 사용하고 계신 분들의 추천을 듣고 알아보러 오시는 분들이 많습니다. 그 친구분은 구체적으로 어떤 점이 좋다고 하시던가요?

판매원 2

> 고객 : 제습기 성능에 깜짝 놀랐다고 하더라구요. 곰팡이도 없어지고 건강도 좋아질 것 같다구요. 빨래도 금방 마르고 더위도 덜 느낀다고 자랑하던데요…

김영희 씨

16 위의 사례에서 두 판매원의 차이점에 대한 설명으로 옳지 않은 것은?

① 두 판매원 모두 적절한 질문으로 상담을 시작하였다.
② 판매원 1은 고객의 이야기를 듣고 판매 권유로 바로 이어져서 고객의 이야기를 더 이상 들을 수 없게 되었다.
③ 판매원 2는 계속하여 질문을 이어감으로써 경청의 기회를 놓치고 있다.
④ 판매원 2는 적절한 질문으로 고객이 스스로 더 많은 이야기를 하게끔 유도하였다.
⑤ 판매원 2는 제습기를 알아보러 온 고객들의 일반적인 상황을 사전에 이해하고 있어 이를 적절한 질문의 형태로 상담의 효과를 높였다.

✦해설 경청은 효과적인 질문을 통해 더욱 강화된다. 판매원 2의 질문은 고객의 이야기를 더 듣고자 하는 적극적 경청을 하였다.

정답 16 ③

17 판매원 1, 2의 상담을 통해 고객인 주부 김영희 씨가 느끼는 감정과 판매 과정상에서의 만족감에 대한 내용으로 가장 적절한 것은?

① 판매원 1의 구매 권유는 고객의 빠른 의사결정을 지원해 주었다.

② 판매원 1의 구매 권유로 고객은 가격에 대해 좀 더 깊이 생각하는 기회가 되었다.

③ 판매원 2의 두 번째 질문으로 고객은 귀찮은 마음과 함께 구매 결정을 미루게 되었다.

④ 판매원 2의 두 번째 질문으로 고객은 스스로 제습기 구매에 따른 장점을 구체적으로 생각하여 정리하게 되었다.

⑤ 판매원 1, 2의 첫 번째 질문을 통해 고객은 제습기에 대해 생각해 보는 기회를 가졌다.

✦해설 고객이 구매에 따른 장점을 스스로 확인하여 의사결정에 긍정적인 만족감을 가질 수 있게 되었다.

정답 **17** ④

모듈A 비즈니스 커뮤니케이션

SMAT

PART 05

회의 기획 및 의전 실무

제1장 회의 운영 기획 및 실무
제2장 의전 운영 기획 및 실무
제3장 프레젠테이션
제4장 MICE의 이해

S e r v i c e   M a n a g e m e n t   A b i l i t y   T e s t

제 **1** 장 회의 운영 기획 및 실무

1 회의의 개념

1. 회의의 정의
① 두 사람 이상이 모여서 공통된 관심 사항을 의논하고 교환하는 행위이다.
② 일정한 형식과 규칙을 준수면서 개별 의제를 다수결 원리 아래에 능률적으로 결정해 나가는 진행 절차이다.
③ 모든 구성원의 참여하에 의견과 정보교환을 통하여 최선의 시책을 강구하는 것이다.
④ 우호적이고 협력적인 분위기에서 참석자가 자신의 의견을 자유롭게 발표하고 비판하며 최선이라고 생각하는 것을 채택·결정하는 것을 말한다.

2. 회의의 목적
① 목표 달성 점검
② 교육
③ 아이디어 창출
④ 특정 지식이나 정보전달
⑤ 유대감 증진
⑥ 상호 간의 의견교환을 통해 문제 해결이나 개선방안 모색
⑦ 의견 수집

3. 회의의 조건
① 목적과 동의가 있어야 한다.
② 여러 사람들이 같은 장소에 참석한다.
③ 지식이나 경험, 의견이 적극적으로 이루어져야 한다.
④ 회의의 목적 달성을 위한 노력이 필요하다.
⑤ 회의를 진행하기 위한 리더나 사회자가 필요하다.

4. 회의의 기능

기능	내용
문제해결 (Problem Solving)	조직 내에서 해결해야 하는 사안에 대하여 참가자들이 자신들의 전문적인 지식 및 기술을 바탕으로 토론하여 의사결정 하는 것이다. 🔟 신제품 개발 회의, 임원 회의, 부서장 회의, 전략 회의 등
자문 (Consulting)	업무의 범위가 넓고 의사결정의 영향력이 클 때 회의를 통해 그 분야의 전문가나, 직접적으로 이해관계가 있는 사람들의 자문을 얻어 결정한다. 🔟 공청회, 협의회 등
의사소통 (Communication)	기업의 각 층, 또는 다른 부서원들이 자신의 입장을 피력하고 타인의 의견을 들음으로써 서로 간의 의사를 확인하고 조정할 수 있다. 🔟 부서 회의, 조회 등
교육훈련 (Education & Training)	사람들에게 생각하게 하고 다른 사람의 경험을 자신의 경험으로 삼는 유·무형의 교육 효과를 준다. 🔟 교육 훈련 프로그램, 연수 등

5. 회의의 진행원칙

회의 공개의 원칙	• 회의를 방해하지 않는 범위 내에서 누구나 회의를 방청할 수 있다. • 정당한 사유가 있을 때는 비공개로 할 수 있다.
정족수의 원칙	• 정족수 : 회의 시 의제를 심의하고 의결하기 위해 일정 수의 참석자 수가 필요하다. – 의사 정족수 : 회의를 개최하는 데 필요한 정족수 – 의결 정족수 : 의사결정(의견성립)에 필요한 정족수
1의제의 원칙	• 회의에서는 한 번에 한 의제만을 다루어 나가야 한다는 원칙 • 어떠한 의제라도 한번 상정을 선언한 다음에는 토의와 표결로써 결정될 때까지 다른 의제를 상정시킬 수 없다.
다수결의 원칙	• 의사결정 시 다수의 의견을 전체의 의사로 보고 결정하는 원칙 • 다수의 횡포가 가능하며 올바른 소수가 배제될 수 있다.
발언 자유의 원칙	• 회의를 진행하면서 발언은 자유로이 행사되어야 함. • 이것을 악용이나 남용해서 의사의 진행을 방해하면 안됨.
참석자 평등의 원칙	회의 참석자는 누구나 평등한 대우를 받아야 한다.
소수 존중의 원칙	소수의 의견도 존중해야 한다.
일사부재의 원칙	• 회의에서 일단 가결 또는 부가결된 의안은 같은 회기에 다시 상정하지 않는다는 원칙 • 동일한 의제를 반복하여 상정하게 되면 회의 진행에 방해가 되고 회의질서를 유지하기 어렵다.
회기 불계속의 원칙	• 어떠한 회의에 상정되었던 의안이 그 회의가 끝날 때까지 처리되지 않으면 폐기된다는 원칙이다. • 우리나라 헌법에서는 이와 반대되는 '회기 계속의 원칙'을 채택하고 있다.

② 회의의 종류

1. 회의형태에 따른 분류

컨벤션 **(Convention)**	• 회의 분야에서 가장 일반적으로 사용되는 용어로 보통은 대회의장에서 개최되는 일반 단체 회의를 의미 • 기업의 시장조사 보고, 신상품 소개 등 정보 전달을 주목적으로 하는 정기집회에 많이 사용 → 전시회를 수반
콩그레스 **(Congress)**	컨퍼런스와 유사하나 유럽에서 국제회의를 지칭하는 의미로 일반적으로 사용
컨퍼런스 **(Conference)**	컨벤션과 유사하나 일반적 성격의 문제보다는 좀 더 전문적인 문제를 다룸. → 과학, 기술, 학술 분야의 새로운 지식 습득 및 특정 문제점의 연구를 위한 회의
클리닉 **(Clinic)**	참가자에게 특정 분야의 지식과 기술을 습득시키고 문제를 해결하고 분석하는 방법을 교육하는 소그룹 모임
워크숍 **(Workshop)**	보통 30명 정도의 인원이 참가하는 훈련 목적의 소규모 회의 → 특정 문제나 과제에 관한 아이디어나 지식, 기술, 통찰 방법 등을 서로 교환
세미나 **(Seminar)**	• 전문가가 정한 특별한 주제에 대해 참가자들의 특정 분야에 대한 경험과 지식을 발표하고 토론 • 발표자 한 사람의 주도로 회의가 진행되며 소규모(30명 이하)로 구성
포럼 **(Forum)**	제시된 한 주제에 대해 상반된 견해를 가진 동일 분야의 전문가들이 사회자의 주도하에 청중 앞에서 벌이는 공개 토론회 → 청중이 자유롭게 질의에 참여할 수 있으며 사회자가 의견을 종합함.
심포지엄 **(Symposium)**	포럼과 유사하나 제시된 안건에 대해 전문가들이 청중 앞에서 벌이는 공개 토론회 → 포럼에 비해 다소 형식을 갖추며 청중의 질의 기회도 적음.
패널 토의 **(Panel** **Discussion)**	청중 앞에서 여러 연사들이 특정 주제를 두고 전문가적 견해를 발표하는 공개 토론회 → 청중도 의견 발표 가능
렉처 **(Lecture)**	• 1~2명의 연사가 강단에서 청중에게 연설 및 강연 • 강연 후 청중들과 질의응답하는 형태도 가능
전시회 **(Exhibition)**	• 전시 참가업체에 의해 제공된 상품과 서비스의 전시 모임 → 컨벤션이나 컨퍼런스의 한 부분에 설치 • 엑스포지션(exposition)은 주로 유럽에서 전시회를 말할 때 사용되는 용어임.

2. 회의 주체에 따른 분류

기업회의	• 기업 경영전략과 마케팅 수립, 판매 활성화 방안과 홍보 전략을 목적으로 한다. • 상품판매촉진 회의, 신상품 개발 및 발표회, 경영자 회의, 주주총회, 세미나, 워크숍 등
협회회의	• 협회의 공동 관심사와 친목 도모 등의 운영방안을 논의한다. • 무역 관련 협회, 전문가 협회, 과학기술 협회, 교육 관련 협회 등에서 주최하는 회의

비영리기관 회의	• 사회단체나 비영리기관을 대상으로 각종 노동조합 회의, 종교단체 회의 등 공동의 관심 사항을 논의하기 위해 개최한다. • 사교 친목, 종교단체, 군인단체, 대학생 동호회 모임 등
정부주관 회의	정부조직과 관련된 경제, 문화, 외교, 정당 등의 국가정책과 공공의 쟁점을 논의한다.
시민회의	소비자 연합회 모임, 자발적 환경 모임 등의 사회 공동의 관심 사항을 개선할 목적으로 개최한다.

3. 통신을 활용한 종류

① 전화 회의, 컴퓨터 통신망을 이용한 전자회의, 화상회의 등이 있다.

② 여러 지역에 있는 사람들이 회의장으로 이동하지 않고도 회의를 진행할 수 있다.

③ 회의장 준비를 위한 시간 단축과 출장으로 인한 경영자들의 시간과 비용을 줄일 수 있다.

④ 시간차이가 있는 지역의 상대와 회의가 진행될 경우 사전에 회의 참석자 간의 일치된 시간을 정하고 회의를 진행한다.

③ 회의 개최 준비사항

1. 회의 개최지 선정

① 회의 개최지 선정 과정

ㄱ 회의 목적 설정 및 확인

ㄴ 회의의 형태 및 형식 개발

ㄷ 회의에 필요한 물리적 요구사항 결정

ㄹ 참가자의 관심과 기대 정의

ㅁ 일반적 장소와 시설의 종류 선택

ㅂ 평가 및 선정

② 회의 개최지 선정 시 고려사항

ㄱ 숙박 가능한 호텔과의 접근성과 적합성(숙박시설의 적절성)

ㄴ 개최지 주변의 편의성 및 교통의 편리성

ㄷ 개최 도시의 이미지

ㄹ 개최 도시의 행사지원 의지와 능력

ㅁ 개최 시기의 기후 및 온도(개최 시기의 날씨)

ㅂ 개최 도시의 관광 또는 행사의 성수기・비성수기 여부

ㅅ 회의에 필요한 소요면적 및 가격

ⓗ 엔터테인먼트 수요
  ③ 회의실 선정 시 고려 사항
    ㉠ 회의실 규모와 수용능력
    ㉡ 회의실의 유형별 배치와 기능
    ㉢ 전시장 활용도
    ㉣ 회의실 대관료
    ㉤ 위치 및 접근성과 브랜드
    ㉥ 서비스 종사원의 능력 및 제반 규정 등

3. 회의실 준비 자료

 ① 전체 회의 프로그램
  ㉠ 전체 회의의 모든 구성요소를 기획하고 조정하여 회의의 목적을 효과적으로 달성하기 위해
   수립하는 것이다.
  ㉡ 회의 일정을 한눈에 보기 쉽게 작성한다.
  ㉢ 회의 기간 중 참가자의 행동 요령 지침에 대해 설명한다.
  ㉣ 각 프로그램은 많은 참가자를 유도할 수 있도록 다양하고 효율적으로 구성한다.
  ㉤ 파손되지 않고 휴대가 간편하도록 제작한다.
 ② 참가자 명부
  ㉠ 행사에 누가 참여하느냐에 따라 참가자 수가 달라질 수 있어 예상 참가자 명단을 작성한다.
  ㉡ 참가자 명부에 성명, 국적, 소속, 주소, 숙소 등의 정보를 수록한다.
 ③ 명패와 명찰
  ㉠ 좌석이 미리 정해졌을 경우는 그 탁자 위에 놓는다.
  ㉡ 명패나 명찰에 기재하는 이름, 소속, 직위 등의 오류가 없도록 정확히 기재한다.
 ④ 기자재 장비 관리 : 음향 시스템, 테이블 연설대, 플로어 연설대, 조명, 스크린, 영사기, 동시통
  역기, 칠판이나 차트, 포인터 등 비영사 도구
 ⑤ 기타
  ㉠ 회의 취지를 알릴 수 있는 안내문을 고지한다.
  ㉡ 회의장 안내와 도면을 넣는다.
  ㉢ 전시회 및 관광 안내 자료 등을 제공한다.

4. 회의실 배치 설계

 회의실 배치는 회의 유형과 참가자 수에 따라 극장형, 교실형, U자형, T자형, 원탁형 등으로 배치
한다.

① 극장식 배치
  ㉠ 일반형
    ⓐ 연사 또는 주빈석 쪽을 향하여 정면으로 좌석을 배열하는 형태
    ⓑ 참가자 수가 많은 경우 사용
    ⓒ 학술대회, 설명회 등의 국제회의장에서 주로 사용
    ⓓ 교실과 같은 형태로 정숙한 분위기를 연출
    ⓔ 장점 : 발표자를 중심으로 참가자의 좌석을 배치하기 때문에 주의를 집중시킬 수 있음.
  ㉡ 반원형
    ⓐ 의회와 회의장에 적합한 형태
    ⓑ 장점 : 강연자 및 강연내용에 집중할 수 있는 분위기를 조성
    ⓒ 단점 : 공간 활용의 어려움.
  ㉢ 암체어형 : 팔을 편안하게 놓을 수 있는 안락의자를 배열한 것으로 참석자들이 지위가 높고 장시간 회의시 적합
  ㉣ V자형
② 교실형 배치
  ㉠ 보편적인 형태의 회의장 배치형으로 테이블에서 장시간 강의 청취나 필기(메모 등)를 해야 하는 학술 세미나에 적합
  ㉡ 중앙통로를 중심으로 양옆에 테이블 2~3개를 붙여 정면의 주빈석과 마주 보게 배열
③ U자형 : U자로 벌어진 곳에 회의 주재자의 자리를 마련하고 그 뒤에 스크린 등을 놓는 방식
④ T자형
  ㉠ 참석자가 소수이고 모두 초청인사이며, 주빈석에도 다수 인원이 착석해야 할 때 배열하는 형태
  ㉡ 장점 : 주빈석의 구분이 가능하고 넓은 공간을 효율적으로 이용
⑤ 원탁형
  ㉠ 사회자와 토론자가 동등한 입장에서 회의를 진행할 수 있는 분위기를 조성
  ㉡ 20명 내외 소규모 회의에 활용
  ㉢ 그룹 토의가 가능하고 오찬, 만찬 등의 행사에도 사용
⑥ 이사회 형
  ㉠ 20명 내외의 소수가 참석하는 회의에 적합
  ㉡ 원탁의 장점을 살리면서 원탁형보다 참가 인원이 많은 경우 사용
⑦ 혼합형
  ㉠ 교실형과 극장형을 혼합한 형태
  ㉡ 앞부분은 교실형, 뒷부분은 극장형으로 배치
  ㉢ 참가 인원수를 고려하여 모두 교실형으로 배치하기 어려울 때 활용

④ 회의 당일 업무

1. 회의 개최 전 업무

① 회의시설 점검 : 방문객이 회의장을 잘 찾아올 수 있도록 출입문부터 복도 입구, 엘리베이터, 회의실 입구에 안내문을 부착한다.

② 접수

ㄱ 방명록에 참석자 본인 확인을 받고 명찰을 배부한다.

ㄴ 예약 없이 온 당일 참석자를 위해 명찰을 배부할 수 있도록 준비해 둔다.

ㄷ 참가비를 받는 경우 영수증 발급을 위해 준비해 둔다.

ㄹ 식사가 준비된 경우 인원을 정확히 파악하여 담당자에게 전달한다.

ㅁ 회의용 자료나 일정표, 기념품 등을 미리 준비해 두고 배부한다.

ㅂ 개회 시간이 다가오면 출석 상황을 진행자에게 보고하고 회의가 정시에 개최될 수 있도록 한다.

2. 회의 개최 중 업무

① 회의 진행에 방해가 되는 요소가 발생하지 않도록 수시로 점검해보고 행사 진행 도우미를 배치하도록 한다.

② 회의장 주변에 소음이 발생하지 않도록 하며 '회의중'이라는 표지판을 부착하여 출입을 통제한다.

③ 늦게 도착하는 참석자는 조용히 장내로 안내하고 도중에 나오는 사람도 안내할 수 있도록 한다.

④ 회의 중 기자재 상태, 회의장 내 시설, 음료 교체 등을 수시로 점검한다.

3. 회의 종료 후 업무

① 주차권을 배부하거나 주차요금 정산법에 대해 안내한다.

② 명찰 등 대여한 물품이 있다면 회수한다.

③ 참석자가 맡긴 물품이 있다면 찾아가도록 안내하고, 잃어버린 물건이 있다면 보관하도록 한다.

④ 회의장을 정리하고 청소한다.

⑤ 회의장을 관리하는 부서에 회의 종료를 알린다.

⑤ 등록 및 숙박관리

1. 등록관리

① 등록 신청서 관리

㉠ 참가자의 국적, 소속, 지위, 성명 등 인적사항과 참가목적, 연락처 등의 정보를 기록한다.

㉡ 등록 현황을 효율적으로 관리하기 위해 등록자 명단, 참가자 숙박정보 등을 데이터베이스로 구축한다.

㉢ 등록 신청서는 가급적 손쉽게 작성할 수 있도록 간편하게 하는 것이 좋다.

② 등록 절차

사전등록	• 회의 전 규모를 사전에 예측하고 준비할 수 있다. • 회의 당일 접수 및 본인확인 등의 시간을 절약하고 혼잡을 줄일 수 있다.
현장등록	• 회의 당일 현장에서 등록하고 참석하는 것을 말한다. • 참가자가 몰리게 되면 혼잡해지고 시간이 낭비된다. • 등록 장소는 동선의 확보가 쉬운 곳으로 본 회의장의 중앙 로비나 참석자의 왕래가 잦은 곳에 데스크를 설치하는 것이 좋다. 참가자들 통행에 방해가 되지 않도록 한다.

2. 숙박관리

① 숙박 장소 선정 시 고려사항

㉠ 회의장과의 편리한 접근성

㉡ 참가자 수준에 적합한 숙박시설 수준

㉢ 충분한 부대시설의 확보

㉣ 교통의 편리성

㉤ 행사 진행을 위한 적정 수준의 인적자원 확보

㉥ 안전관리 체계 확립

㉦ 회의 개최에 관한 업무 노하우의 충분한 확보

㉧ 서비스 및 비용

② 객실 확보

㉠ 참가자 수의 추정 및 객실 수요 판단

㉡ 객실의 요금과 요금지불 방법, 객실 블록의 해제 일자 등 협의

㉢ 객실 종류(싱글, 트윈, 더블 등)에 따른 객실 확보

㉣ 숙박 신청서 접수 후 우선순위로 객실을 배정

㉤ 참가자에게 예약 확인을 고지하고 숙박호텔에도 명단 제공

㉥ 숙박신청서에 회의장에서의 거리, 호텔등급, 객실유형, 요금, 부대시설현황 등을 포함하여 제작 및 발송

⑥ 회의 진행

1. 회의 진행 순서

개회 – 국민의례 – 보고 사항 – 회의 안건 보고 및 채택 – 기타토의 – 공지사항 – 폐회선언

2. 회의 진행 참가자의 역할

① 리더의 역할

ㄱ 회의 전반적인 방향을 제시하고 참가자들이 서로 존중하고 협조할 수 있도록 회의를 부드럽고 경직되지 않게 이끌어간다.

ㄴ 회의 안건에 관한 범위를 벗어나지 않도록 조절한다.

ㄷ 설명을 간단명료하게 하며 자신의 능력을 과시해서는 안된다.

ㄹ 참가자들의 의견에 경청하고 그 의견을 결론짓는다.

ㅁ 발언권 순서를 정하고 한번도 발언하지 않았거나 반대 의견자에게 우선적으로 발언권을 준다.

② 진행자의 역할 : 회의 준비 시에 회의시간 통보, 회의의 목적, 소용시간, 장소, 참석인원 지정, 회의자료를 준비한다. 회의가 원만하게 진행될 수 있도록 참여자에게 질문을 하고 회의시간을 짜임새 있게 운영한다.

③ 참여자의 역할 : 회의 전에 회의 목적을 명확하게 파악하고 자신의 의견에 대한 자료를 준비한다. 회의시간 5분 전 입실하며 회의용 노트 준비, 회의 때 자신이 발언한 내용과 상대 참석자들의 의견 모두 주요 포인트별로 회의용 노트에 기록한다. 의사 결정 필요시 자신의 의견을 명확히 밝힌다.

Module A 비즈니스 커뮤니케이션

제 2 장 의전 운영 기획 및 실무

1 의전의 이해

1. 의전의 의미

① 의전을 뜻하는 프로토콜(Protocol)이라는 용어는 그리스어의 '맨 처음'이라는 의미의 프로토 (proto)와 '붙이다'의 콜렌(kollen)의 합성에서 유래되었다. 시간이 흐르면서 '외교 관계를 담당하는 정부문서' 또는 '외교 문서의 양식'을 지칭하다가 '국가 간 관계에서 가장 기본'이 되는 것으로 의미되어지고 있다.

② 사전적 의미는 예를 갖추어 베푸는 각종 행사 등에서 행해지는 예법이다.

③ 의전은 국가 간의 관계 또는 국가가 관여하는 공식행사나 외교행사, 국가원수 및 고위급 인사의 방문과 영접 시에서 행해지는 국제적 예의를 의미한다.

④ 의전은 외교 관계를 담당하는 정부 부서의 공식문서 또는 외국 문서의 양식을 의미하기도 한다.

⑤ 기업의 경우 대내외적으로 공식적인 높은 규범을 필요로 하는 행사를 뜻한다.

2. 의전의 5R 요소

① 상대에 대한 존중(Respect)

   ㉠ 상대 문화와 상대방에 대한 존중과 배려이다.

   ㉡ 문화적 차이를 인정하고 효율적으로 조율해야 좋은 결과를 얻을 수 있다.

② 상호주의 원칙(Reciprocity)

   ㉠ 내가 배려한 만큼 상대방으로부터 배려를 기대하는 것이다.

   ㉡ 국력과 관계없이 모든 국가가 1대 1의 동등한 대우를 받아야 한다.

   ㉢ 의전상 소홀한 점이 발생했을 경우 외교 경로를 통해 상응하는 조치를 검토하기도 한다.

③ 문화의 반영(Reflecting Culture)

   ㉠ 의전의 격식과 관행은 특정 시대, 특정 지역의 문화를 반영하므로 시대적, 공간적 제약을 갖는다.

   ㉡ 현재의 의전형식은 영구한 것이 아니며 시대가 변하는 것에 따라 의전하는 것이다.

④ 서열(Rank)

   ㉠ 서열을 지키는 것은 의전행사에 있어서 가장 기본이 된다.

   ㉡ 서열을 무시하는 경우, 해당 인사뿐만 아니라 그 인사가 대표하는 국가나 조직에 대한 모욕이 될 수 있다.

⑤ 오른쪽 상석(Right)

    ㉠ 'Lady on the right' 원칙이라고도 한다.

    ㉡ 단상 배치 기준, 차석(NO.2)은 VIP(NO.1)의 오른쪽에 위치한다.

3. 의전 서열

① 공식 서열

  ㉠ 한국의 서열

    대통령 → 국회의장 → 대법원장 → 국무총리 → 국회부의장 → 감사원장 → 부총리 → 외교부장관 → 국무위원, 국회상임위원장, 대법원판사 → 3부 장관급, 국회의원, 검찰총장, 합참의장, 3군참모총장 → 차관급인사

  ㉡ 미국의 서열

    대통령 → 부통령 → 하원의장 → 대법원장 → 전직대통령 → 국무장관 → 유엔사무총장 → 외국대사 → 전직대통령 미망인 → 공사급 외국 공관장 → 대법관 → 각료 → 연방예산국장

  ㉢ 영국의 서열

    국왕 → 왕족(귀족) → 캔터베리 대주교 → 대법관 → 요크 대주교 → 수상 → 하원의원 → 옥새상서 → 각국대사 → 시종장관 → 대법원장

② 관례상의 의전 서열

  ㉠ 공식 서열과는 달리 관례상 서열은 사람과 장소에 따라 정해진다.

  ㉡ 지위가 비슷한 경우는 남성보다 여성이 상위 서열이다.

  ㉢ 연령 중시가 적용되어 연장자가 연소자보다 상위 서열이다.

  ㉣ 부부 동반인 경우 부인의 서열은 남편의 서열을 따른다.

  ㉤ 여성 간의 서열은 기혼 여성, 미망인, 이혼한 부인, 미혼 여성 순이다.

  ㉥ 여성이 남성보다 상위(단, 대표로 참석한 남성의 경우 예외)

  ㉦ 외국인은 한국인보다 상위 서열이다.

  ㉧ 직위가 다를 경우 높은 직위 쪽이 상위 서열이다.

  ㉨ 주빈을 존중해 준다.

③ 관례상 서열을 따르는 사람들

  ㉠ 공식 서열을 정할 수 없는 지위의 사람 : 정당의 당수나 임원 등

  ㉡ 공식 서열을 무시하고 전통적인 서열을 인정해야 하는 사람 : 옛 왕족

  ㉢ 사회적 지위나 문화적 지위를 고려해야 하는 사람 : 문인, 실업가 등

  ㉣ 집회의 성격에 따라 높은 지위를 누려야 하는 사람 : 국제협의장, 국제단체 의장 등

② 의전의 기획

1. 행사 계획

① 행사 장소 답사

  ㉠ 행사의 목적에 맞는 장소인지 검토

  ㉡ 행사장의 기후, 이동거리, 이동시간, 진입도로를 실측하여 이동 수단과 주차계획 수립

  ㉢ 보유 차량 검토

  ㉣ 이용 가능한 비품 및 수량 점검

  ㉤ 안내 요원과 진행 요원의 능력 점검

② 기본계획작성

  ㉠ 행사명, 일시, 장소, 참석대상 등을 요약하여 행사개요 작성

  ㉡ 행사의 종류, 식순, 소요시간 등 구체적인 행사 진행사항 작성

  ㉢ 행사 시작부터 종료 시까지 소요시간과 참가인의 행동요령 제시

  ㉣ 통제가 필요한 경우 관계기관과 사전에 협의

  ㉤ 행사장 배치 계획은 도면으로 작성하여 세부적인 배치도 및 전체적인 배치도 준비

2. 세부 계획

① 내빈 안내

  ㉠ 안내 요원의 배치와 위치별 행동 요령 수립

  ㉡ 수송 방법에 따른 이동 경로, 이동 시간, 이동 시 접대 방법 계획

  ㉢ 행사장 도착 후 조치 사항에 대한 세부 계획

  ㉣ 안내 요원은 내빈의 지위에 상응하는 직원 배치

② 입장 및 퇴장

  ㉠ 모든 행사 참가자의 입장과 퇴장 시간, 출입통로, 주차장, 출발지 및 출발시간을 입·퇴장 순으로 상세히 작성

  ㉡ 귀빈 도착 30분 전 모든 참가자의 입장이 완료될 수 있도록 준비

③ 참가자 및 차량 동원

  ㉠ 참가자의 구성과 인원수, 집결 시간을 간략하게 작성

  ㉡ 차량의 대기 및 주차위치, 운행시간을 구체적으로 작성

④ 업무 분장 및 준비 일정

  ㉠ 주관 부서를 중심으로 관련 부서 간의 업무 협조와 업무 분담을 명확하게 정리

  ㉡ 행사 준비를 위한 일정 계획을 담은 준비 사항 점검표를 작성하여 활용

PART 05

⑤ 우천 시 대비계획

    ㉠ 우천 시 별도의 행사 진행 계획을 수립

    ㉡ 옥내 행사로 대체하는 경우 행사장의 배치계획과 인원 동원 계획 및 내빈 안내 계획 등을 작성

3. 행사장 준비 사항

① 식장

    ㉠ 행사장의 위치와 진입도로의 여건, 조망과 일조 등을 고려하여 선정

    ㉡ 단상은 산만하거나 답답해 보이지 않게 배치

    ㉢ 중계석과 촬영대 설치

    ㉣ 의무실과 간이 화장실 설치

    ㉤ 행사장비 및 단상비품 설치 및 확인(오작동을 대비하여 학술요원과 기술자를 배치시킴.)

    ㉥ 행사 요원의 복장은 가급적 통일시킴.

    ㉦ VIP 룸을 운영하여 개막식 전에 주요 인사들이 서로 교류하는 시간을 갖도록 함.

② 식단

    ㉠ 식단 뒤에는 VIP용 임시 화장실과 대피소를 설치하고 소품이나 비품 설치

    ㉡ 식단의 크기는 참석 인원에 비례하여 결정

③ 행사장식물 설치

    ㉠ 식장 내, 외만 설치하는 것이 원칙

    ㉡ 옥외 행사의 경우 홍보 탑과 현수막 등 최소한의 홍보물 설치

④ 단상 비품

    ㉠ 연설대와 의자, 마이크, 탁자 등을 배치

    ㉡ 각 좌석에 좌석 명찰을 부착하고 행사 유인물을 미리 배포

⑤ 테이프 절단

    ㉠ 건물의 주 출입구 앞이 일반적

    ㉡ 가위와 흰 장갑을 쟁반에 담아 참가 인사에게 전달

    ㉢ 적색, 청색, 황색, 흑색, 백색 등 5가지 색의 인조나 견사 등으로 만들어진 천테이프 사용, 장갑과 가위는 여유 있게 준비

4. 행사의 진행

① 시나리오 작성

    ㉠ 모든 직위는 공식 명칭을 사용

    ㉡ 구어체로 작성하고 적당한 경어 사용

② 행사 전 안내
- ㉠ 사회자는 시작 전 행사의 전체적인 진행순서, 준비의 환영방법, 이동 사항 등을 공지하여 행사가 원만히 진행될 수 있도록 함.
- ㉡ 행사 대기시간이 길어지면 경음악 연주 등 간단한 식전행사 준비

③ 행사 진행 순서
- ㉠ 원만한 행사를 위해 필요에 따라 예행연습
- ㉡ 행사의 목적이나 현장 여건을 고려하여 순서와 내용의 가감 가능

③ 의전 준비

1. 사전 정보 확인(주요 인사 정보 수집)
① 참가자의 직급과 이름, 선호 음식과 음료, 건강상태, 수면시간 등
② 방문 예정 및 소요 일정, 일별, 시간대별 스케줄 확인
③ 통역이 필요한 경우 통역자 확인
④ 종교(금기사항, 준수사항)
⑤ 경호가 필요한 경우 경호원 및 경호차량 확인
⑥ 방문지 이동에 따른 사전 정보 확인
⑦ 차량 탑승자 및 차량 이동경로 확인

2. 공항에서의 영접
① 공항 VIP 라운지 예약
② 출입국 수속을 위해 공항 출입국 관리 사무소 및 세관에 협조 요청
③ 환영인사 대상 및 인원수 확인
④ 카메라 기사 동반 확인
⑤ 탑승 이동 차량 확인

✦ CIQ

항공이나 배를 이용하여 공항 또는 항만으로 출입국할 때 반드시 거쳐야 하는 3대 수속으로 세관 검사(Customs), 출입국 관리(Immigration), 검역(Quarantine) 등을 말한다.

> ✦ 더블도어(이중문)
> 귀빈실 '더블도어'는 항공기 탑승구와 바로 연결돼 공항세관과 출입국관리소의 출입국 수속절차와 보안검색도 받지 않는 곳으로 건설교통부의 '공항에서의 귀빈 예우에 관한 규칙'에 따라 전현직 대통령과 입법, 사법 등 3부 요인, 국제기구 대표 등만이 이용할 수 있는 극히 제한된 공간이다. 수행원들은 이용할 수 없다.

3. 호텔에서의 영접

① 호텔 측 관계자 접촉

② 객실의 종류 및 이용 객실 수 확인

③ 엘리베이터(VIP 전용) 유무 및 상태 확인

④ 객실 내 노트북, 전화, 사무기기 확인

⑤ 객실 환영인사 카드, 과일바구니, 꽃다발 등 확인

⑥ Express Check in 확인

4. 환영 리셉션

① 오프닝 시간 확인하고 장소 예약

② 리셉션 홀의 준비사항 확인

③ 테이블 세팅 준비

④ 전체적인 행사 시간 조율

⑤ 행사 시의 서열 및 좌석 안내도 확인

⑥ 좌석 명패 및 선물 준비

⑦ 식사 제공 시 메뉴 준비 및 선호 메뉴와 음료 준비

5. 기타사항

① 환송 후 선물을 준비하며 고가의 선물보다는 전통적인 선물로 준비

② 의전 결과를 체크하고 행사기간 중 특이사항 및 히스토리 카드 작성

4 의전 요원

1. 의전 요원의 구분

① 의전 총괄매니저

② 공항 영접 및 수속 담당

③ 본부 호텔 행사담당

④ VIP 서비스 담당

⑤ 차량관리 및 통제 담당

2. 의전 요원의 자질 및 기본 자세

① 의전 요원은 전문가적 수준의 품위, 예절, 단정한 수행에 최선을 다해야 한다.

② 세심한 준비, 상황예측능력, 유연성, 국제적 감각, 깔끔한 업무처리능력, 엄격한 매너와 에티켓을 갖추어야 한다.

③ 모든 예상 가능한 상황과 행사 진행 과정들을 항상 파악한다.

④ 현장에서 끊임없이 움직이고 자신이 있어야 할 자리를 찾는다.

⑤ 예기치 못한 돌발상황에서도 항상 침착하도록 한다.

⑥ 되도록 카메라를 피하며 적시 차량탑승, 적시 심사, 자기 감정 조절로 스스로를 잘 챙긴다.

⑦ 우리의 풍물, 관습 설명 시 지나친 과장이나 단순화는 자제한다.

3. 의전 중 위기 상황별 대처 방안

① 영접 대상자를 만나지 못했을 경우

㉠ 승무원을 통해 기내 확인, 긴급 상황을 공유한다.

㉡ 입국 심사대 및 수화물 수취대, 입국장에 의전 직원이 피켓을 들고 대기한다.

㉢ 항공사 사무실에 탑승객을 확인하고 공항 종합 안내소를 통해 안내방송을 진행한다.

② 기상악화로 항공기 지연 및 결항 시

㉠ 24시간 운영하는 안내 데스크를 통해 안내한다.

㉡ 필요 시 항공 일정 대기를 위한 현지 숙소를 수급한다.

㉢ 항공편 스케줄을 확인하고 좌석을 확보한다.

③ 수화물 지연 및 분실 시

㉠ 세관 구역 내 수화물 분실센터에서 확인 후 숙소로 퀵 배송 등을 통한 대처를 한다.

㉡ 항공사의 금전적인 보상 체계를 확인 후 VIP에게 전달한다.

㉢ 최대한 불편함이 없도록 항공사와의 유기적인 연락을 통한 해결 방안을 모색한다.

④ VIP의 건강이 좋지 않을 때

㉠ 즉시 인근 병원으로 후송하고 의전 담당자가 지속적으로 관찰한다.

㉡ 총괄 상황실에 응급 환자 발생을 보고한다.

㉢ 각 공항에서 최단 거리에 있는 호텔 및 익일 항공편 좌석을 확보한다.

제**3**장 프레젠테이션

❶ 프레젠테이션의 이해

1. 정의 및 중요성
① 시청각 자료를 활용한 발표로 듣는 이에게 정보, 기획, 안건을 제시하고 설명하는 행위를 가리킨다.
② 한정된 시간 내에 관련 정보를 정확하게 이해시켜서 자신이 의도한 대로 판단과 의사결정이 되도록 하는 커뮤니케이션의 한 형태이다.
③ 효율적인 정보 전달이 가능해 설득을 극대화시킬 수 있으며, 경쟁이 심화된 현재 사회에서는 프레젠테이션이 경쟁력이 될 수 있다.
④ 외부 조직과의 경쟁이나 기업의 PR, 세일즈 프로모션 등 직·간접적으로 조직의 실적과 관계되어 조직의 업무 효율을 증가시키게 된다.
⑤ 조직 구성원 간의 효과적인 정보 공유를 가능하게 해 업무효율을 증가시킨다.
⑥ 효과적인 의사전달을 위한 수단으로 비즈니스 성공과 밀접한 관계가 있다.

❷ 프레젠테이션의 3P 분석

1. People(청중 분석)
① 프레젠테이션에 참석하는 사람이 누구인지, 왜 모이는지, 무엇을 얻고 싶은지를 확인하고 분석하는 일이다.
② 청중의 연령, 지위, 학력, 경력, 성별, 규모 등 청중에 대한 전반적인 이해와 배경지식의 확보가 필요하다.
　　㉠ **청중의 속성** : 연령층, 소속, 지위, 경력, 성별 등을 파악
　　㉡ **청중의 이해도** : 주제 및 내용에 대한 청중의 이해도를 파악
　　㉢ **청중의 태도** : 주제에 대한 태도와 견해, 청중의 흥미나 관심사, 가치관이나 판단기준 등을 파악

2. Purpose(목적 분석)
① 청중이 무엇을 얻고자 하는지에 따라 프레젠테이션의 목적이 결정된다.
② 발표자는 프레젠테이션의 목적과 이유를 명확하게 파악해야 한다.

✦ 프레젠테이션의 목적
- 신제품의 정보전달 및 소개
- 신규사업 진행을 위한 고객 설득
- 신사업 투자를 위한 제안
- 직원들의 사기진작을 위한 동기부여
- 행사나 기념식을 위한 행사

3. Place(장소 분석)

① 효과적인 프레젠테이션을 위해서는 사전에 장소와 환경을 분석해 두어야 한다.

② 장소의 형태와 참여하는 청중의 수에 따라 좌석 배열과 프레젠테이션 위치, 자세 등이 달라져야 한다.

③ 발표장의 크기, 청중의 규모, 좌석이나 가구 배치 상황, 스크린이나 마이크, 연단 등의 설비, 인터넷 연결상태, 조명, 난방, 냉방 작동 여부, 방음 여부 등을 분석한다.

④ 토의 또는 설명 등 발표 형식에 맞는 구조인지 확인한다.

⑤ 발표자의 통제가 가능한 장소인지 청중이 한눈에 들어오는 구조인지 확인한다.

⑥ 청중들이 서로 의사소통할 수 있는 장소인지 확인한다.

❸ 구성요소

1. 기획 – 콘텐츠의 구성

① 서론

　㉠ 청중의 관심과 흥미를 유발한다.

　㉡ 신뢰성을 구축하고 본론의 내용에 대해 사전 예고한다.

　㉢ 제목을 제시하고 목적, 필요성, 배경을 설명한다.

② 본론

　㉠ 중요 내용을 논리적으로 구성한다.

　㉡ 본론의 메인 포인트는 3개 정도가 적합하다.

　㉢ 다양한 사례와 스토리텔링으로 몰입감 있게 내용을 전달한다.

　㉣ 중간중간 동기부여가 이루어져야 한다.

　㉤ 중간에 내용의 이해 정도와 간단한 질문을 받는 것도 좋다.

③ 결론

　㉠ 전체 내용을 요약해주는 것은 청중의 기억을 돕고 빠진 것을 다시 알게 해 주는 기회가 된다.

    ⓛ 제시된 중심 내용을 강조하면서 강한 인상을 청중에게 남길 수 있도록 한다.

2. 시청각 자료

① 청중들은 말이나 그림만으로 설명할 때보다 말과 그림을 함께 사용해 설명할 때 기억하는 비율이 높다.

② 시청각 자료를 활용하는 것은 교육의 내용을 더 효율적이고 효과적으로 전달할 수 있도록 하며, 의사소통의 촉진을 도와준다. 단 너무 많이 화려하게 사용하는 것은 지양한다.

③ 그림(도면, 도표, 모형 등)은 청중의 빠른 이해를 돕고, 영상(슬라이드, 시뮬레이션, 미디어 등)은 청중에게 감동을 일으키게 해준다.

④ 청중이 내용을 쉽게 받아들일 수 있도록 메인컬러, 폰트의 종류, 슬라이드 화면구성, 애니메이션 구성, 멀티미디어 등을 준비한다.

⑤ 시청각 자료 제작시 고려사항으로는 자료의 적합성, 간결성, 일관성, 효과적인 색채와 디자인 등이 있다.

3. 발표 전달력

① 발표자가 어떠한 태도를 가지고 전달하느냐에 따라 프레젠테이션의 결과가 달라질 수 있다.

② 발표자의 목소리, 제스처, 언어, 표정, 시선 처리 등과 같은 비언어적 요소가 적절한 조화를 이루어야 한다.

③ 청중에게 자신감, 당당함, 전체적인 호감도, 신뢰감을 줄 수 있어야 한다.

④ 발표내용을 간략하게 메모하여 준비하되 사전에 내용을 숙지하여 자주 확인되지 않도록 한다.

✦ **음성전달능력**
- 자연스럽게 말하고 단조롭지 않도록 강약, 고저, 장단을 조절하며 쉬운 어휘를 사용한다.
- 중요한 단어나 문장을 이야기할 때에는 강하게 발음한다.
- 청중에게 잘 들릴 정도의 성량과 발음, 속도, 톤을 적절히 조절해야 한다.
- 목소리의 6요소는 빠르기, 크기, 높이, 길이, 쉬기, 힘주기이다.

📍 **음성 상태에 따른 표현법**

구분	상태	표현
말의 속도	빠르다	긴장, 열정, 흥분
	느리다	주의, 강조
말의 강약	강하다	강조, 흥분
	약하다	주의
말의 고저	높다	강조, 흥분
	낮다	중후, 엄숙

제4장 MICE의 이해

1 MICE

1. MICE의 정의 및 이해

① 기업회의(Meeting), 포상관광(Incentive), 컨벤션(Convention), 전시·이벤트(Exhibition & Events)를 융합한 산업을 말한다.

② MICE 산업은 대표적인 서비스 산업으로 MICE 자체 산업뿐만 아니라, 숙박, 식음료, 교통, 통신, 관광 등 다양한 산업과 연계되어 발생하며 고용창출 효과가 크고 외화를 직접 벌어들인다.

③ 줄여서 비즈니스 관광(Business Trip)이라고 하며 일반 관광산업과는 다르게 기업을 대상으로 하기 때문에 일반 관광산업보다는 그 부가가치가 훨씬 크다.

> ✦ 일반 관광산업은 B2C의 형태라면 MICE는 B2B의 형태를 이룸.

④ 'MICE' 용어는 홍콩, 싱가포르, 일본, 한국과 동남아시아권에서 사용되는 용어이다. 미주지역은 Event, 유럽지역은 Conference라는 용어가 광범위하게 사용된다.

⑤ 지역별, 국가별 교류와 협력으로 국제적 연대와 협력이 크게 늘어나고 있어, MICE 산업의 수요가 증가하고 있는 추세이다.

⑥ 비정부 기구(NGO)의 활동 증대는 MICE 산업을 확산시키는 요인으로 작용한다.

⑦ 기존 관광이 B2C(Business to Consumer)라면 MICE 산업은 B2B(Business to Business)의 형태를 이룬다.

2. MICE 산업의 중요성

① 지식 집약적 산업으로 인식된 미래형 고부가가치 산업이다.

② 일반 관광산업과는 다르게 대규모 그룹을 대상으로 하기 때문에 고부가가치 산업이다.

③ MICE 산업은 호텔, 쇼핑, 이벤트 등 관광 및 다양한 산업과 상호의존성이 강하기에 고소비, 고양질의 관광객을 유치할 수 있다.

④ 세계적으로 국가 및 도시브랜드 이미지 향상에 기여하는 대표적 국가 홍보산업이다.

3. MICE 산업의 특징

① 공공성

ㄱ 개최에 있어 정부와 지역사회의 적극적인 참여가 필요

ⓒ MICE 산업을 활성화시킬 수 있는 교통이나 통신, 법적인 지원 등이 필요

ⓒ 컨벤션센터를 건립하는 데 막대한 비용이 필요하며 건립 후에도 지속적인 지원이 필요

② **지역성**

ⓐ 그 지역의 고유한 문화, 자연자원 관광 등의 특성을 바탕으로 다른 산업과 연계를 통하여 이루어짐.

ⓑ 지역의 고유한 특성을 바탕으로 독특한 문화적 이미지와 브랜드 창출

ⓒ 지방정부가 MICE 산업을 지역 홍보 수단으로 사용

③ **경제성**

ⓐ 관련 시설의 건설과 투자, 생산 및 고용 유발 등의 경제적 파급 효과가 높음.

ⓑ 고용, 소득증대, 지역의 세수 증대 등의 지역 경제 활성화를 도모

④ **관광 연계성**

ⓐ 일반 관광객에 비해 경제력이 높은 참가자들이 관광하면서 관광 관련 산업의 수입 창출과 활성화를 일으킴.

ⓑ 관광 비수기 타개 전략으로 활용

ⓒ MICE 산업 참가자들이 행사 중간이나, 이후에 관심이 있는 관광 프로그램에 참여

② Meeting(기업회의)

1. Meeting은 '기업회의'를 의미하며 최소 참가자는 10인 이상으로 전문회의시설 등에서 4시간 이상 개최되는 회의이다.

2. 국제적 기업회의는 외국인 10명 이상 참가해야 한다고 정의하며, 국내 기업회의는 외국인 10명 이내로 참가하는 것을 말한다.

3. 아이디어 교환, 사회적 네크워트 형성, 토론, 정보교환을 위한 각종 회의를 말한다.

4. Meeting은 내용과 규모면의 국제화, 대형화의 의미가 중시된다.

5. 컨벤션과 구조적, 생태적 시스템이 유사하다.

6. 상품 판매 촉진, 신상품 개발 및 발표회, 세미나 및 워크숍, 경영자 회의, 주주 총회, 인센티브 회의 등이 있다.

✦ 주최 및 주요 참가자에 따른 분류
- 협회/학회 Meetings : 협회/학회가 주최하는 Meetings
- 정부/공공 Meetings : 정부/공공 기관이 주최하는 Meetings
- 기업 Meetings : 기업 Meetings에는 기업 포상 Meetings(Corporate Incentives Meetings)도 포함
- 기타 Meetings : 위의 범주에 속하지 않는 기타 Meetings

---

③ Incentive Tour(포상 관광)

1. 개념

① 조직이 구성원의 성과에 대한 보상 및 동기부여를 위해 비용의 전체 혹은 일부를 조직이 부담하는 포상관광으로 상업용 숙박 시설에서 1박 이상의 체류를 하는 것이다.

② 유치 경쟁력을 갖기 위해 해당 기업의 특성에 맞게 차별화하고 고객 맞춤형의 볼거리, 먹을거리, 즐길거리를 모두 포함한 여행 상품의 개발 및 제공이 관건이다.

③ 포상관광의 내용은 휴양 및 교육을 포함하고 오락적 부분이 강조되면서 목적지, 개최지 선택에 있어 중요한 결정 요인이 되기도 한다.

④ 관련 업계의 최신 환경 및 트렌드의 변화에 민감해야 하고, 소비자에 대한 이해가 우선시 되어야 한다.

2. 특징

① 한 번에 대규모 관광단이 이동한다는 점에서 수익이 보장되고, 비수기를 타개할 수 있다.

② 포상관광은 평균 소비액이 단체 관광객의 1.5~2배에 달하는 높은 수익성으로 각국이 인센티브 관광단의 유치에 많은 관심을 보이고 있다.

③ 정치, 경제 산업에서 시너지 효과가 높다는 점과 함께 MICE 산업을 중심으로 다양한 산업군이 성장함으로써 새로운 일자리 창출에 기여하고 있다.

④ 기업 측면에서는 글로벌 기업으로서의 이미지와 직원 복지에 관심 있는 기업이라는 이미지를 심어줄 수 있기 때문에 포상관광에 대한 관심이 높아지고 있다.

⑤ 포상관광은 회사의 분위기 쇄신, 사기진작, 영업실적 향상 등에 여타의 포상 방법(상여금 지급)보다 효과가 더 큰 것으로 나타났다.

④ Convention(국제회의)

1. 개념

① 어원은 라틴어 "con" = together와 "vene" = meet의 합성어로 컨벤션이란 '함께 와서 모이고 참석하다'의 의미를 지닌다.

② 일반적으로 3개국 이상에서 공인 단체 대표가 참가하는 정기적 혹은 비정기적 회의를 의미하며, 직·간접적인 정보교환과 인적 교류를 하는 행사의 총체로서 부대행사로서의 이벤트, 전시회를 포함하는 회의이다.

③ 서비스 산업으로 고용을 창출하고 지역경제 활성화 및 외화획득에 기여하는 무공해 산업이라는 순기능의 역할을 지니고 있으며 지식기반의 고부가가치 산업이다(무형적 가치가 높음).

④ 컨벤션 산업은 관광산업이 포함하고 있는 숙박, 교통, 레저, 식음료 등 제반 시설을 활용한 다양한 서비스 산업으로 그 중요성이 증대되고 있다.

2. 컨벤션 산업의 효과

① 경제적 효과
  ㉠ 참가자 및 주최자가 지출하는 소비액에 직·간접 경제 승수 효과
  ㉡ 선진국의 기술이나 노하우의 수용으로 국제 경쟁력 강화
  ㉢ 개최 도시 및 개최 국가의 세수 증대
  ㉣ 외화획득, 고용증대, 환경 및 조경 개선, 시설물의 정비 등으로 산업 전반의 발전에 영향을 미침.

② 정치적 효과
  ㉠ 국가홍보의 극대화
  ㉡ 개최국의 국제 지위 향상
  ㉢ 문화 및 외국 교류의 확대

③ 사회문화적 효과
  ㉠ 도시화, 근대화 등의 지역 문화 발전
  ㉡ 세계화와 질적 수준의 향상
  ㉢ 고유문화의 세계 진출 기회와 국가 이미지 향상의 기회

④ 관광산업 발전효과
  ㉠ 관광 비수기 타개
  ㉡ 대량 관광객 및 양질의 관광객 유치 효과
  ㉢ 지역 이미지 제고
  ㉣ 관광 홍보

3. 컨벤션 뷰로(CVB : Convention & Visitor's Bureau)

① 개념
  ㉠ 국제회의 유치에 필요한 모든 업무를 지원하는 전담팀이다.
  ㉡ 국제회의 유치 추진 절차부터 행사장 선정, 유치 제안서 작성, 현지 설명회 개최, 마케팅, 소요예산 분석, 국제기구 임원을 대상으로 한 홍보 활동까지 모든 업무를 지원하는 공공조직이다.
  ㉢ 컨벤션 뷰로는 도시 자체를 판매하는 것을 목적으로 하는 비영리 조직이다.

        ⓔ 컨벤션을 유치, 개최함으로써 그 도시를 육성하는 것이 주요 임무이다.

② 기능
        ㉠ 관광 목적지 및 컨벤션 개최지 마케팅
        ㉡ 도시 이미지 창출
        ㉢ 이벤트 기획 및 관리
        ㉣ 컨벤션 개최를 위한 서비스 제공
        ㉤ 방문객 및 컨벤션 시설 관리

✦ PCO(Professional Convention Organizer) : 국제회의 기획업
- 기업이나 정부에서 자체적으로 컨벤션을 담당하는 조직이 없을 경우, 행사 주최 측으로부터 국제회의 개최와 관련한 다양한 업무를 위임받아 전체적 또는 부분적으로 대행해주는 영리 업체이다.
- PCO는 다년간의 경험과 회의장, 숙박시설, 여행사 등의 회의 관련 업체들과 긴밀하게 연결되어 있어 원활한 업무 대행을 수행할 수 있다.

---

5 Exhibitions/Events(전시/이벤트)

1. 개념
제품의 홍보 또는 판매를 위해 정해진 장소에서 관람객과 잠재적 바이어에게 제품의 전시, 홍보, 거래 등의 활동을 하는 것이다.

2. 특성
① 직접적인 인적접촉의 측면에서 타 커뮤니케이션의 도구들보다 고객들에게 더욱 가까이 접근해 있다.
② 참가업체나 관람객들에게 매우 효율적이고 역동적인 판매 및 마케팅 기회를 제공하는 공간적 장점을 가지고 있다.
③ 참관객은 관심 있는 참가 기업의 부스를 방문하여 직접적인 시연 및 상담을 통해 원하는 정보를 바로 획득하고 신속하게 의사소통한다. 바이어들의 구매동기에 강력한 영향을 미친다.
④ 전시회는 참관객들이 자발적이고 공개적으로 방문하여 실질적인 정보를 수집할 수 있는 유용한 수단이다.
⑤ 전시회는 접촉하기 어려운 선별된 잠재 고객들을 만날 수 있는 공간이며, 구매의사결정권을 가진 바이어가 직접 참가업체를 방문함으로써 계약 체결 및 판매의 기회를 갖는다.

3. 분류

① 형태에 따른 분류

㉠ 무역 전시회(Trade show)

ⓐ 기업이 다른 기업 혹은 도소매업자를 대상으로 판매 및 마케팅 활동을 펼치는 전시회를 말한다.

ⓑ 전문적인 분야의 해당 제품이나 관련 제품만을 출품하도록 제한하는 것으로써 산업 견본시, 전문 견본시라고도 한다.

ⓒ 무역 전시회는 시간적으로 제한된 행사로서 참가 업체들이 단일 혹은 여러 산업 분야의 제품을 전시하거나 판매 촉진을 목적으로 제품을 알리는 행사이다.

ⓓ 기업과 기업 간의 교역에 초점을 맞추어 비즈니스 환경을 조성하는 전문 전시회는 등록된 관람객 또는 전문 바이어들만 참관이 가능하며, 일반인은 제한된다.

ⓔ 사전 입장객이 정해진 경우, 입증할 만한 증명서를 소지하거나 초청장이 있어야 한다.

㉡ 일반 전시회(Public show)

ⓐ 전시회에 참가한 기업이 일반 소비자인 대중들을 주요 관람객으로 상대하는 전시회이다.

ⓑ 전시회에 출품하는 상품들은 전문적인 산업재이기보다는 주로 일반 소비재들이 주류를 이룬다.

ⓒ 전문 바이어들이 관람객으로 초대되어 방문을 하기도 하지만, 기본적으로 일반 소비자들을 대상으로 제품의 홍보와 마케팅 하는 것을 목적으로 개최되는 전시회이다.

㉢ 무역/일반 전시회(Combined Show)

ⓐ 무역 전시회와 일반 전시회의 두 가지 기능이 혼합된 전시회를 지칭한다.

ⓑ 전시회들은 기본적으로 산업 간 또는 기업 간의 교역을 촉진시키려는 목적을 지향하지만 운영 및 재정적인 문제로 인해 혼합적 성격의 전시회를 개최하는 경우가 많다.

② 참가업체 및 참관객에 따른 분류

㉠ 국제 전시회 : 전시산업발전법에 의한 전시회로 100명 이상의 외국인 구매자가 참가 등록한 무역 전시회, 소비자 전시회 및 혼합 전시회(1일 이상)

㉡ 국내 전시회 : 전시산업발전법에 의한 전시회로 100명 미만의 외국인 구매자가 참가 등록한 무역 전시회, 소비자 전시회 및 혼합 전시회(1일 이상)

✦ 제안요청서(RFP, Request for Proposal)의 필수 포함 사항
  ① 행사일시
  ② 행사의 개요
  ③ 주최/주관 기관
  ④ 제안서 평가 방법
  ⑤ 행사 목적

회의 기획 및 의전 실무

PART 5 기출유형문제

 **PART 1 일반형**

01 다음 중 의전의 5R에 해당하지 않는 것은?

① 서열타파(Rank Free)

② 상호존중(Reciprocity)

③ 상대방에 대한 존중(Respect)

④ 숙녀는 오른쪽(Lady on the Right)

⑤ 현지문화의 반영(Reflecting Culture)

─────────────────────────────────────

✦**해 설** 의전의 5R

㉠ 상대방에 대한 존중(Respect), ㉡ 상호주의(Reciprocity), ㉢ 현지 문화의 반영(Reflecting Culture), ㉣ 서열존중(Rank), ㉤ 오른편 우선(Lady on the Right)

02 다음 중 회의 개최지 선정 시 고려사항과 가장 거리가 먼 것은?

① 교통 편의성 　　　　　　② 개최시기의 날씨

③ 숙박시설의 적절성 　　　④ 개최 장소의 적합성

⑤ 참가대상자들의 시차 적응 용이성

─────────────────────────────────────

✦**해 설** 회의 개최지 선정 시 고려사항

• 숙박 가능한 호텔과의 접근성과 적합성(숙박시설의 적절성)
• 개최지 주변의 편의성 및 교통의 편리성
• 개최 도시의 이미지
• 개최 도시의 행사지원 의지와 능력
• 개최 시기의 기후 및 온도(개최 시기의 날씨)
• 개최 도시의 관광 또는 행사의 성수기·비성수기 여부
• 회의에 필요한 소요면적 및 가격
• 엔터테인먼트 수요

정답 　**01** ① 　**02** ⑤

03 제안요청서(RFP, Request for Proposal)의 필수 포함 사항으로 적절하지 않은 것은?

① 행사일시
② 행사의 개요
③ 주최/주관 기관
④ 제안서 평가 방법
⑤ 행사 예산 조달 방법

✦ **해설** ① 행사일시 : 제안에 참여하는 조직이 사전에 반드시 알아야 하는 정보
② 행사의 개요 : 행사의 성격, 개최목적, 참가대상자 등을 명시함.
③ 주최/주관기관 : 행사의 구분이나, 성격 등을 파악하기 위하여 명시
④ 제안서 평가방법 : 배점의 기준을 미리 정하여야 함.

04 MICE 산업의 특징으로 적절하지 않은 것은?

① 지방정부가 MICE 산업을 해당 지역의 홍보마케팅 방안으로 활용할 수 있다.
② MICE 산업을 활성화시키기 위해서는 교통이나 통신, 법적 절차 등의 지원이 필요하다.
③ MICE 산업은 계절에 따라 성수기, 비수기가 구분되므로 관광 성수기 확대 전략으로 활용 가능하다.
④ 회의기간 동안 혹은 전, 후로 실시되는 관광행사를 통해 기존 관광 상품 및 신규 상품을 홍보할 수 있다.
⑤ MICE 산업은 그 지역의 고유한 특성을 바탕으로 독특한 문화적 이미지와 브랜드를 창출하여 국내 산업에 기여한다.

✦ **해설** MICE 산업은 계절에 구애받지 않고 개최가 가능하므로 관광 비수기 타개책으로 활용 가능하다.

05 다음 중 각 전문분야의 주제에 대한 아이디어, 지식, 기술 등을 서로 교환하여 새로운 지식을 창출하고 개발하기 위한 목적의 회의 형태는?

① 포럼
② 워크숍
③ 세미나
④ 클리닉
⑤ 컨퍼런스

정답 03 ⑤   04 ③   05 ②

✦ **해 설** ① 포럼 – 한 주제에 대해 상반된 견해를 가진 동일 분야의 전문가들이 사회자의 주도하에 청중 앞에서 벌이는 공개 토론회이다.
③ 세미나 – 주로 교육 및 연구 목적으로 개최되는 소규모 회의이다(30명 이하).
④ 클리닉 – 참가자에게 특정 분야의 지식과 기술을 습득시키고 문제를 해결하고 분석하는 방법을 교육하는 소그룹 모임이다.
⑤ 컨퍼런스 – 컨벤션과 유사하나 토론회가 많고 과학, 기술, 학술 분야의 새로운 지식 습득 및 특정 분야의 연구를 위한 회의에 사용되는 용어이다.

06 다음 중 바트나(BATNA)에 대한 내용으로 적절하지 않은 것은?

① 합의에 도달하지 못했을 때 택할 수 있는 최선의 대안, 차선책이다.
② 상대방에 대한 압박전술로 활용할 때도 있다.
③ 바트나가 없다면 만들고, 좋지 않을 때는 끊임없이 개선해 나가야 한다.
④ 협상이 결렬되었을 때 취할 수 있는 행동 계획으로, 협상타결을 위한 필요조건이다.
⑤ 바트나에 미치지 못하는 제안이라도 협상을 결렬시키는 행위는 지양해야 한다.

✦ **해 설** 바트나는 이성적 판단에 따라 협상을 결렬시키고 회의장을 걸어 나오는 한계선이다.

⏱ **PART 2 O/X형**

※ [07~09] 다음 문항을 읽고 옳고(O), 그름(×)을 선택하시오.

07 MICE 산업은 Meetings(회의), Incentives(포상휴가), Country tour(국토순례), Exhibitions (전시회)가 포함된 포괄적인 관광산업이다.

(① O　② ×)

✦ **해 설** 마이스(MICE) 산업은 기업회의(meeting), 포상관광(incentives), 컨벤션(convention), 전시(exhibition)를 융합한 새로운 산업을 말한다.

정답 06 ⑤　07 ②

08 해당 행사의 최고 귀빈(VIP, No.1)이 정해지면 차석은 착석한 최고 귀빈을 기준으로 왼쪽 좌석이다.

(① ○   ② ×   )

✦ 해 설 'Lady on the Right'라고도 하며, 최고 귀빈의 오른쪽에 앉는다.

09 의전의 관계에 있어서 '선물'의 전달은 매우 중요하다. 고가의 선물일수록 선호하며, 전통적인 선물보다는 현대의 디지털 제품 같은 세련된 선물이 서로 간에 예의를 표하는 선물로 적합하다.

(① ○   ② ×   )

✦ 해 설 의전에 있어서 '선물'은 고가의 선물보다는, 전통적이고, 의미 있는 선물이나 문화가 반영된 선물이 더욱 적합하다.

⏱ PART 3 연결형

※ [10~12] 다음 설명에 적절한 보기를 찾아 각각 선택하시오.

┌───┐
│ ① 상대에 대한 존중(Respect)   ② 정족수의 원칙   ③ 다수결의 원칙 │
└───┘

10 의전의 기본 정신 중 하나로 다양한 문화와 생활방식을 이해하고 배려하는 것

(   )

✦ 해 설 ① 상대에 대한 존중(Respect)

정답 08 ②   09 ②   10 ①

11 회의에서 의제를 심의하고 의결하기 위해서는 일정한 수의 참석자가 필요하다.

( )

✦ **해 설** ② 정족수의 원칙

12 표결에 의하여 문제의 가부(可否)를 결정하는 데는 과반수의 찬성이나 혹은 다수의 찬성으로 가결함이 원칙

( )

✦ **해 설** ③ 다수결의 원칙

 **PART 4 사례형**

13 다음 사례는 컨벤션을 유치할 때 추진하는 활동이다. 컨벤션 유치활동 중 무엇에 관한 설명인가?

> • 컨벤션센터나 시설에 대한 시설 운영계획 정보를 미리 제공할 필요가 있다.
> • 유치 경쟁국에 대한 정보를 파악하고, 이전 개최지와의 유사성보다는 개최지로서의 독특함을 강조하는 것이 필요하다.
> • 전문가가 수행하여 지리, 역사, 문화는 물론, 개최 도시에 대한 광범위한 정보를 제공하고 질 문에 응답한다.
> • 컨벤션센터 직원, 컨벤션 뷰로 대표, 호텔 관계자, 기술자 등이 현장답사에 동행하여 관련 사항 에 대해 상세하게 설명한다.

① 실사단 현장 답사 　　　　　　② 컨벤션 유치제안서 작성
③ 컨벤션 개최의향서 제출 　　　④ 컨벤션 유치신청서 제출
⑤ 컨벤션 유치 프레젠테이션

✦ **해 설** 컨벤션 유치활동 중 현장답사(Site Inspection)에 대한 설명이다.

정답 　11 ②　　12 ③　　13 ①

14 다음은 한국의 한 PCO(국제회의 전문용역업체) 직원이 PCMA 201X Education Conference 에 참석해서 다른 국가 참가자들과 나눈 대회의 일부이다. 대화에 관한 내용 중 적절한 것은?

> 한국인 참가자 : 우리나라는 중앙정부가 적극 나서서 지식기반 서비스 산업을 적극적으로 육성하기 위한 정책을 입안하고, 지원을 아끼지 않고 있습니다. 이 중 가장 대표적인 분야가 'MICE 산업' 분야라고 할 수 있습니다.
>
> 외국인 참가자 : 'MICE 산업'이라 하면 구체적으로 어떤 산업 분야를 말씀하시는지요?
>
> 한국인 참가자 : 'MICE 산업'을 모르세요? 이 분야에 오래 몸담지 않으셨나 보죠?

① MICE라는 조어는 전 세계적으로 학문 분야에서만 주로 사용되는 조어이다.

② MICE라는 조어는 싱가포르, 홍콩, 일본, 한국과 동남아시아권에서 통용되는 조어이다.

③ MICE라는 조어는 미국, 캐나다 등 북미지역에서 주로 사용되는 조어로 유럽 참가자라면 낯설 수 있다.

④ MICE라는 조어는 유럽에서 광범위하게 사용되는 조어로 다른 대륙의 국가에서 참가한 사람들이라면 잘 이해하지 못할 수 있다.

⑤ MICE라는 조어는 전 세계적으로 회의, 컨벤션 산업을 통칭하는 조어로 이 분야에서 얼마간 일한 사람이라면 당연히 알 수 있다.

✦해 설 MICE는 회의(Meeting), 포상관광(Incentives), 컨벤션(Convention) 및 이벤트와 전시(Events & Exhibition) 를 아우르는 조어로 주로 동남아 지역에서 사용되고, 미주지역에서는 Events, 유럽지역에서는 Conference 라는 용어가 더 광범위하게 통용되고 있음.

정답 14 ②

PART 5 **통합형**

※ [15~16] 다음은 국제회의 기조연설자로 초청한 국제통화기금(IMF) 총재의 방한 일정의 일부분이다.

〈17일〉
• 오전 10시 : 인천국제공항 도착
• 오후 1시~오후 2시 30분 : 기획재정부 장관 및 한국은행 총재와 오찬
• 오후 4시~오후 5시 30분 : 기획재정부 및 한국은행 직원 대상 강연

〈18일〉
• 오전 10시~오전 11시 30분 : 개막식 기조연설
• 오전 11시 30분~오후 1시 30분 : VIP 오찬
• 오후 3시 30분~오후 5시 : 서울대학교 강연
• 오후 8시 출국

---

15 IMF 총재의 방한 일정을 원활히 진행하기 위해 사전에 준비해야 하는 사항에 대한 설명으로 잘못된 것은?

① 방문 예정지와 소화해야 하는 일정, 소요시간을 확인한다.
② IMF 총재의 이름, 기호, 선호음식, 건강상태 등을 확인한다.
③ 차량 탑승자 및 차량 이동경로를 확인하여 일정에 차질이 없게 한다.
④ 최대한 성대하게 환영식을 개최하고, 최고의 음식을 대접한다.
⑤ 행사장과의 거리 및 의전의 편이성을 고려하여 호텔을 선택한다.

✦**해설** 귀빈의 기호와 선호를 고려하여 그에 맞춰 의전을 진행한다. 성대하게 최고의 음식을 대접하기보다는 상대방의 특성이나 문화 등을 고려해야 한다.

16 IMF 총재가 개막식에서 기조연설을 할 때, 진행과 관련한 사항으로 적절하지 않은 것은?

① 안내 요원과 의전 요원의 배치와 위치별 행동요령을 수립하고 확인한다.
② 기조연설에 대한 답례로 감사의 선물을 준비하는 것도 좋은 방법이다.
③ VIP룸을 운영하여, 개막식 전에 주요 인사들이 서로 교류하는 시간을 갖게 한다.
④ 행사장에 참가자가 착석하기 전에, 다른 귀빈과 함께 먼저 입장하여 자리 잡도록 안내한다.
⑤ 연설 도중 시청각기기의 오작동에 대비하여, 행사장에 학술요원과 기술자를 배치 시킨다.

✦**해설** 귀빈(기조연설자 포함)은 행사장에 도착하면, 우선 VIP룸에서 다른 귀빈과 함께 대기하고 있다가, 참가자가 행사장에 대부분 착석을 완료한 뒤에 행사가 막 시작할 즈음 다른 귀빈들과 함께 행사장에 맨 나중에 입장한다.

정답 15 ④ 16 ④

SMAT

모듈 A 비즈니스 커뮤니케이션

문제 유형				
PART 1 일반형	PART 2 O/X형	PART 3 연결형	PART 4 사례형	PART 5 통합형
24문항	5문항	5문항	10문항	6문항

Service **M**anagement **A**bility **T**est

01 다음의 상황별 전화 응대에 대한 설명으로 옳은 것은?

① 지명인이 부재중일 때, 개인적인 부재 사유에 대해 정확하게 알린다.

② 회사의 위치를 묻는 경우 일단 대중교통을 이용할 수 있도록 안내해준다.

③ 찾는 사람이 부재중이라면 정중히 사과 후 나중에 다시 전화할 것을 부탁한다.

④ 불특정 고객이 전화 연결을 요청하는 경우, 지명인의 휴대전화번호를 알려줘서는 안 된다.

⑤ 전화가 잘 들리지 않는 경우 "뭐라고요?", "잘 안 들리는데요." 등의 표현으로 통화 상태가 좋지 않음을 명확하게 알린다.

02 다음 중 비즈니스 현장에서의 장소별 안내 매너로 적절한 것은?

① 복도에서는 고객보다 2~3보 가량 비스듬히 뒤에서 안내한다.

② 엘리베이터에서 승무원이 없을 때는 상급자가 먼저 타도록 안내한다.

③ 계단과 에스컬레이터에서 남성이 여성을 안내할 때 남성이 위쪽에서 안내하고, 여성이 아래쪽에 위치한다.

④ 일반적으로 당겨서 여는 문일 경우에는 문을 당겨 열어서 안내자가 먼저 통과한 후 고객이 통과하도록 한다.

⑤ 계단과 에스컬레이터 등 경사가 있는 곳에서 올라갈 때는 앞에서 안내하고, 내려올 때는 뒤쪽에서 안내한다.

03 이미지에 있어서 밝은 표정이 주는 여러 효과에 대한 설명으로 적절하지 않은 것은?

① 근육을 많이 사용하게 되어 건강에 유익하다.

② 호감 형성 효과에 의하면 웃는 표정이 상대에게 호감을 형성시킬 수 있다.

③ 신바람 효과란 웃는 모습으로 생활을 하면 기분 좋게 일을 할 수 있는 효과를 의미한다.

④ 감정 이입 효과란 밝고 환한 웃는 표정을 보면 주변사람도 기분이 좋아지는 효과를 말한다.

⑤ 마인드 컨트롤 효과란 내면에서 우러난 밝은 표정이 타인의 감정도 조절하여 긍정적으로 변화시킬 수 있다는 효과를 말한다.

04 다음의 방향 안내 동작 중 삼점법의 순서로 적절한 것은?

① 상대 눈 → 지시 방향 → 지시하는 손 끝
② 상대 눈 → 지시 방향 → 상대 눈
③ 상대 눈 → 지시하는 손 끝 → 지시 방향
④ 지시 방향 → 지시하는 손 끝 → 상대 눈
⑤ 지시 방향 → 상대 눈 → 지시하는 손 끝

05 다음의 고객 성격유형 중 '외향형(Extraversion)'에 해당하는 특성은?

① 말로 표현하는 것을 선호한다.
② 서서히 알려지는 것을 선호하는 경향이 있다.
③ 조용하고 신중한 경향이 있다.
④ 깊이 있는 대인관계를 유지하는 경향이 있다.
⑤ 자기 내부에 주의 집중하는 경향이 있다.

06 다음은 '소비자'와 '고객'에 대한 용어의 정의를 설명한 내용이다. 이 중 옳지 않은 것은?

① 고객은 흔히 '손님'이란 용어로 표현되기도 한다.
② 처음 기업과 거래를 시작하는 고객을 신규고객이라 한다.
③ 일반적으로 소비 활동을 하는 모든 주체를 소비자라 한다.
④ 소비자는 구매자, 사용자, 구매 결정자의 역할을 각각 다르게 하는 경우와 1인 2역, 3역 역할을 수행하는 경우가 있다.
⑤ 직접 제품이나 서비스를 반복적, 지속적으로 애용하고 있지만, 타인에게 추천할 정도의 충성도를 가지고 있지 않은 고객을 옹호고객이라 한다.

07 고객의 구매행동에 영향을 끼치는 요인을 설명한 것으로 가장 적절한 것은?

① 물리적 환경 – 타인의 관찰
② 사회적 환경 – 상표, 점포의 실내 디자인
③ 커뮤니케이션 상황 – 광고, 점포 내 디스플레이
④ 구매 상황 – 고객이 제품을 사용하는 과정상 발생 가능한 상황
⑤ 소비 상황 – 제품 구매 가능성, 가격 변화, 경쟁 상품의 판매 촉진 등 제품을 구매하게
　되는 시점의 상황

08 다음 설득의 기술 중 역지사지를 설명한 것은?

① 시각에 호소하는 언어를 사용한다.
② 상황에 맞는 전문가의 말을 인용한다.
③ 객관적 자료보다는 다양한 채널로 접근하여 감성을 자극한다.
④ 상대방의 의도를 간파하는 짧은 한마디는 상대방의 마음을 한순간에 무너뜨릴 수 있다.
⑤ 타인을 비난하기 전에 먼저 자신을 낮추고 상대방의 마음을 헤아리는 모습을 보여준다.

09 커뮤니케이션 상황 내에서 잠재적 메시지 가치를 가지고 있는 인간이나 환경에 의해 야기된
언어를 제외한 자극을 '비언어를 통한 커뮤니케이션'이라고 한다. 이의 유형 중 '공간적 행위'
를 설명한 것으로 가장 적절한 것은?

① 친밀한 거리는 0~45cm이다.
② 개인적 거리는 80cm~1.2m다.
③ 사회적 거리는 45cm~80cm다.
④ 대중적 거리는 1.2m 이내다.
⑤ 육체적 공간 거리를 어떻게 유지하고 어떤 의미를 부여하는가에 대한 내용으로 상대에 대
　한 친밀감이나 신뢰도와는 관계가 있으나, 진정한 관심이나 흥미 및 태도를 반영하지는
　않는다.

10 CIQ(CIQ : 세관(Customs), 출입국관리(Immigration), 검역(Quarantine))지역에서 주로 이루어지는 행정사항이 아닌 것은?

① 휴대품 검사
② 참가 회의 관련 안내
③ 귀빈실 사용 VIP 영접
④ 여권 및 비자의 적절성 검사
⑤ 필요시 회의 참가 입국자의 건강이상 유무 및 동·식물 검역

11 회의장의 배치 형태 중 장시간의 강의 청취와 노트필기에 적합한 세팅은?

① U자형 배치(U-Shape Setting)
② T자형 배치(T-Shape Setting)
③ 극장식 배치(Theater Style Setting)
④ 교실식 배치(Classroom Style Setting)
⑤ 이사회형 배치(Boardrooom Style Setting)

12 의전 시 계급에 따른 호칭 사용이 적절하지 않은 것은?

① 문서에는 상사의 존칭 생략
② 상사에게 자신을 지칭할 때는 '저'를 사용
③ 최상급자에게 상급자 호칭 시 존대법 사용
④ 상급자에게는 성과 직위 다음에 '님'이라는 존칭 사용
⑤ 상급자의 이름을 모를 경우 직위에만 '님'이라는 존칭 사용

13 다음 중 의전(儀典) 업무에 대한 설명으로 적절하지 않은 것은?

① VIP 고객에 있어서는 사전 예약과 사후 관리에 세밀한 응대가 필요하다.

② 의전은 의식을 갖추고 예(禮)를 갖추어야 하므로 높은 수준의 매너가 필요하다.

③ 때에 따라서는 VIP 고객을 위해 주차장에서부터 의전 서비스를 제공하고, 전문 직원이 밀착 서비스를 제공할 수도 있다.

④ 행사 중 서로 이해관계가 있는 VIP 고객 간의 자리 배석과 공간적 거리를 염두에 두고 사전 행사 준비를 하는 편이 좋다.

⑤ 의전은 의식과 의례를 갖춘 행사를 의미하므로 절대로 규칙에서 벗어나지 않도록 하며, VIP 고객에게도 행사 규칙을 따르도록 강요해야 한다.

14 대안평가 및 상품 선택에 관여하는 방법 중 고객이 기존안을 우월하게 평가하도록, 상대적으로 열등한 대안을 내놓아 기존안을 상대적으로 돋보이게 하는 방법은?

① 후광 효과　　　　　② 빈발 효과　　　　　③ 유인 효과

④ 프레밍 효과　　　　⑤ 유사성 효과

15 매너의 개념에 대한 설명으로 옳지 않은 것은?

① 상대방을 존중하는 태도가 매너의 기본이다.

② 매너는 에티켓을 외적으로 표현하는 것이다.

③ 매너는 타인을 향한 배려의 언행을 형식화한 것이다.

④ 에티켓을 지키지 않는 사람에게도 매너를 기대할 수 있다.

⑤ 매너는 사람이 수행해야 하는 일을 위해 행동하는 구체적인 방식이다.

16 효과적인 경청 방법으로 가장 적절하지 않은 것은?

① 질문한다.

② 온몸으로 맞장구를 친다.

③ 말하는 사람과 동화되도록 노력한다.

④ 전달하는 메시지의 요점에 관심을 둔다.

⑤ 상대방의 이야기를 자신의 경험과 비교하며 듣는다.

17 명함을 받거나 건넬 때 올바른 명함 매너는?

① 명함을 건넬 때 바로 선 자세에서 왼손으로 주는 것이 예의이다.

② 명함을 받을 때 상황에 따라 두 손으로 서서 받거나 앉아서 받는다.

③ 명함을 건넬 때 정중히 인사하고 자신의 소속과 이름을 정확히 말해야 한다.

④ 명함을 받은 후 바로 상대방 명함 상단에 날짜와 특이사항을 기록해 놓는다.

⑤ 명함을 받은 후 대화가 이어질 경우에도 바로 명함집에 잘 넣어 보관하여야 한다.

18 다음 중 남성의 조문 매너에 대한 설명으로 적절한 것은?

① 요즘에는 복장이 단정하면 격식에 구애받지 않는다.

② 조의금은 형편이 힘들더라도 최대한 많이 내도록 한다.

③ 유족에게 가능한 말을 자주 걸어 슬픔을 잊도록 도와준다.

④ 복장은 검정 양복을 기본으로 하며, 감색·회색 양복은 입지 않는다.

⑤ 영정 앞에 선 채로 묵념 후 한 번 절하여 총 두 번의 조의를 표한다.

19 다음 중 올바른 Voice 이미지 연출 방법에 대한 설명으로 적절하지 않은 것은?

① 장, 단음을 분명하게 발음한다.

② 천천히 또박또박 발음하도록 한다.

③ 모음에 따라 입 모양을 다르게 해야 한다.

④ 숨을 들이 마신 후에 말하면 목소리가 더 풍성해진다.

⑤ 말을 할 때에는 항상 강하고 힘 있게 말하여 자신감 있는 모습을 연출한다.

20 다음 중 서비스 전문가의 용모 복장에 대한 설명으로 적절하지 않은 것은?

① 명찰은 정 위치에 부착하고 개인적인 액세서리는 가능한 피하도록 한다.

② 헤어연출은 가급적 이마를 드러내어 밝은 표정을 극대화하는 것이 좋다.

③ 네일(손톱)은 깨끗하고 정리된 상태를 유지하며 지나친 네일아트는 피하도록 한다.

④ 유니폼을 개인의 취향으로 변형하지 않도록 하며 유니폼은 조직을 나타내는 상징임을 기억하고 규정에 맞게 착용한다.

⑤ 메이크업의 목적은 신체의 장점을 부각하고 단점은 수정 및 보완하는 미적 행위이므로 항상 자신의 개성을 부각시켜 연출한다.

21 지각적 방어는 지각의 특징들 중 어느 특징에 영향을 미치는가?

① 주관성   ② 선택성

③ 일시성   ④ 총합성

⑤ 이질성

22 협상에서 효과적으로 반론하는 방법으로 적절하지 않은 것은?

① 긍정적으로 시작한다.

② 반대 이유를 설명한다.

③ 반론 내용을 명확히 한다.

④ 반론을 요약해서 말한다.

⑤ 상대방이 수락할 때까지 반복적으로 주장한다.

23 공식 운전자가 있는 의전차량에 탑승자 중 VIP 인사의 좌석은?

① 뒤 중앙좌석

② 운전자 옆 좌석

③ 운전자 직 후방 뒷좌석

④ 운전자 대각선 방향 뒷좌석

⑤ 탑승 좌석 구분은 불필요함.

24 자신이 인정받고자 하는 욕구가 많아지면서 고객들은 누구나 자신을 최고로 우대해 주기를 원한다. 이에 해당하는 고객 요구의 변화의 특징으로 적절한 것은?

① 의식의 고급화

② 의식의 복잡화

③ 의식의 개인화

④ 의식의 대등화

⑤ 의식의 존중화

 **PART 2 O/X형**

※ [25~29] 다음 문항을 읽고 옳고(O), 그름(×)을 선택하시오.

25 공수 자세를 취할 때 평상시에는 남자가 왼손이 위로, 여자는 오른손이 위로 가도록 두 손을 포개어 잡는다. 집안의 제사는 흉사이므로 반대로 손을 잡는다.

(① O   ② ×   )

26 경청의 기법인 B.M.W.는 Body(자세), Mood(분위기), Word(말의 내용)이다. B.M.W.의 Body는 표정이나 눈빛, 자세나 움직임을 상대에게 기울이고, Mood는 대화 장소의 분위기를 고려하여 들으며, Word는 말의 내용적인 면에서 고객의 입장에 서서 고객을 존중하며 고객이 원하는 바가 무엇인지 집중하여 듣는 공감적 경청의 방법이다.

(① O   ② ×   )

27 컨벤션 개최를 통해 긍정적인 경제적 효과 외에도 개최국의 국제 지위 향상 등 정치적 효과도 누릴 수 있다.

(① O   ② ×   )

28 서비스 종사자에게 유니폼은 근무 시 활동하는 복장인 동시에 회사와 개인의 이미지까지 표현하는 수단이 되므로 자신의 개성을 잘 살려 수선하고 개인별로 포인트를 주어 화려함을 더하도록 한다.

(① O   ② ×   )

29 서비스 종사자는 고객이 가진 우월심리를 잘 이해해야 한다. 고객은 늘 자신이 서비스 직원보다 우월하다는 심리를 가지고 있으므로 직업의식을 가지고 고객의 자존심을 인정하고 자신을 낮추는 겸손한 자세가 필요하다.

(① O   ② ×   )

PART 3 연결형

※ [30~34] 다음 설명에 적절한 보기를 찾아 각각 선택하시오.

---

① 팁 문화　　② 상호주의 원칙(Reciprocity)　　③ 체리피커
④ 공수　　⑤ 악수

---

30 제공받은 서비스에 대한 감사의 표시로 담당자에게 전체 금액의 10% 정도를 전달하는 문화

(　　　　　　　　)

31 의전의 기본 정신 중 하나로 내가 배려한 만큼 상대방으로부터 배려를 기대하는 것으로, 국력에 관계없이 동등한 대우를 기본으로 한다.

(　　　　　　　　)

32 명품 숍에서 고가의 가방을 구입한 후 당일 약속에 들고 외출했다가 다음날 마음에 들지 않는다며 환불을 요청하는 고객

(　　　　　　　　)

33 비즈니스 하는 사람과 사람 사이의 친근함을 표현하는 것으로 관계형성의 중요한 단계이며, 서양에서는 이를 사양하는 것은 결례에 속한다.

(　　　　　　　　)

34 어른 앞에서나 의식 행사에 참석했을 때 또는 절을 할 때 취하는 공손한 자세

(　　　　　　　　)

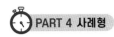 **PART 4 사례형**

35 다음 사례에서 두 사람의 전화 응대 비즈니스 매너를 해석한 것으로 적절하지 않은 것은?

> 김철수 씨는 출근 시간이 십여 분 정도 지난 시각에 아직 출근하지 않은 옆자리의 동료 전화를 대신 받게 되었다.
>
> 김철수 : (A) 여보세요.
>
> 송신자 : (B) 아, 네 수고하십니다. ○○건설이죠. 김영식 씨 계십니까?
>
> 김철수 : (C) 아 네 ○○건설은 맞습니다만 김영식 씨는 아직 출근 전입니다. 아마 곧 출근할 것 같습니다만…
>
> 송신자 : 네. 그렇군요.
>
> 김철수 : (D) 용건을 말씀해주시면 제가 메모를 남기거나 자리에 도착하는 대로 전화 드리라고 전하겠습니다. 괜찮으시겠습니까?
>
> 송신자 : (E) 네. 며칠 전에 메일을 보내주셔서 그 건으로 연락드렸습니다. 저는 ○○상사에 근무하는 ○○○ 대리입니다. 말씀을 전해주시면 감사하겠습니다.

① (A) – 비즈니스 전화를 받을 때 가장 무난한 인사법으로 응대하였다.

② (B) – 전화 통화하고자 하는 상대를 확인하고자 하였으나, 본인의 소속을 밝히지 않아서 적절한 응대가 아니다.

③ (C) – 동료가 지각하여 부재한 상황이라면, 아직 출근 전이라고 하기보다는 잠시 자리를 비웠다고 하는 편이 비즈니스 응대 시에는 더 적절하다.

④ (D) – 상대에게 정중히 메모나 연락처 등을 질문하며 적절히 응대하였다.

⑤ (E) – 전화를 건 용건과 소속을 밝히고 메모를 전해주는 것에 대한 감사를 전하여 예의를 갖추었다.

36 다음 사례에서 고객이 방문하였을 때 상황별로 갖추어야 할 안내 매너로 적절하지 않은 것은?

> 오늘은 중요 고객사 김길동 과장이 11시에 본사를 방문하는 날이다.
>
> ① (정문에서의 안내) : 10시 50분에 정문에서 대기하고 통과하는 차량을 확인한 후, 주차 안내를 도운 다음 문을 열어주고 정중하게 인사하며 자기소개를 했다.
>
> ② (복도에서의 안내) : 고객이 따라오는지 거리를 확인하면서 고객보다 2~3보 가량 비스듬히 앞서서 걸으며 접견실 입구로 안내했다.
>
> ③ (계단에서의 안내) : 계단을 오를 때, 안내자는 여성이고, 고객은 남성이므로 고객보다 한두 계단 앞서 안내하며 올라가고, 계단을 내려올 때 고객보다 한두 계단 뒤에서 내려왔다.
>
> ④ (문에서의 안내) : 당겨서 여는 문에서는 먼저 당겨 열고 서서 고객이 먼저 통과하도록 안내하였고, 밀고 들어가는 문에서는 안내자가 먼저 통과한 후 문을 잡고 고객을 통과시켰다.
>
> ⑤ (접견실에서의 안내) : 접견실에 도착해서 "이곳입니다."라고 말하고, 전망이 좋은 상석으로 고객을 안내하였다.

① 정문에서의 안내   ② 복도에서의 안내   ③ 계단에서의 안내
④ 문에서의 안내   ⑤ 접견실에서의 안내

37 다음은 회의 운영팀이 점심식사를 자유 시간으로 운영하기보다 계획된 프로그램으로 제공할 것을 회의를 통해 결정하는 사례이다. 점심식사를 계획된 프로그램으로 제공하는 이유에 대한 각 담당자별 의견 중 가장 적절하지 않은 것은?

> 〈 ① A 과장 〉
> 점심시간을 자유 시간으로 제공하면 참가자들이 점심식사를 위해 시설을 떠나거나 오후 세션에 참석하지 않는다.
>
> 〈 ② B 과장 〉
> 점심시간을 자유 시간으로 제공하면 참가자가 몰리게 되어 내부시설 식음료 장소의 대기라인이 길어진다. 계획된 프로그램으로 제공해야 한다.
>
> 〈 ③ C 대리 〉
> 점심을 잘 기획하여 제공하면 대부분의 참가자들이 한 공간에 머물게 되기 때문에 회의 일정이 정상적으로 진행되는 것을 도울 수 있다.
>
> 〈 ④ D 대리 〉
> 점심을 잘 기획하여 제공하면 식음료 비용을 오히려 절감할 수 있게 되어 예산운영을 효과적으로 할 수 있다.
>
> 〈 ⑤ E 대리 〉
> 점심을 잘 기획하여 제공하면 참가자들이 식사를 위해 이동하는 시간을 줄여 회의 참가자가 식사 후 오후 세션에 늦게 참석하는 것을 방지할 수 있다.

① A 과장　　　　　　　② B 과장
③ C 대리　　　　　　　④ D 대리
⑤ E 대리

38 다음은 인천공항 귀빈 전용통로, '더블도어'의 모습이다. 이 문을 통과할 수 없는 대상은?

공항 더블도어

① 덴마크 여왕
② 유엔사무총장
③ 부시 대통령
④ 독일총리대행
⑤ 덴마크 여왕 수행원

39 다음은 상황에 따른 고객과의 통화 내용이다. 대화에 관한 내용 중 옳지 않은 것은?

① 전화를 바꾸어 줄 때
고객님! 죄송하지만 통화가 길어지는 것 같은데요!
제가 메모해서 전화가 끝나는 대로 연락드리도록 하겠습니다.

② 전화가 들리지 않을 때
죄송하지만 잘 들리지 않습니다. 고객님! 죄송하지만 목소리가 작아서 잘 들리지 않는데
좀 크게 말씀해 주시겠습니까?

③ 전화가 잘못 걸려왔을 때
실례하지만 몇 번으로 전화하셨습니까?
이곳은 구매부가 아니라 자재부입니다. 제가 구매부로 돌려 드리겠습니다.

④ 항의전화인 경우
고객님! 정말 죄송합니다. 착오가 있었던 것 같습니다. 불편을 드려 죄송합니다. 즉시 조사하
여 신속히 답변을 드리겠습니다. 감사합니다.

⑤ 잠시 통화를 중단할 때
네! 확인해 드리겠습니다. 죄송하지만 잠시만 기다려 주시겠습니까?
기다리게 해서 죄송합니다. 네! 오랫동안 기다리셨습니다.

① 전화를 바꾸어 줄 때　　② 전화가 들리지 않을 때　　③ 전화가 잘못 걸려왔을 때
④ 항의전화인 경우　　　　⑤ 잠시 통화를 중단할 때

40 다음 사례는 고객의 의사결정과정 5단계 중 어떤 단계에 해당하는가?

여자 : 예식장 정하는 것이 이렇게 어려운 일인지 몰랐어.
남자 : 그래, 남들이 결혼하는걸 보면 쉽게 하는 것 같은데 막상 우리가 정하려고 하니까 참
　　　어렵네.
여자 : 그 사람들도 우리처럼 이런 과정을 다 거쳤을 거야. 오늘은 결정해서 예약해야 하는데.
남자 : 그래, 여기저기 더 알아보는 것은 시간 낭비지. 지금까지 열 군데는 알아본 것 같은데,
　　　그중에서 우리 마음에 든 두 개 중 하나를 결정하자.
여자 : 두 개 중에서 나는 양재역 근처에 있는 예식장이 마음에 들어. 개장한 지 얼마 안되서
　　　인테리어가 고급스럽고 분위기도 좋으며 역세권이라 교통도 편리해서 손님들이 오기도
　　　좋지. 다만 가격이 다른 곳보다 조금 더 비싼 것이 흠이긴 하지만 말이야.
남자 : 나도 그렇게 생각해. 우리가 알아본 것 중에서는 그만한 곳이 없지. 그곳으로 정하자.
　　　계약은 오후에 가서 하면 될 거야.
여자 : 계약은 아직 안 했지만 일단 결정을 하니까 속이 후련하네.

① 특정 제품 및 서비스를 획득하는 구매의 단계
② 의사결정과 관련된 정보를 습득하는 정보탐색의 단계
③ 획득 후 기대에 부합하는지를 평가하는 구매 후 행동 단계
④ 제품 및 서비스의 필요성을 느끼고 지각하는 문제인식의 단계
⑤ 여러 대안 중 평가요인에 의해 선택의 폭을 좁히는 대안평가의 단계

41 어느 통신기기 매장에서 판매사원과 상담을 하는 고객의 행동에서 매우 특징적인 점을 발견하게 되어 간략하게 정리해 보았다. 정리한 내용 중에서 비언어적 커뮤니케이션의 '의사언어'에 해당하는 내용으로만 구성된 보기는?

> 가. 자신의 의사가 명확하게 전달될 수 있도록 발음에 상당히 신경을 써서 대화를 이어나간다.
> 나. 자신의 감정에 따라 말의 속도가 확연히 다르다.
> 다. 주변을 둘러보면서도 판매사원의 말을 경청하고 있다는 듯이 가끔씩 고개를 끄덕인다.
> 라. 부드럽고 친근감 있는 말투였으나 자신의 질문을 판매사원이 잘 이해하지 못하면 약간 짜증스러운 말투로 이야기한다.
> 마. 판매사원의 설명 내용에 따라 얼굴 표정이 달라지는데, 그 표정만 봐도 구매결정 여부를 대략 알 것 같다.

① 가, 나, 라
② 나, 라, 마
③ 가, 다, 마
④ 나, 다, 마
⑤ 가, 라, 마

42 다음은 한 가구점에서 고객과 점원이 대화를 하는 장면이다. 이를 설명한 내용으로 가장 옳은 것은?

> 고객 : 초록색 의자보다 노란색 의자가 더 마음에 들어요.
> 점원 : 재고가 있는지 모르겠네요, 지난주에 매진됐거든요. 가장 인기 있는 제품입니다. 게다가 그 가격이라면 손님들도 곧바로 가져가시고 싶어 하지요. 괜히 기대감을 드리기 전에 재고가 있는지 한번 확인하겠습니다.

① 재고가 없다면 '없다'고 단호하게 말해야 한다.

② '나중에는 불가능할지도 모른다.'는 뉘앙스를 고객에게 느끼게 해서는 곤란하다.

③ 사례와 같은 응답 방식은 고객으로 하여금 노란색 의자를 구매하겠다는 의지를 감소시킬 수 있다.

④ "다음 주에 오셔도 저희가 물건을 충분히 가지고 있을 겁니다."라는 말은 고객의 구매 욕구를 더욱 불러일으킬 가능성이 크다.

⑤ 지난주에 매진되었던 제품임을 알리며 고객에게 인기가 많은 제품임을 인식시켜 구매 욕구를 높일 수 있다.

43 다음은 회사 내에서 이루어지는 비서와 내방객의 대화이다. 대화에 관한 내용 중 적절하지 않은 것은?

> 비　　서 : (하던 일을 멈추고 일어나 밝게 웃으며) 안녕하십니까?
> 내방객 : 네, 안녕하세요. 반갑습니다. (명함을 내밀며) 김만세 사장님과 오늘 2시에 만나기로 한 ○○물산의 박민국 사장입니다. 제가 약속 시간보다 조금 일찍 와버렸네요…….
> 비　　서 : 아! 네네, 괜찮습니다. 다만…… 사장님께서 지금 외부일정 중이신데, 조금 전에 출발하셔서 지금 사무실로 들어오고 계십니다. 죄송합니다만, 잠시 기다리셔도 괜찮으시겠습니까?
> 내방객 : 네네 그럼요. 괜찮습니다. 기다리겠습니다.
> 비　　서 : 그럼 제가 회의실로 먼저 안내해 드리겠습니다. 이쪽으로 오십시오.
> (회의실 입구에서 가장 먼 곳인 상석으로 안내 후) 이쪽으로 앉으십시오. 그럼 사장님께서 도착하시는 대로 회의 시작하실 때 음료나 차를 준비해 드리겠습니다.
> 내방객 : (민망해 하며) 아…… 네…… 알겠어요…….
> 비　　서 : 그럼 잠시 계십시오. (라고 하며 퇴장한다.)
> 내방객 : …

① 내방객이 먼저 명함을 내밀며 자신을 소개한 것은 좋은 비즈니스 매너이다.

② 비서는 내방객을 회의실로 안내 후 상석에 앉도록 하여 올바른 고객응대를 하였다.

③ 비서는 고객 내방 시 하던 일을 멈추고 즉시 일어나 인사하여 고객에게 긍정적인 첫인상을 주었다.

④ 비서는 내방객에게 기다려달라는 부탁을 하면서 쿠션언어를 사용하여 고객의 기분이 상하지 않도록 하였다.

⑤ 사장님이 오시면 회의를 위해 음료나 차를 함께 준비해 드려야 하므로 내방객이 대기하는 시간에는 음료나 차를 내지 않는 것이 좋다.

44 다음의 사례에서 구매자 상담예절과 원칙에 어긋나는 행동은 무엇인가?

> 세일즈맨 : 안녕하세요, 고객님! 시간 내어 주셔서 감사합니다.
>
> 잠재고객 : 그런데 오늘 방문한 목적이 무엇인지요?
>
> 세일즈맨 : 다름이 아니라 새로 나온 상품을 소개하고자 찾아뵈었습니다. 이 상품은 다른 제품에 비하여 성능, 가격, 디자인 어느 면에서도 나무랄 곳이 없는 상품입니다. 이 상품에 대한 제안서를 보시면 이해가 빠르실 것입니다.
>
> 잠재고객 : 그런데, 이 상품은……
>
> 세일즈맨 : 아! 이 상품의 자세한 성능에 대해 알고 싶다는 말씀이시군요! 마침 제안서를 준비해 왔는데 한 번 보시겠습니까?
>
> 잠재고객 : 아니 제안서보다 별로 이 상품에 대해 관심이……
>
> 세일즈맨 : 고객님 일단 제안서를 보시면 생각이 많이 달라지실 것입니다. 이 상품의 특징, 경쟁사와의 차별화된 점, 이 상품을 선택함으로 얻으실 이익에 대한 과학적인 증거가 잘 제시되어 있습니다.
>
> 잠재고객 : 그래도 별 관심이 없습니다.
>
> 세일즈맨 : 저도 처음에는 별로 관심이 없었습니다. 충분히 고객님의 생각에 공감합니다. 끝까지 인내하시고 들어주시는 모습에 감동받았습니다. (미소를 지으며) 혹시 언젠가 필요하시면 꼭 연락주세요! 감사합니다.

① 미소

② 경청

③ 칭찬과 공감

④ 마무리(Closing)

⑤ 오프닝(Opening)

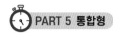 PART 5 통합형

※ [45~46] 다음은 고객이 처음 방문한 화장품 매장에서 판매의 진행에 따라 구사할 수 있는 다양한 응대 화법들이다.

안녕하세요? 많이 더우시죠? 여기 시원한 물과 음료수가 준비되어 있으니 천천히 둘러보시고 도움이 필요하시면 말씀해 주세요.

A

○○화장품에 대해서는 알고 계시나요? 화장품에 세포과학을 접목해서 최근 많은 호응을 얻고 있는 회사입니다. 화장품의 기능과 효능에 집중하여 투자하고 있죠.

E

요즘은 화장품 종류들이 정말 다양합니다. 그렇지요? 혹시 고객님께서는 화장품을 고르시는 특별한 기준이 있으신지요?

B

저는 20여 년간 화장품 업계에서 전문적으로 고객님들께 '아름다움'을 권해드리는 일을 하고 있습니다.

F

네. 고객님께서는 브랜드를 중요하게 생각하고 계시네요. 그 밖에 또 특별히 궁금하시거나 고민되시는 부분은 어떤 것이 있으신가요?

C

고객님께서 원하시고 또 필요로 하시는 제품을 잘 구매하실 수 있게 도와드리는 게 제 역할입니다. 충분한 정보와 고객님께 잘 맞는 상품으로 도와드리니 편안하게 물어보시고 상담 받으시면 됩니다. 피부가 건강해 보이시는데 혹시 특별히 염려되시는 점이 있으신지요?

G

화장품을 제조한 기업의 신뢰도가 궁금하시군요? 그렇습니다. 과연 내가 비용을 투자한 만큼의 효과를 중요하게 생각하시기 때문일 것입니다. 그래서 화장품을 고르실 때는 충분한 정보와 상담이 필요합니다.

D

45 다음은 A ~ G의 각 화법의 역할을 설명한 내용이다. 화법과 역할의 연결이 적절하지 않은 것은?

① B - 구매를 강요함.
② D - 상담의 필요성 부각
③ E - 회사 소개를 통한 신뢰감 형성
④ F - 판매자의 자기소개를 통해 전문가 이미지 부각
⑤ G - 본격적인 상담으로의 진입

46 화법 A는 고객을 맞이하는 첫 인사이다. 화법 A를 다른 화법으로 바꿔보려 할 때, 가장 효과적이지 않은 화법은 무엇인가?

① 어서 오세요. 세포 과학을 접목한 ○○화장품입니다.

② 안녕하세요? ○○화장품입니다. 어떤 제품을 찾으시나요?

③ ○○화장품입니다. 반갑습니다. 천천히 둘러보시면 안내해 드리겠습니다.

④ 안녕하세요? 햇볕이 많이 뜨겁습니다. 여기 수분 미스트 한번 뿌리시고 천천히 둘러보세요.

⑤ 어서 오세요. 저희 매장은 왼쪽에는 기초, 중앙에는 색조, 오른쪽에는 세안, 바디 제품들로 구성되어 있습니다. 천천히 둘러보시면 도와드리겠습니다.

※ [47~48] 다음은 ○○여행사에서 하루 동안 상담한 고객들의 상담내역이다.

A 고객 : 오전 10시 상담. 가족여행 계획. 총 4인. 정확한 날짜, 지역은 아직 정하지 못함. 재 상담 예정. 전화번호와 이메일 확보

B 고객 : 오전 11시. ○○카드사 이벤트에 응모한 고객 명단 중 이벤트 상품 홍보 문자 발송

C 고객 : 오후 1시. 부모님 생신 선물로 여행 상품 상담. 20대 미혼 여성. 견적서 문의, 메일 발송

D 고객 : 오후 2시. 다음 주 여행 출발 계약자 상담. 주요 문의사항 상담 후 현지 옵션 상품 예약 진행

E 고객 : 오후 3시. 지난 주 판매한 여행 상품을 통해 기업 단체 연수를 다녀온 ○○기업 담당자 통화. 불편사항 및 추가 조치사항 확인. 분실물 보험처리 진행

F 고객 : 오후 4시. 2주 전 상담 고객 견적 발송 후 3차 상담 전화. 조정된 견적 내용 설명 및 예약 가능 여부 타진. 이번 주 중에 최종 결정

G 고객 : 오후 5시. 웨딩 플래너 박 실장과 신혼여행 상품 홍보를 위한 전화통화. 최신 호응도 높은 상품 설명 및 안부. 박 실장이 올해 가을 예비 부부 약 10쌍 진행 중이라고 함. 적절한 협력 부탁. 다음 주 미팅 약속

47 위의 상담내역을 통해 ○○여행사의 고객을 분류해 보았다. 다음 중 각각의 고객 분류, 설명이 적절하지 않은 것은?

①	A 고객	가망 고객	여행 계획이 잡혀 문의해 옴. 구매 가능성이 있는 상태
②	B 고객	잠재 고객	아직 여행 상품 구매의사를 확인할 수 없지만 이벤트에 응모하여 정보를 알고 있는 잠재적 고객군
③	C 고객	구매자	여행 상품을 직접 이용하는 것은 아니지만 구매를 결정하는 고객
④	E 고객	의사 결정 고객	상품을 구입하는 데 있어 영향을 미치는 사람. 전체 여행 상품을 사용하는 소비자를 통해 기업 구매의 결정에 영향을 미침.
⑤	F 고객	충성 고객	상품의 평판, 심사 등에 참여하여 의사결정에 영향을 미치는 사람

48 G 고객과 ○○여행사의 관계에 대한 설명이다. 가장 적절한 것은?

① 현재 10쌍의 예비부부는 ○○여행사의 가망고객이다.
② 10쌍의 예비부부는 웨딩 플래너 박 실장의 잠재고객이다.
③ 웨딩 플래너 박 실장은 ○○여행사와 강한 유대관계를 형성하고 있으므로 충성고객이다.
④ 웨딩 플래너 박 실장은 소비자도 구매자도 아니므로 ○○여행사의 고객이라고 할 수 없다.
⑤ 웨딩 플래너 박 실장은 대체적인 경우 ○○여행사의 잠재고객에게 구매영향자가 될 수 있으므로 고객으로 볼 수 있다.

※ [49~50] 다음 상사와 부하 간 대화를 읽고 물음에 답하시오.

A 대리 : B 사원, 오늘 고객 만날 때 자료정리를 잘 해서 만나야 해.
B 사원 : 네, 잘 알겠습니다.
A 대리 : 지난번에도 자료 없이 그냥 만났지? 회사 생활이라는 게 말이야. 무슨 일이든 철저하게 준비하는게 중요하거든. 그래야 신뢰가 생기는 거야. 내가 신입사원이었을 때는 고객을 만날 때 늘 필요한 자료가 뭔가 미리 생각해서 만들어서 만났거든.
B 사원 : 아, 네. 그렇군요. 대리님 말씀 잘 명심하겠습니다.
A 대리 : 그리고 무슨 문제 있으면 나한테 먼저 이야기하라고. 내가 도와줄테니까.
B 사원 : 네.
A 대리 : 그런데 말이야. B 사원, 내가 이야기하는데 자꾸 시계를 보네. 뭐 바쁜 일 있나?
B 사원 : 아닙니다. 그냥요.
A 대리 : 거 참, 사람이 말하는데 시계를 자꾸 보면 되나. 고객 앞에서도 그러는 거 아냐?
B 사원 : 앞으로 주의하겠습니다.

49 A 대리와 B 사원의 대화를 교류분석(transactional analysis) 관점에서 분석하였을 때 A 대리는 어떤 자아 상태인가?

① 성인 자아(adult self)
② 부모 자아(parent self)
③ 전문가 자아(expert self)
④ 관리자 자아(management self)
⑤ 성숙인 자아(mature man self)

50 B 사원이 범하고 있는 커뮤니케이션 오류는 무엇인가?

① 준거의 틀 차이
② 반응적 피드백의 부족
③ 비언어적 메시지의 오용
④ 신뢰 네트워크 형성 부족
⑤ 시간이라는 제약 상황의 한계

01 매너의 개념에 대한 설명으로 옳지 않은 것은?

① 상대방을 존중하는 태도가 매너의 기본이다.

② 매너는 에티켓을 외적으로 표현하는 것이다.

③ 매너는 타인을 향한 배려의 언행을 형식화한 것이다.

④ 에티켓을 지키지 않는 사람에게도 매너를 기대할 수 있다.

⑤ 매너는 사람이 수행해야 하는 일을 위해 행동하는 구체적인 방식이다.

02 고객 응대 상황에서 물건 수수 자세에 대한 설명으로 옳지 않은 것은?

① 받는 사람이 보기 편하도록 건넨다.

② 밝게 웃으며 상대방의 시선을 바라본다.

③ 가슴과 허리 사이 위치에서 주고받도록 한다.

④ 원칙상 물건은 양손으로 건네는 것이 예의이다.

⑤ 물건이 작아 두 손으로 건네기 힘든 경우에는 한 손으로 건네도록 한다.

03 다음 중 표정 이미지에 대한 설명으로 옳지 않은 것은?

① 표정은 곧 마음의 메시지를 나타내는 것이다.

② 시선은 완만한 각도로 상대방의 정면을 응시한다.

③ 상대방이 등을 돌려 돌아설 때까지 미소를 유지한다.

④ 고개를 한 쪽으로 기울여 경청하고 있음을 보여준다.

⑤ 개인적인 감정을 이겨내고 서비스인으로서의 공적인 표정을 익힌다.

04 그레고리 스톤(Gregory Stone)이 분류한 바에 의하면 쇼핑상품 구매고객은 절약형 고객, 윤리적 고객, 개별화 추구 고객, 편의성 추구 고객 등 네 가지로 나뉜다. 다음 중 개별화 추구 고객의 특징으로 적절한 것은?

① 가정으로 실시간 배달해주는 마트의 시스템을 선호한다.
② 사회적으로 신뢰할 수 있는 기업의 단골이 되는 것을 선호한다.
③ 고객에게 친밀하게 인사하는 태도를 보이는 종업원의 서비스에 만족한다.
④ 입원한 어린이 환자 가정을 위한 기업의 사회공헌 프로그램에 대해 만족해한다.
⑤ 자신이 사용한 시간, 노력, 금전으로부터 획득할 수 있는 가치를 극대화하려 한다.

05 고객과의 효과적인 커뮤니케이션을 위한 반응적 피드백의 예에 해당하는 것은?

① 대화 중 상대의 반응을 요구한다.
② 대화 중 미소를 띠며 이야기 한다.
③ 대화 중 손짓을 하면서 이야기 한다.
④ 대화 중 상대방의 말에 고개를 끄덕인다.
⑤ 대화 중 상대방이 알아들을 수 있는 쉬운 용어를 사용한다.

06 회의의 종류와 그 정의에 대한 설명으로 적절하지 않은 것은?

① 컨벤션(Convention) - 가장 일반적으로 사용되는 회의 용어로, 대회의장에서 개최되는 일반 단체회의를 뜻한다.
② 컨퍼런스(Conference) - 과학 기술, 학술 분야 등의 새로운 지식 공유 및 특정 문제점이나 전문적인 내용을 다루는 회의이다.
③ 패널 토의(Panel Discussion) - 훈련 목적의 소규모 회의로, 특정 문제나 과제에 대한 생각과 지식, 아이디어를 서로 교환한다.
④ 포럼(Forum) - 상반된 견해를 가진 동일 분야 전문가들이 한 가지 주제를 가지고 사회자의 주도 하에 청중 앞에서 벌이는 공개 토론회를 말한다.
⑤ 세미나(Seminar) - 주로 교육 목적의 회의로 30명 이하의 참가자가 강사나 교수 등의 지도하에 특정 분야에 대한 각자의 경험과 지식을 발표하고 토론한다.

07 컨벤션 산업이 주는 효과로 적절하지 않은 것은?

① 국제 행사가 열리게 되므로 고용 증대, 도로, 항만 통신 시설 등 사회 간접 시설이 확충된다.

② 컨벤션 산업과 관광지 서비스 산업의 결합으로 이어지면서 관광 산업을 활성화시키는 효과가 있다.

③ 국제 컨벤션은 참가자들이 다양한 문화적, 언어적 배경을 가지고 있기 때문에 문화적 파급 효과를 갖는다.

④ 통상 수십 개국의 대표나 사회적 지위가 높은 인사들이 참석하기 때문에 국가 차원의 홍보 효과를 얻을 수 있다.

⑤ 컨벤션 산업은 참석하는 인사들을 통해 유입되는 금전과 같은 유형적 가치가 무형적인 가치보다 큰 산업이다.

08 MICE 산업에 대한 설명으로 가장 적절한 것은?

① 일반적으로 관광 목적의 여행자들은 MICE 방문객보다 더 많은 금액을 지출한다.

② 국제회의 참가자는 자연스럽게 홍보 대사 역할을 하여 국가 이미지 향상에 보탬이 된다.

③ 기존 관광이 B2B(Business to Business)라면 MICE 산업은 B2C(Business to Consumer)의 형태를 이룬다.

④ 다양한 비정부 기구(NGO)의 활동은 정부 단체의 국제 행사 등을 방해하여 MICE 산업의 성장을 저해하고 있다.

⑤ 컨벤션이란 제품, 기술, 서비스를 특정 장소인 전문 전시시설에서 1일 이상 판매, 홍보, 마케팅 등의 활동을 하는 각종 전시를 말한다.

09 다음의 회의 운영 계획서에 포함된 내용 중 상대적으로 중요도가 낮은 항목은?

① 연사의 학력

② 회의장 조성 계획

③ 프로그램 및 연사

④ 참가자 등록 방법 및 등록비

⑤ 공식/비공식 행사의 참가 대상자

10 다음 인사에 대한 설명 중 옳은 것은?

① 손님이나 상사와 만나거나 헤어지는 경우 정중례로 인사하는 것이 보통이다.

② 약례는 양손에 무거운 짐을 들고 있거나 모르는 사람과 마주칠 경우에 한다.

③ 정중례는 90도로 숙여서 하는 인사로 VIP 고객이나 CEO를 만날 때 주로 한다.

④ 목례는 눈으로 예의를 표하는 인사의 방식으로 허리를 15도 정도 살짝 숙인다.

⑤ 보통례는 허리를 30도 정도 숙여서 인사하는 방법으로, 주로 처음 만나 인사하는 경우에 사용한다.

11 다음 중 매너의 개념으로 옳은 것은?

① 매너는 에티켓을 내적으로 표현하는 행위이다.

② 매너는 자신의 품위와 권위로 상대방을 복종시키는 행동 방식이다.

③ 매너는 방법(how)으로 자신에 대한 예의와 예절을 형식화한 것이다.

④ 매너는 사람이 수행해야 하는 일을 위해 생각하는 객관적인 방식이다.

⑤ 매너는 사람이 수행하고자 하는 바를 위해 움직이는 행동이나 습관이다.

12 표정에 대한 상대방의 해석에 대한 연결로 적절한 것은?

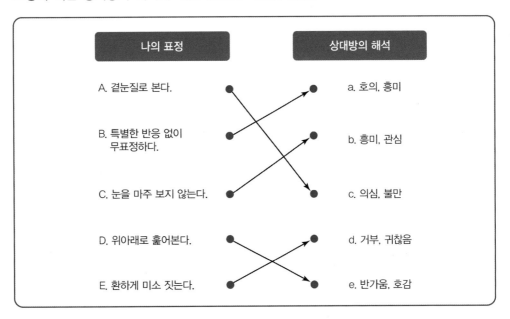

① A. 곁눈질로 본다. → c. 의심, 불만
② B. 특별한 반응 없이 무표정 하다. → a. 호의, 흥미
③ C. 눈을 마주 보지 않는다. → b. 흥미, 관심
④ D. 위아래로 훑어본다. → e. 반가움, 호감
⑤ E. 환하게 미소 짓는다. → d. 거부, 귀찮음

13 서비스 전문가의 이미지에 대한 설명으로 적절하지 않은 것은?

① 서비스인의 이미지는 직업의식을 표현하는 도구 중 하나이다.
② 서비스 종사자의 컬러 이미지는 자신에게 어울리는 컬러와 직업이 요구하는 컬러 간의 조화가 필요하다.
③ 서비스 종사자의 좋은 이미지는 고객이 느끼는 서비스의 질을 높이고, 신뢰감과 긍정적인 메시지를 주게 된다.
④ 서비스 종사자에게 머리손질은 일의 능률과 관련은 없지만, 신뢰 가는 이미지를 위해 항상 청결하고 단정해야 한다.
⑤ 서비스 종사자의 외적 이미지는 곧 서비스 상품이므로 자신의 이미지가 기업의 가치관에 부합하는 이미지가 되도록 노력해야 한다.

14 고객의 고관여 구매행동에 대한 설명으로 적절한 것은?

① 부조화 감소 구매행동이 나타난다.
② 일상적으로 빈번하게 구매하는 제품인 경우에 해당한다.
③ 수동적으로 획득한 지식으로 형성된 상표신념에 따라 구매한다.
④ 구매제품군의 상표 간 차이가 미미할 경우 습관적으로 구매한다.
⑤ 제품의 개별 상표 간 차이가 뚜렷한 경우 다양성 추구 구매행동이 나타난다.

15 감성지능의 구성요소가 아닌 것은?

① 자기인식   ② 자기조절   ③ 감정이입
④ 결과중시   ⑤ 대인관계기술

16 다음 내용 중 개방적인 질문으로 적절하지 않은 것은?

① 저희 직원이 말씀드린 것을 이해하셨는지요?
② 저희가 해 드릴 수 있는 것이 무엇인지 생각해 보셨습니까?
③ 보다 나은 서비스를 위해 저희가 어떤 점을 더 노력해야 할까요?
④ 지난 번 구매하신 제품을 사용해 보시니 어떤 점이 좋으셨습니까?
⑤ 다른 회사 제품은 저희 제품에 비해 어떤 점이 좋아 보이셨습니까?

17 서양의 호칭과 경칭에 대한 설명으로 적절하지 않은 것은?

① Excellency – 외교관에 대한 경칭
② Majesty – 귀족이나 주요 공직에게 쓰는 경칭
③ Mistress(Mrs.) – 결혼한 부인의 이름 앞에 붙이는 경칭
④ Sir – 상대방에게 경의를 나타내는 칭호로, 나이나 지위가 비슷한 사람끼리 또는 여성에게는 사용하지 않음.
⑤ Dr. – 수련과정을 거친 전문직업인이나 인문과학 분야에서 박사학위를 취득한 사람에게 사용하는 경칭

18 목소리에 대한 설명으로 적절하지 않은 것은?

① 좋은 목소리는 떨림이 없거나 적고, 또렷하게 들린다.
② 목소리가 작을 때는 복식호흡을 통해 호흡량을 크게 하면 좋다.
③ 사람의 타고난 음색, 음성의 질처럼 음성의 분위기도 변화시키기 어렵다.
④ 목소리는 외모와 함께 사람의 인상과 이미지를 함께 만드는 주요 요소이다.
⑤ 말을 하다가 잠시 공백을 두면 상대의 집중도를 높이고 핵심을 강조할 수 있다.

19 매슬로우(Maslow)의 욕구 5단계 이론에서 4단계에 해당하는 것은?

① 존경의 욕구　② 사회적 욕구　③ 생리적 욕구
④ 안전의 욕구　⑤ 자아실현의 욕구

20 고객의 지각이 갖는 특징에 해당하지 않는 것은?

① 주관성   ② 선택성   ③ 일시성

④ 총합성   ⑤ 이질성

21 고객 의사결정 과정의 순서를 가장 적절하게 배열한 것은?

① 문제 인식 → 정보 탐색 → 대안의 평가 → 구매 → 구매 후 행동

② 문제 인식 → 대안의 평가 → 정보 탐색 → 구매 → 구매 후 행동

③ 정보 탐색 → 문제 인식 → 대안의 평가 → 구매 → 구매 후 행동

④ 정보 탐색 → 대안의 평가 → 문제 인식 → 구매 → 구매 후 행동

⑤ 정보 탐색 → 문제 인식 → 구매 → 대안의 평가 → 구매 후 행동

22 서비스 기업이 더욱 중요하게 관리해야 하는 내부고객에 대해 가장 적절하게 설명한 것은?

① 외부고객에 이어 2번째로 고려해야 할 고객이다.

② 기업의 상품과 서비스를 직접 구매하거나 이용한다.

③ 상품과 서비스를 제공받는 대가로 가격을 지불한다.

④ 외부고객을 만족시켜야 내부고객을 만족시킬 수 있다.

⑤ 외부고객이 원하는 것을 제공하는 중요한 일을 담당한다.

23 효과적인 주장을 위한 'AREA'의 법칙에 대한 설명이 아닌 것은?

① 주장(Assertion) - 우선 주장의 핵심을 먼저 말한다.

② 이유(Reasoning) - 주장의 근거를 설명한다.

③ 증거(Evidence) - 주장의 근거에 관한 실례나 증거를 제시한다.

④ 합의(Agreement) - 제시된 주장에 대한 합의를 한다.

⑤ 주장(Assertion) - 다시 한 번 주장을 되풀이 한다.

24 다음 중 회의실 선정 시 고려하지 않고, 중요도가 가장 낮은 사항은?

① 회의실 규모
② 회의실 대관료
③ 전시장 활용도
④ 해당 회의실 활용 전례
⑤ 회의실의 유형별 배치와 기능

⏱ **PART 2 O/X형**

※ [25~29] 다음 문항을 읽고 옳고(O), 그름(×)을 선택하시오.

25 의전의 기본 정신 5R은 상대에 대한 존중(Respect), 문화의 반영(Reflecting Culture), 상호주의 원칙(Reciprocity), 서열(Rank), 오른쪽 상석(Right) 이렇게 5가지이다.

(① O ② ×)

26 서비스 종사자에게 있어 커뮤니케이션은 무엇보다도 중요한 경영 수단이다. 커뮤니케이션은 신이 자신의 덕을 인간에게 나누어 준다는 의미로, 공동체 내의 상호이해 및 협력을 커뮤니케이션이라 한다.

(① O ② ×)

27 이미지 관리과정은 '이미지 점검하기 → 이미지 콘셉트 정하기 → 좋은 이미지 만들기 → 이미지 외면화하기'의 순서로 이루어진다.

(① O ② ×)

28 고객의 유형을 구분할 수 있는 도구로 교류분석(TA)을 사용하는데 교류분석(TA)은 미국의 정신과 의사인 에릭 번(Eric Berne)에 의해 창안된 것으로 인간의 교류나 행동에 관한 이론 체계이자 동시에 효율적인 인간변화를 추구하는 분석이다.

(① ○   ② ×   )

29 해당 행사의 최고 귀빈(VIP, No.1)이 정해지면, 차석은 착석한 최고 귀빈을 기준으로 왼쪽 좌석이다.

(① ○   ② ×   )

⏱ PART 3 연결형

※ [30~34] 다음 설명에 적절한 보기를 찾아 각각 선택하시오.

① 단골고객	② 유니폼	③ 명함
④ 가든파티	⑤ 서비스 매너	

30 정원과 같은 야외에서 진행하는 파티로, 더운 날씨와 추운 날씨를 고려해 날씨가 가장 좋은 때를 선택해야 한다.

(   )

31 기업의 제품이나 서비스는 반복적, 지속적으로 애용하는 고객이지만, 타인에게 추천할 정도로 적극적이지는 않은 고객

(   )

32 경영활동에 있어 고객과 만나는 접점에서 고객에 대한 이해를 가지고 고객을 응대하며, 고객의 요구를 빨리 파악하고 응대하는 기본 능력

(   )

33 외부적으로는 소속회사, 직장의 문화를 표현하고, 내부적으로는 조직 구성원의 일체감을 높이기 위하여 착용하는 의복

(   )

34 나의 소속과 성명을 알리고 증명하는 역할을 하며, 직·간접적인 홍보마케팅 효과를 가지기도 한다.

(   )

⏱ PART 4 사례형

35 다음의 면접 채점표를 통해 ○○항공사가 면접자들의 어떤 점을 평가하고자 하였는지 알 수 있다. 적절하지 않은 설명은 무엇인가?

> 다음은 ○○항공사의 신입사원 채용 면접관들의 채점표 중 일부이다.
> • 회사가 추구하는 밝고 편안한 이미지에 부합하는가?
> • 면접관의 질문에 대한 답변에 자신 있게 대답하는가?
> • 목소리의 고저, 발음 등은 적절한가?
> • 표정, 몸짓 등은 적절한가?
> • 복장, 화장 등은 회사의 대외적 이미지에 부합하는가?

① 패션 이미지 연출에 대해서는 특별히 언급하고 있지 않다.
② 외모, 표정, 상황별 제스처, Voice 이미지 등의 전체적인 이미지를 평가하고자 하였다.
③ 단순한 외모 뿐 아니라 목소리나 표정 등에서 보이는 이미지도 매우 중요한 요소로 판단하고 있다.
④ ○○항공사는 자사가 추구하는 기업 이미지를 조직 구성원들의 이미지에서도 일관되게 유지하고 싶어 한다.
⑤ ○○항공사는 조직 구성원의 대외적인 이미지가 고객에게 직·간접적으로 중요한 영향을 미치고 있다고 판단하고 있으며 이를 면접에서도 평가하고 있다.

36 다음 사례에서 고객의 상품 선택과 관련된 효과는 무엇인가?

> 판매사원 : 어서 오세요. 종합 가전매장에 와주셔서 감사합니다.
>
> 고　　객 : 에어컨이 오래되어서 교체할까 해서 왔습니다.
>
> 판매사원 : 아 그러세요. 요즘 에어컨이 너무 예쁘게 잘 나와서 마음에 드실 거예요. 혹시 생각하고 오신 제품이 있으신가요?
>
> 고　　객 : 아, 아니오. 혹시 추천할 만한 제품 있나요?
>
> 판매사원 : 초절전형 제품이 나와 있는데 선풍적인 인기를 끌고 있는 제품이에요.
> 디자인도 예쁘고 가격도 저렴하고 30평 아파트를 기준으로 1년에 약 삼십만 원 정도 전기료도 절약됩니다.
>
> 고　　객 : 그래요? 정말 좋은 제품이네요. 그런데 메이커는요?
>
> 판매사원 : ○○ 제품인데 브랜드 인지도는 낮지만 가격대비 품질이 우수합니다.
>
> 고　　객 : 그런데 믿을 수 없어서요. 이왕이면 비싸도 김연아 선수가 광고모델로 나오는 제품으로 구입하겠어요.
>
> 판매사원 : 아, 그렇게 하시겠어요? 알겠습니다. 브랜드 가치나 기능, 디자인, A/S 등 모든 면에서 월등한 제품이니 잘 선택하셨습니다. 감사합니다.

① 프레밍 효과　　　　② 유사성 효과　　　　③ 유인 효과
④ 후광 효과　　　　　⑤ 부정성 효과

37 다음 사례에서 나타나는 적절하지 않은 명함 교환 방법은 무엇인가?

> 세일즈맨 : 안녕하세요, 반갑습니다. 저는 갑을상사에 홍길동이라고 합니다.
> 　　　　　① (미리 준비한 명함을 상대방이 볼 수 있도록 두 손으로 공손히 건넨다.)
>
> 잠재고객 : (잠시 후) 저는 동아물산에 박영호 대리라고 합니다. 제 명함입니다.
> 　　　　　② (명함을 상대방이 읽기 쉽도록 글자의 방향이 상대방을 향하게 한다.)
>
> 세일즈맨 : 아! 박영호 대리님! 시간을 내어 주셔서 감사합니다.
> 　　　　　③ (일어서서 두 손으로 공손히 받고 상대방 직함과 이름을 불러준다.)
>
> 잠재고객 : 그럼 편하게 앉으셔서 용건을 말씀해 보세요!
>
> 세일즈맨 : ④ (편하게 앉은 후에 바로 받은 명함에 면담일시를 기록한다.) 박영호 대리님! 성함을 보니 저의 아버님 성함과 같아 매우 반갑네요! 오래 기억할 것 같습니다.
> 　　　　　⑤ (테이블 앞에 가지런히 놓는다.)

38 다음 중 효과적인 반론을 위한 의견 전개 순서로 가장 적절한 것은?

> 가. 지금까지의 상대방 주장 가운데 우선 동의할 수 있는 점과 일치점이 무엇이 있는지 찾아내어 말하면서 긍정적으로 시작한다.
> 나. 상대방의 주장과 자신의 의견을 대비시켜 상대방의 주장보다 더 나은 점을 차근차근 설명하여 반대 이유를 분명히 한다.
> 다. 자신이 생각하기에 상대방 주장의 허점이나 모순점이라고 생각되는 것에 대한 반론 내용을 명확히 질문한다.
> 라. 협상을 하면서 자신이 반론을 제기해도 상대방이 감정적으로 반발하지 않을만한 절호의 기회를 탐색한다.
> 마. 논증이 끝나면 다시 한 번 반론 내용을 요약해 간략히 말함으로써 호소력이 커지게 한다.

① 라 – 나 – 마 – 다 – 가
② 라 – 가 – 다 – 나 – 마
③ 라 – 나 – 다 – 가 – 마
④ 다 – 가 – 마 – 라 – 나
⑤ 다 – 나 – 가 – 라 – 마

39 다음 사례는 컨벤션을 유치할 때 추진하는 활동이다. 컨벤션 유치활동 중 무엇에 관한 설명인가?

> • 컨벤션센터나 시설에 대한 시설 운영계획 정보를 미리 제공할 필요가 있다.
> • 유치 경쟁국에 대한 정보를 파악하고, 이전 개최지와의 유사성보다는 개최지로서의 독특함을 강조하는 것이 필요하다.
> • 전문가가 수행하여 지리, 역사, 문화는 물론, 개최 도시에 대한 광범위한 정보를 제공하고 질문에 응답한다.
> • 컨벤션센터 직원, 컨벤션 뷰로 대표, 호텔 관계자, 기술자 등이 현장답사에 동행하여 관련 사항에 대해 상세하게 설명한다.

① 실사단 현장 답사
② 컨벤션 유치제안서 작성
③ 컨벤션 개최의향서 제출
④ 컨벤션 유치신청서 제출
⑤ 컨벤션 유치 프레젠테이션

40 다음은 어떤 회의 프로그램의 일부이다. 회의의 종류 구분상 가장 유사한 회의종류는?

	Mar.24(Thu)		Mar.25(Fri)		Mar.26(Sat)		Mar.27(Sun)
09:00~10:00	Registration		Registration				
10:00~11:00					Keynote Speech B/C		Keynote Speech D/E
11:00~12:00							
12:00~13:00					Luncheon Session 1		Luncheon Session 2
13:00~14:00							
14:00~15:00	Satellite Session A	Satellite Session A	Opening Ceremony		Session Track A	Session Track B	Post Tour 1/2/3
15:00~16:00			Keynote Speech A				
16:00~17:00			Session Track A	Session Track B			
17:00~18:00							
18:00~19:00					Welcome Party		
19:00~20:00							
20:00~							

① 컨벤션(Convention)　　② 포럼(Forum)　　③ 워크숍(Workshop)

④ 강의(Lecture)　　⑤ 패널토론(Panel Discussion)

41 호텔에 투숙한 고객이 한밤중에 프런트에 전화를 걸었다. 이에 대한 프런트 담당자의 응대로 가장 적절한 것은?

> 고객 : 옆 방 사람들이 너무 떠들어요. 지금이 몇 신데, 참나.
> 프런트 담당자 : _____.

① 진정하세요, 흥분하지 마시구요. 곧 조용해질 겁니다.

② 죄송합니다. 원하신다면 다른 방으로 옮겨 드리겠습니다.

③ 늦은 시간인데 불편하시겠어요, 제가 화가 다 납니다. 그 방으로 곧장 연락을 취해서 해결해 드리도록 하겠습니다.

④ 옆 방이라면 몇 호를 말씀하시는 거죠? 문제가 되는 방의 번호를 먼저 알려주셔야 저희가 바로 조치할 수 있습니다.

⑤ 아, 그 방은 유명한 정치인들이 묵고 있는 관계로 시끄러울 수 있습니다. 아마 행사가 늦게 끝난 것 같은데, 십 분 정도만 양해 부탁드려도 될까요?

42 다음은 ○○회사의 직원 A가 고객인 '바이어(Buyer : 구매자)'와 대화하는 내용이다. 이를 설명한 것으로 가장 적절한 것은?

> 직원 A : 아, 이사님. 안녕하세요.
> 바이어 : 수요일 11시까지 견적 주신다고 말하시지 않았나요?
> 직원 A : 아차, 네, 맞습니다. 그런데 회의가 너무 길어져서 그만 1시간 늦었네요. 정말 죄송합니다. 바로 보내드리겠습니다.
> 바이어 : 괜찮습니다. 저희가 너무 급한 상황이라 이미 다른 회사에 주문했으니까요.

① 일단 고객에게 발생한 문제를 알린 후에 해결책을 생각해야 한다.
② 까다로운 고객과는 어느 정도의 언쟁이 반드시 필요하기 마련이다.
③ 대화가 실패로 끝나는 경우의 대부분은 결과보다는 문제에 집중하기 때문에 발생한다.
④ 약속을 지키지 못할 때는 반드시 충분한 여유를 두고 미리 통보해서 양해를 구해야 하는데 직원 A는 이를 간과했다.
⑤ 직원 A와 바이어의 입장이 바뀌었다고 해보자. 상대가 자신의 실수나 잘못을 고백해오면, 왜 그렇게 했는지 원인분석을 철저하게 하는 것이 해결책을 찾는 것보다 우선이다.

43 여성 서비스 종사원의 용모복장의 설명 중 괄호 안에 들어갈 가장 적절한 내용은 무엇인가?

> 1. 복장은 일하기 편해야 하므로 체형에 맞는 스타일로 선택한다.
> 2. 액세서리는 지나치게 크고 화려한 것은 삼가도록 한다.
> 3. 헤어는 (A)과 (B)을 기본으로 한다.
> 4. 메이크업에 있어서는 밝고 건강하게 보이도록 (C) 메이크업을 하도록 한다.
> 5. 향수는 지나치지 않은 은은한 향을 소량 뿌리는 것이 좋다.

	A	B	C
①	청결함	단정함	자연스러운
②	화려함	개성	자연스러운
③	청결함	단정함	화려한
④	청결함	어려보이는 헤어스타일	노(no) 메이크업
⑤	화려함	단정함	화려한

44 다음은 고객과의 식사약속을 하고 식사한 사례이다. 식사예의나 매너로 적절하지 않은 행동은 무엇인가?

> • 식사 약속시간을 정한 후 바로 예약하고 좌석위치도 미리 상석을 확보해 달라고 부탁했다.
> • 약속시간 20분 전에 도착해서 상석을 확인한 후 전망 좋은 곳은 고객이 앉게 준비하고 고객을 맞이할 준비를 하였다.
> • 고객이 도착해서 반갑게 인사한 후 고객에게 주문하도록 배려하였으나 고객이 주문 의사가 없어 직원에게 물어보고 추천하는 메뉴를 선택하였다.
> • 식사는 고객과의 속도에 맞추고 식사 중에는 큰소리를 내거나 웃는 것을 가급적 삼갔다.
> • 식사 중에 개인적인 전화가 와서 양해를 구하고 나가서 통화하였다.

① 예약은 가급적 빨리하고 좋은 위치를 확보하는 것이 좋다.
② 약속시간 20분 전에 도착해서 상석을 확인하고 맞이해야 한다.
③ 식사 중 개인적인 전화가 왔을 때, 양해를 구하고 밖에 나가 통화한다.
④ 식사는 고객과 속도를 맞추고 가급적 큰소리를 내거나 웃는 것은 삼간다.
⑤ 주문은 고객에게 먼저 배려하고 주문의사가 없으면 직원에게 추천받는 것이 좋다.

※ [45~46] 다음 표를 보고, 물음에 답하시오.

• 전시회 종류 : 시장에 따른 분류 (미국)

구분	Trade Shows (B2B Show)	Consumer Show	Combined or Mixed Show
Exhibitor	제조업자, 유통업자, 서비스 전문가 등	(질문 1)	제조업자, 유통업자
Buyer	산업군 내의 End User	최종소비자	산업군 내의 End User 구직자, 일반인
입장	(질문 2)	입장 제한과 등록비가 필요 없음, 입장료는 지불	비즈니스 데이와 퍼블릭 데이로 시간을 구분하기도 함.
참고	미국 개최 전시회의 51% 차지	미국 개최 전시회의 14% 차지 생산제품이 시장 반응 수단	미국 개최 전시회의 35% 차지

International Exposition(Trade Fair) - 수출 국가들의 주요한 마케팅 수단.
참가자는 Trade Show와 유사, Buyer는 통상 그 산업 종사자
〈출처 : The ART of the show, S. L. Morrow〉

45 다음의 (질문 1)의 빈칸에 해당하는 적절한 서술은 무엇인가?

① 도매업자

② 보험사업자

③ 운송사업자

④ 중간제 제조업자

⑤ 소매업자, 최종소비자를 찾는 제조업자

46 (질문 2)의 Trade show의 입장 기준에 대한 설명으로 적합한 것은?

① 제한 없음

② 바이어, 초청장 소지자

③ 주최 측 및 부스 참가자

④ 등록비를 내고 등록한 일반참가자

⑤ 기타

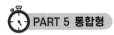

⏱ **PART 5 통합형**

※ [47~48] 다음은 건강검진 예약 및 상담 과정에서 고객과 상담원의 대화이다.

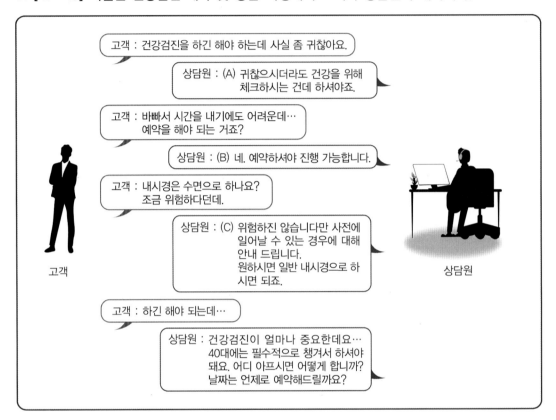

47 상기 상담원의 대응을 공감적 커뮤니케이션의 측면에서 해석할 때 가장 적절한 것은?

① 핵심적인 메시지 전달에 집중하여 간결하고 정확한 커뮤니케이션이 가능했다.

② 고객이 궁금한 사항에 대해 적절히 대답을 하지 못해 공감적 경청에 실패하였다.

③ 고객 건강 검진 예약이라는 상담의 목적을 달성하지 못해 커뮤니케이션에 실패한 것이다.

④ 고객의 상황에 대한 객관적이고 냉정한 반응으로 고객의 문제점을 밝혀냄으로써 커뮤니케이션의 목적을 달성했다.

⑤ 고객의 염려나 장애 요소를 적극적으로 경청하지 못하였으며 효과적인 질문도 활용하지 못해 공감적 커뮤니케이션에 실패하였다.

48 고객의 이야기에 대한 상담원의 응대를 다음과 같이 바꾸었을 때, 공감적 경청의 측면에서 가장 적절하지 않은 것은?

① A – 네. 사실 귀찮은 일이긴 하죠. 하지만 그래도 해야겠다고 생각하시는 이유가 있으시죠?

② B – 네. 바쁘시기 때문에 예약을 하시면 실행에 옮기시는 데에도 도움이 되실 겁니다. 예약을 하지 않으시면 바빠져서 자꾸 미루게 되시지 않을까요?

③ B – 네. 예약을 하셔야 합니다. 예약을 하셔야 바쁘시더라도 실행에 옮기실 수 있을 것이라고 생각되는데, 어떠신지요? 이번 기회에 꼭 검진을 받으셔야겠다고 생각되시면 예약을 하시는 편이 좋지 않을까요?

④ C – 한 번도 해보지 않으셔서 걱정되시는 겁니다. 걱정되시면 일반 내시경도 가능합니다.

⑤ C – 수면 내시경이 위험하다고 생각하셔서 염려되시는군요. 그 부분을 걱정하시는 고객도 계십니다. 내시경은 수면과 일반으로 결정하실 수 있습니다. 예약을 진행하시게 되면 제가 상세히 안내해 드릴 것이니 잘 선택하셔서 진행하시면 됩니다.

부록 동형 모의고사

※ [49~50] 다음 고객을 방문해서 상담한 사례를 읽고 물음에 답하시오.

- 약속 당일 전화를 미리 걸어 오늘 약속시간에 방문할 것을 사전에 알리고 확인했다.
- 고객과의 약속 20분 전에 도착해 상담실을 찾아 입구에서 가장 먼 테이블의 좌석을 상석으로 확보하고 입구가 바라보이는 곳에 앉아 상담준비를 마쳤다.
- 고객을 서서 맞이하고 인사는 보통례 수준으로 30도 정도 숙여 인사한 후, 명함을 왼손으로 받쳐서 오른손으로 주면서 소속과 이름을 정확히 말하고 정중하게 인사를 했다.
- 고객으로부터 명함을 두 손으로 받고 상대방 직책과 이름을 호칭하고 명함을 테이블 위에 가지런히 놓고 직위와 이름을 부르며 대화했다.
- 상담 중에는 주로 고객을 설득하기 위해 대화를 주도적으로 이끌었고 샘플과 제안서를 활용해서 시연하였다.
- 상담과정에서 중요 포인트마다 메모하며 공감하며 칭찬하였다.
- 상담 마무리 과정에서 고객의 니즈를 파악하고 차기 약속을 정하였다.
- 상담 후 악수할 때, 고객의 손을 적당한 힘으로 잡고, 2~3번 상하로 가볍게 흔들었다.
- 상담 후 가능한 퇴근하기 전까지 고객의 메일에 방문 협조에 대한 감사의 글을 남겼다.

---

49 위의 사례를 보고 상담원칙으로 적절하지 않은 내용은?

① 상담 후에는 고객의 메일에 감사의 글을 보내야 한다.

② 상담은 마무리가 중요하며 차기 약속을 얻어내야 한다.

③ 상담시간 20분 전에 미리 방문한 후 상담준비를 철저히 해야 한다.

④ 상담 시 중요 포인트마다 간단하게 메모하며 공감과 칭찬을 아끼지 말아야 한다.

⑤ 상담 중에는 고객을 설득하기 위해 주로 경청하기보다는 대화를 주도적으로 이끌어야 한다.

50 사례를 보고 매너나 에티켓으로 적절하지 않은 것은?

① 고객의 명함은 두 손으로 받고 테이블 위에 올려놓고 대화해야 한다.

② 고객과 악수할 때는 무조건 강하게 잡기보다 적당한 힘으로 잡는다.

③ 고객과의 첫 만남에서는 정중례로 45도 각도로 숙여서 인사해야 한다.

④ 고객과의 만남 전에 반드시 전화로 방문 약속시간을 확인하고 주지시킨다.

⑤ 상석은 출입구에서 대각선에 방향으로 가장 먼 테이블로 전망이 좋은 곳이다.

부록 동형 모의고사

SMAT

정답 및 해설

Service Management Ability Test

정답 및 해설

제1회 동형 모의고사

PART 1 일반형

01 ④	02 ③	03 ⑤	04 ②	05 ①
06 ⑤	07 ③	08 ⑤	09 ①	10 ②
11 ④	12 ③	13 ⑤	14 ③	15 ④
16 ⑤	17 ③	18 ①	19 ⑤	20 ⑤
21 ②	22 ⑤	23 ④	24 ⑤	

PART 2 OX형

25 ②	26 ②	27 ①	28 ②	29 ①

PART 3 연결형

30 ①	31 ②	32 ③	33 ⑤	34 ④

PART 4 사례형

35 ①	36 ③	37 ④	38 ⑤	39 ②
40 ⑤	41 ①	42 ⑤	43 ⑤	44 ②

PART 5 통합형

45 ①	46 ②	47 ⑤	48 ⑤	49 ②
50 ③				

01 ④

① 지명인이 부재중이더라도, 부재중인 개인적 사유까지 알릴 필요는 없다.
② 회사까지 어떤 교통편을 이용할 것인지 먼저 물어본다.
③ 다시 전화할 것인지, 지명인이 전화해줄 것인지를 정하고 필요하다면 메모를 정확히 남기고, 전화한 사람의 소속, 성함, 연락처 등을 확인한다.
⑤ 전화가 잘 들리지 않을 경우 "뭐라고요?", "잘 안 들리는데요."와 같은 표현은 쓰지 않도록 하고, "전화 상태가 좋지 않습니다."와 같은 완곡한 표현을 사용한다.

02 ③

① 고객보다 2~3보 가량 비스듬히 사선걸음으로 앞에서 안내한다.
② 승무원이 없을 때는 하급자가 먼저 타도록 한다.
④ 당겨서 여는 문일 경우에는 문을 당겨 열어서 고객이 먼저 통과하도록 한다.
⑤ 계단과 에스컬레이터 등 경사가 진 위치에서 올라갈 때는 뒤쪽에서 안내하고, 내려올 때는 앞쪽에서 안내한다.

03 ⑤

밝은 표정의 효과
• 건강 증진 효과 : 웃는 근육을 많이 사용하게 되면 과학적으로 건강에 유익한 영향을 준다.
• 감정 이입 효과 : 나의 밝고 환하게 웃는 표정을 보면 타인도 기분이 좋아지게 된다.
• 마인드 컨트롤 효과 : 밝고 환한 표정을 지으면 실제로 기분이 좋아지게 된다.
• 신바람 효과 : 웃는 모습으로 생활을 하면 기분 좋게 일을 할 수 있게 된다.
• 실적 향상 효과 : 즐겁게 일을 하다 보면 업무가 효율적으로 진행되어 능률이 오르게 된다.
• 호감 형성 효과 : 표정은 상대가 보고 느끼며 판단하는 것으로 웃는 표정은 나에 대한 좋은 이미지를 형성하게 한다.

04 ②

② 상대 눈 → 지시 방향 → 상대 눈 순으로 안내한다.

05 ①

외향형은 폭넓은 대인관계를 유지하며 사교적이고 정열적이며 활동적이므로, 조용하고 신중히 글로 표현하기보다는 말로 표현하는 것을 선호한다.

06 ⑤

단골고객에 대한 설명이다.
옹호고객 : 단골고객이면서 고객을 추천할 정도의 충성도가 있는 고객

07 ③

① **사회적 환경** : 타인의 관찰
② **물리적 환경** : 상표, 점포의 실내 디자인
④ **소비 상황** : 제품 구매 가능성, 가격 변화, 경쟁 상품의 판매 촉진 등 제품을 구매하게 되는 시점의 상황
⑤ **구매 상황** : 고객이 제품을 사용하는 과정상 발생 가능한 상황

08 ⑤

① 시각에 호소하는 언어를 사용한다(이심전심).
② 상황에 맞는 전문가의 말을 인용한다(촌철살인).
③ 객관적 자료보다는 다양한 채널로 접근하여 감성을 자극한다(감성자극).
④ 상대방의 의도를 간파하는 짧은 한마디는 상대방의 마음을 한순간 무너뜨릴 수 있다(촌철살인).
⑤ 타인을 비난하기 전에 자신을 먼저 낮추고 상대방의 마음을 헤아리는 모습을 보여준다(역지사지).

09 ①

② 개인적 거리는 45cm~80cm다.
③ 사회적 거리는 80cm~1.2m다.

④ 대중적 거리는 1.2m~3.7m다.
⑤ 진정한 관심이나 흥미 및 태도도 반영한다.

10 ②

CIQ 지역에서는 세관 검사(Customs), 출입국 관리(Immigration), 검역(Quarantine) 등이 이루어지며, 귀빈실을 사용하는 VIP에 대한 영접(Greeting)도 이 지역에서 이루어진다.

11 ④

교실식 배치(Classroom Style Setting) : 장시간의 강의 청취와 노트필기를 고려할 경우 교실식 세팅을 가장 많이 사용한다.

12 ③

최상급자에게 상급자 호칭 시는 압존법을 사용하여야 한다.

13 ⑤

의전(儀典)은 의식과 의례를 갖춘 행사를 의미하지만, VIP 고객의 사정과 전체의식의 규칙을 잘 조율하며 균형을 이루어 진행하여야 한다.

14 ③

① **후광 효과** : 상품 평가 시 일부 속성에 의해 형성된 전반적 평가가 그 속성과는 직접적 관련이 없는 다른 속성의 평가에 영향을 미치는 효과
② **빈발 효과** : 첫인상이 좋지 않게 형성되었다고 할지라도 반복해서 제시되는 행동이나 태도가 첫인상과는 달리 진지하고 솔직하게 되면 점차 좋은 인상으로 바뀌게 되는 현상
④ **프레밍 효과** : 대안들의 준거점에 따라 평가가 달라지는 효과
⑤ **유사성 효과** : 새로운 상품대안이 나타난 경우, 그와 유사한 성격의 기존 상품을 잠식할 확률이 다른 경쟁 상품을 잠식할 확률보다 높은 현상

15 ④

에티켓은 매너의 기본 단계로서 에티켓도 지키지 않는 사람에게 매너를 기대할 수 없다.

16 ⑤

일반적으로 대화 시 상대방의 이야기를 들으면서 자신과 비교하거나 판단을 내리느라 전적으로 집중하지 못한다.

17 ③

① 명함을 건넬 때는 선 자세로 왼손을 받쳐서 오른손으로 주는 것이 예의이다.
② 명함을 받을 때는 일어서서 두 손으로 받는다.
④ 명함을 받은 후 상대방 앞에서 명함에 메모하거나 낙서하는 행위는 매너에 어긋나는 행위이다.
⑤ 명함을 받은 후 대화가 이어질 경우 테이블 위에 올려놓고 직위와 이름을 기억하며 대화해야 한다.

18 ①

② 조의금은 형편에 맞게 성의를 표하는 정도로 한다.
③ 유족에게는 너무 말을 많이 시키지 않도록 한다.
④ 감색이나 회색 양복도 무난하다.
⑤ 영정 앞에 일어서서 잠깐 묵념 후 두 번 절한다.

19 ⑤

강하게 힘을 주어 말해야 할 때와 작고 약하게 말해야 하는 때를 구분한다.

20 ⑤

메이크업의 목적은 신체의 장점을 부각하고 단점은 수정 및 보완하는 미적 행위이며, 서비스 종사자는 자신의 개성을 연출하기보다는 기업의 이미지와 부합되도록 연출한다.

21 ②

지각적 방어란 개인의 가치체계에 따라 개인의 가치에 역행하는 자극을 막는 데 도움을 줄 때 발생하는 것으로서, 지각의 선택성에 영향을 미친다.

22 ⑤

효과적으로 반론하는 방법
• 긍정적으로 시작한다.
• 반론 내용을 명확히 한다.
• 반대 이유를 설명한다.
• 반론을 요약해서 말한다.

23 ④

공식 운전자가 있는 경우 : 조수석 뒷좌석, 즉 운전자 대각선 방향 뒷좌석이 상석이다.

24 ⑤

의식의 존중화 : 존중과 인정에 대한 욕구가 많아지면서 요즘 고객들은 누구나 자신을 최고로 우대해 주기를 바란다.

25 ② ×

집안의 제사는 흉사가 아니므로 평상시대로 한다.

26 ② ×

경청의 기법인 B.M.W.에서 Mood는 상대의 말투나 음색, 말의 속도, 높낮이를 고려하여 듣는 방법이다.

27 ① ○

28 ② ×

서비스 종사자의 복장의 연출에 있어 유니폼은 근무 시 활동하는 복장인 동시에 회사와 개인의 이미지까지 표현하는 수단이 되므로 청결하고 잘 정돈된 유니폼을 착용하며 개인의 개성을 살리는 것보다 규정에 알맞게 착용해야 한다.

29 ① ○

30 ① 팁 문화

31 ② 상호주의 원칙(Reciprocity)

32 ③ 체리피커
체리피커는 잠시 사용할 목적으로 구매한 후 반품하는 등의 행동을 한다.

33 ⑤ 악수

34 ④ 공수

35 ①
인사와 함께 회사명 혹은 소속, 이름 등을 밝히며 전화를 받는 것이 비즈니스 전화 응대의 기본이다.

36 ③
계단을 오를 때는 고객보다 한두 계단 뒤에서 올라가고 내려올 때는 고객보다 한두 계단 앞서 안내하며 내려온다. 남녀가 계단을 올라갈 때는 남자가 먼저 올라가고 내려올 때는 여자가 앞서 내려간다.

37 ④
④ D 대리 : 점심식사를 잘 기획하여 제공하더라도, 주최 측이 참가자의 식사비용을 부담하는 것이므로 식음료 비용은 제공하지 않는 경우에 비해 증가하게 된다.

38 ⑤
더블도어 대상자의 수행원들은 일반 입국절차로 입국 후, 귀빈주차장으로 이동하여 차량에 탑승하고 다음 목적지로 이동한다.

39 ②
전화 상태가 좋지 않음을 알리고, 다시 통화할 수 있도록 한다. "뭐라고요?", "잘 안 들리는데요."와 같은 표현은 쓰지 않도록 하고, "전화 상태가 좋지 않습니다."와 같은 고객을 탓하지 않는 완곡한 표현을 사용한다.

40 ⑤
정보탐색 후 여러 평가요인을 가지고 어느 하나를 선택하려는 '대안평가의 단계'에 있는 대화 내용으로 계약 이전의 상황은 '구매의 단계'와는 거리가 멀다.

41 ①
신체언어 : 얼굴 표정, 눈의 접촉, 고개 끄덕이기, 몸의 움직임, 자세 등
의사언어 : 말투, 음조의 변화, 음고, 음량의 정도, 말의 속도, 발음 등

42 ⑤
① 재고가 없더라도 완곡한 표현(예 "제가 일단 알아봐 드리겠습니다.")을 사용할 수 있어야 한다.
② 나중에는 구매가 불가능할지도 모름을 고객이 느끼게 해야 한다.
③ 고객의 구매욕구를 일으켰을 것이다.
④ '지금이 적기(適期)'임을 알려야 한다.

43 ⑤
고객이나 내방객이 부득이하게 기다려야 하는 상황에는 음료를 대접하거나 무료하게 시간을 보내지 않도록 신문, 잡지 등 볼거리를 제공하는 것이 좋다.

44 ②

경청 : 상담원칙에서 고객의 말을 끝까지 잘 듣고 고객이 원하는 것이 무엇인지 파악하는 것이 제일 중요하다. 위의 사례는 고객의 말을 중간에 끊고 자기 주관적인 판단으로 일방적으로 의사소통하고 있으며 이는 구매자 상담예절과 원칙에 어긋나는 행동이다.

45 ①

① B – 기본적인 인사이면서 좋은 분위기를 형성하고 고객을 편안하게 해 주는 목적인 화법이다.

46 ②

고객을 맞이하기 전에 바로 판매 상담으로 진입하게 되면 고객은 구매에 대한 압박으로 판단하게 되어 부담을 많이 갖게 된다.

47 ⑤

가망고객 : 상품의 평판, 심사 등에 참여하여 의사결정에 영향을 미치는 사람
충성고객 : 상품을 반복적으로 구매하여 기업과 강한 유대를 형성하는 고객

48 ⑤

잠재고객인 신혼부부에게 ○○여행사의 상품을 적극적으로 홍보하여 구매에 영향을 미칠 수 있으므로 마케팅 측면에서는 구매영향자 고객 범주로 해석할 수 있다.
예비부부는 웨딩플래너 박 실장의 신규고객이며 ○○여행사에게는 현재까지는 잠재고객이다. 웨딩플래너 박 실장은 ○○여행사와 유대가 있다 해도 충성고객으로 해석될 수는 없다.
충성고객은 실제 상품, 서비스를 반복적으로 구매하는 고객이다.

49 ②

교류분석에서 대화하는 사람들의 심리상태는 부모 자아 또는 어버이 자아(parent self), 성인 자아(adult self), 어린이 자아(child self)로 구분된다. 부모 자아는 상대에게 규범을 제시하는 유형으로, 본 사례에서 A 대리는 부모 자아의 상태이고, B 사원은 어린이 자아 상태이다.

50 ③

사례에서 B 사원이 습관적으로 시계를 보는 것은 비언어적 메시지의 오용에 의한 커뮤니케이션 장애라고 할 수 있다.

PART 1 일반형

01 ④	02 ⑤	03 ④	04 ③	05 ④
06 ③	07 ⑤	08 ②	09 ①	10 ⑤
11 ⑤	12 ①	13 ④	14 ①	15 ④
16 ①	17 ②	18 ③	19 ①	20 ⑤
21 ①	22 ⑤	23 ④	24 ④	

PART 2 OX형

25 ①	26 ①	27 ②	28 ①	29 ②

PART 3 연결형

30 ④	31 ①	32 ⑤	33 ②	34 ③

PART 4 사례형

35 ①	36 ④	37 ④	38 ②	39 ①
40 ①	41 ③	42 ④	43 ①	44 ③

PART 5 통합형

45 ⑤	46 ②	47 ⑤	48 ④	49 ⑤
50 ③				

01 ④

에티켓을 지키지 않는 사람에게 매너를 기대할 수 없다.

02 ⑤

작은 물건을 주고받을 때에는 한 손을 다른 한 손으로 받쳐서 공손히 건네도록 한다.

03 ④

고개를 한 쪽으로 기울이지 않도록 한다.

04 ③

① 편의적 고객
②, ④ 윤리적 고객
⑤ 경제적 고객

05 ④

반응적 피드백은 커뮤니케이션 발신자가 아니라 수신자의 행동이다.
①, ②, ③, ⑤ 커뮤니케이션 발신자의 행동
④ 커뮤니케이션 수신자의 행동

06 ③

• 워크숍(Workshop) : 훈련 목적의 소규모 회의로, 특정 문제나 과제에 대한 생각과 지식, 아이디어를 서로 교환한다.
• 패널 토의 : 패널 토의는 청중이 모인 가운데 2~8명의 전문가가 사회자의 주도 하에 서로 다른 분야의 전문가적 견해를 발표하는 공개 토론회이다.

07 ⑤

컨벤션 산업은 무형의 홍보 효과 및 관광 산업과의 결합 등 유형적 가치보다 부수적으로 유입되는 무형의 가치가 더 큰 산업이다.

08 ②

① 일반적으로 MICE 방문객들이 더 많은 금액을 소비한다.
③ 기존 관광 산업은 B2C, MICE 산업은 기업을 대상으로 하여 B2B로 일어난다.
④ 비정부 기구의 활동 증대는 MICE 산업을 확산시키는 요인으로 작용한다.
⑤ 전시/이벤트의 설명이다.

09 ①

프로그램별 연사는 해당 주제에 맞추어 적합한가라는 측면에서 고려되고, 선정되어야 하며, 학력, 발표 논문 실적 등을 언급할 필요는 없음.

10 ⑤

① 손님이나 상사를 만나거나 헤어지는 경우 보통례로 하는 것이 보통이다.
② 목례는 양손에 무거운 짐을 들고 있거나 모르는 사람을 마주칠 때 한다.
③ 정중례는 가장 정중한 인사로 감사의 뜻을 전할 때나 VIP 고객 등에게 하는 인사로 보통 허리를 45도 숙여서 인사한다.
④ 목례는 상체를 숙이지 않고 가볍게 머리만 숙여서 하는 인사이다.

11 ⑤

① 매너는 에티켓을 외적으로 표현하는 행위이다.
② 매너는 상대방을 배려하여 편안하게 하는 것이다.
③ 매너는 방식(way)으로 자신에 대한 예의와 예절을 형식화한 것이다.
④ 매너는 사람이 수행해야 하는 구체적인 행동 방식이다.

12 ①

A. 곁눈질로 본다. → 의심, 불만
B. 특별한 반응 없이 무표정하다. → 거부, 귀찮음
C. 눈을 마주 보지 않는다. → 무관심, 거부, 부담감
D. 위아래로 훑어본다. → 불신, 경멸
E. 환하게 미소 짓는다. → 반가움, 호감 등의 긍정

13 ④

서비스 종사자에게 머리손질은 항상 청결, 단정해야 한다. 특히 일의 능률과도 관련이 있으므로 업무특성에 맞는 헤어스타일을 유지하는 것이 중요하다.

14 ①

②, ③, ④, ⑤ 저관여 구매행동과 관련된 사항들이다.
• **고관여 결정** : 구매하고자 하는 품목이 소비자에게 중요하고 잘못된 결정이 초래할 위험이 높은 결정인 경우이다. 예 집, 차
• **저관여 결정** : 구매하고자 하는 품목이 소비자에게 중요하지 않고 잘못된 결정이 초래할 위험이 낮은 결정인 경우이다. 예 껌, 생수 구매 등

15 ④

감성지능의 구성요소 : 자기인식, 자기조절, 자기동기화, 감정이입, 대인관계기술

16 ①

개방적인 질문은 상대방의 이야기를 많이 듣기 위한 표현으로 '네, 아니오'의 대답만 가능한 폐쇄적 질문은 지양해야 한다.

17 ②

서양의 경칭
• Majesty : 왕족에게 붙이는 경칭
• The Honorable : 귀족이나 주요 공직자
• Sir : 자신보다 나이나 지위가 높은 상대방에게 경의를 나타내는 남성의 경칭
• Esquire(ESQ) : 영국에서 사용하며, 편지의 수취인
• Dr. : 수련과정을 거친 전문직업인이나 인문과학분야에서 박사학위를 취득한 사람
• Excellency : 외교관에 대한 경칭

18 ③

사람의 타고난 음색, 음성의 질은 바꾸기 어려우나 음성의 분위기는 훈련을 통해 변화시킬 수 있다.

19 ①

매슬로우 욕구 5단계 : 1단계 – 생리적 욕구, 2단계 – 안전의 욕구, 3단계 – 사회적 욕구, 4단계 – 존경의 욕구, 5단계 – 자아실현의 욕구

20 ⑤

①, ②, ③, ④ 지각의 특징
이질성은 서비스의 특성에 해당한다.

21 ①

문제 인식 → 정보 탐색 → 대안의 평가 → 구매 → 구매 후 행동

22 ⑤

① 외부고객에게 직접 서비스를 제공하는 주체인 내부고객(직원)이 가장 먼저 고려해야 할 고객이다.
② 외부고객이 상품과 서비스를 직접 구매하고 이용한다.
③ 내부고객(회사직원)은 서비스를 제공하는 대가로 임금을 지급받는다.
④ 내부고객을 우선 만족시켜야 외부고객을 만족시킬 수 있다.

23 ④

'AREA'의 법칙 : 주장(Assertion) – 이유(Reasoning) – 증거(Evidence) – 주장(Assertion)

24 ④

회의실 선정 시 고려 사항
• 회의실 규모와 수용능력
• 회의실의 유형별 배치와 기능
• 전시장 활용도
• 회의실 대관료
• 위치 및 접근성과 브랜드
• 서비스 종사원의 능력 및 제반 규정 등

25 ① ○

의전의 기본 정신 5R은 상대에 대한 존중(Respect), 문화의 반영(Reflecting Culture), 상호주의 원칙(Reciprocity), 서열(Rank), 오른쪽 상석(Right)의 5가지의 정신을 가지고 있다.

26 ① ○

communication의 어원은 라틴어로 '나누다'를 의미하는 'communicare'이다. 어떤 사실을 타인에게 전하고 알리는 심리적인 전달의 뜻으로 쓰인다.

27 ② ×

28 ① ○

29 ② ×

'Lady on the Right'라고도 하며, 최고 귀빈의 오른쪽에 앉는다.

30 ④ 가든파티

31 ① 단골고객

단골고객 : 지속적으로 특정 상품 서비스를 이용한다는 면에서는 충성고객과 동일하나 단골고객은 타인에게 추천할 정도로 적극적이지는 않다.

32 ⑤ 서비스 매너

33 ② 유니폼

34 ③ 명함

35 ①

복장, 화장 등은 패션 이미지 연출에 해당한다.

36 ④

후광 효과(halo effect) : 상품 평가 시 일부 속성에 의해 형성된 전반적인 평가(고정관념이나 선입견)가 그 속성과는 직접적인 관련이 없는 다른 속성의 평가에 영향을 주는 효과

① **프레밍 효과** : 대안의 준거점에 따라 의사결정이 달라지게 되는 효과

② **유사성 효과** : 새로운 상품대안이 나타난 경우 그와 유사한 성격의 기존 상품을 잠식할 확률이 높음

③ **유인 효과** : 기존 대안을 우월하게 평가하도록 열등한 대안을 내놓음으로써 기존 대안을 상대적으로 돋보이게 하는 방법

⑤ **부정성 효과** : 긍정과 부정 중 부정적인 특징이 인상형성에 더 큰 영향을 주는 것

37 ④

받은 명함을 상대가 보는 앞에서 명함에 낙서하거나 훼손하는 행위는 결례이다.

38 ②

효과적으로 반론 : 반론기회 탐색, 긍정적으로 시작하기, 반론내용 질문, 반대이유 설명, 반론내용 요약해서 말하기

39 ①

컨벤션 유치활동 중 현장답사(Site Inspection)에 대한 설명이다.

40 ①

컨벤션은 회의 구성상 전체회의, 분과회의 등을 포함하며, 등록, 사전·사후 관광과 같은 활동을 동반하는 가장 일반적인 형태이다.

41 ③

사실보다 고객의 감정에 먼저 반응하는 것이 고객 커뮤니케이션의 기본이다.

42 ④

① 고객에게 문제를 말하기 전에 해결책을 먼저 생각해야 한다.

② 까다로운 사람에게는 언쟁의 빌미를 주어서는 절대 안 된다.

③ 대화가 실패로 끝나는 대부분의 경우는 문제와 실망감, 실수 등에 초점을 맞추기 때문이다.

⑤ 원인분석 대신 일단 해결책부터 머리를 맞대고 찾는 모습이 필요하다.

43 ①

① 복장은 일하기 편해야 하므로 체형에 맞는 스타일로 선택한다.

② 액세서리는 지나치게 크고 화려한 것은 삼가도록 한다.

③ 헤어는 (청결함)과 (단정함)을 가장 기본으로 한다.

④ 메이크업에 있어서는 밝고 건강하게 보이도록 (자연스러운) 메이크업을 하도록 한다.

⑤ 향수는 지나치지 않은 은은한 향을 소량 뿌리는 것이 좋다.

44 ③

식사 중에 전화가 올 때는 가급적 받지 않는 것이 좋다. 식사 전에 무음상태나 전화를 끄고 식사에 집중하는 것이 예의이다. 식사 중에는 화장실에 가는 것도 실례이다.

45 ⑤

Consumer show의 전시참가업체는 주로 소매업자나 최종소비자를 찾는 제조업자인 경우가 대부분이다.

46 ②

트레이드쇼의 입장객은 사전에 정해지며, 합법적으로 바이어를 입증할만한 증명서를 소지한 바이어 및 초청장 소지자만이 입장할 수 있다.

47 ⑤

① 공감적 커뮤니케이션에 실패. 공감적 커뮤니케이션은 간결함이 목적이 아니다.
② 공감적 경청은 고객의 이야기에 적절한 응대와 호응, 정리 및 효과적 질문 등으로 이루어졌다.
③ 상담의 목적 달성은 공감적 커뮤니케이션의 목적과 다르다.
④ 냉정한 반응으로는 공감대 형성을 할 수 없고 커뮤니케이션의 목적에 부합하지 않는다.

48 ④

상대방의 입장을 고려하지 않고 이야기하는 것은 공감적 경청에 해당되지 않는다.

49 ⑤

상담 중에는 고객의 말을 끝까지 듣고 경청해야 한다.

50 ③

일반 고객과의 첫 만남에서는 보통례로 30도 각도로 숙여서 인사하며 우수고객(VIP)이나 공식석상에서의 인사는 45도 정중례를 한다.